성경, 특히 구약성경을 읽는다는 것은 오늘 우리를 향한 하나님의 음성에 귀를 기울이려 한다는 뜻이다. 그렇지만 구약성경을 몇 장만 읽어봐도 오늘날의 독자들은 고개를 갸우뚱할 수밖에 없는 이야기들이 수두룩하다. 이 책의 저자들은 바로 여기서 자신들이 풀고자 하는 명제를 시작한다. 무엇보다 성경이 우리를 위해 쓰인 책이지만, 우리에게 직접 주어지지 않았다고 하는 저자들의 말은 깊이 공감된다. 부자지간인 두 신학자가 고뇌하고 토론하며 써 내려간 이 책은 누구나 가지고 있던 의문점을 차근차근 풀어간다. 이 책에서 느낄 수 있는 아들의 고뇌와 아버지의 조언은 독자들에게 친근하게 다가온다. 사실 구약은 구약 시대의 배경에서 읽어야 한다는 점은 누구나 어렴풋이 알고 있지만, 어떻게 가능할지는 속 시원하게 대답하지 못하기 일쑤다. 이 책에서 저자들은 가나안 족속의 문제, 헤렘의 문제 등을 고대의 관점에서 시작해서 특히 그 시대의 언어와 관습을 바탕으로 이해해야 오늘 우리에게 하나님의 말씀이 제대로 전달되고 의미를 가질 수 있음을 역설한다. 이는 독자들에게 성경 읽기의 본질을 새롭게 고민하게 해준다. 하나님의 말씀인 성경을 읽고 그 의미를 올바르고 건강하게 새기고자 하는 이들에게 유익한 책이다.

김정훈 | 부산장신대학교 구약학 교수

복음주의 구약학자인 존 월튼과 그의 아들 하비 월튼이 공저한 이 책은 여호수아서에 나타난 가나안 정복 전쟁의 폭력성과 야만성에 대해 몸서리치는 교회 안팎의 사람들에게 여호수아서 저자의 원 의도를 해명하고자 한다. 저자들의 핵심 주장은 여호수아서나 레위기 18-20장 등에 나오는 가나안 정복 명령이나 가나안 토착 민족 파멸 명령이 하나님의 본마음이나 본 의도가 아니며 고대 성경 저자가 자신의 인지적 환경에서 만든 스토리텔링의 일환으로 "만들어졌다"는 것이다. 하나님의 윤리적 고결성, 거룩한 자비, 공의, 사랑 등을 예찬하는 구약의 다른 구절들과 신약성경의 예수 그리스도를 보내주신 하나님 이미지를 살리려면 여호수아서나 레위기 등 이방인 타자화 본문들은 "하나님의 본마음"을 반영하지 못한다는 것이다. 이 책의 중심 논지가 보수적이고 문자적인 성경 읽기에 익숙한 사람들에게는 불편한 저항감을 불러일으킬 수 있을지 모르나 다원주의적 평화가 세계 문명 시민이 추구할 질서라고 생각하는 현대에 사는 그리스도인들에게 심각하고 안심이 되는 문제를 제기해주고 있다. 저자들의 중심 논지가 얼마나 설득력 있게 수용될지의 여부와 상관없이 가나안 정복 전쟁 기사를 둘러싼 여러 가지 오해와 억측을 불식시키기 위한 노력은 박수받을 만하다. 가나안 정복 전쟁과 관련된 성경 본문으로 설교하는 모든 설교자와 주일학교 교사들에게는 필독서가 되기를 기대한다.

김회권 | 숭실대학교 기독교학과 구약학 교수

이스라엘의 가나안 정복 전쟁 기사는 많은 학자와 일반 신자들에게 심한 두통거리였다. 잔인한 하나님, 폭력에 연루된 하나님을 상정하는 듯 보이기 때문이다. 한편 하나님의 약속에 대한 신실한 집행, 통쾌한 승리, 이교도의 진멸 등은 전통적·보수적 성경 해석가들의 전리품처럼 보인다. 하지만 정말 그러한가? 월튼 부자가 진검 대결하듯 나섰다. 먼저 존 월튼은 현대의 관점에서 고대 문서를 읽는 습관과 관행에 적색 신호등을 켠다. 그는 고대의 문화적 강에 배를 띄워야 한다고 강력하게 주장한다. 대표적인 단어로 "헤렘"을 든다. 그것은 인종적 청소와 같은 대량 학살을 의미하는 것이 아니다. 이 점에서 현대의 일반적 번역("진멸")은 오도된 번역이란다.
　월튼 부자는 고대 근동의 유사 문헌들, 고대 언어의 어휘론, 고대의 문학적 관습으로서의 과장법 등을 설명하면서 독자들에게 고대 문헌 기록 방식과 문학적 관습에 귀를 기울일 것을 요청한다. 끝으로 저자들은 구약 본문과 신약을 모형론적으로 연결한다. 누구든지 쉽게 따라올 수 있도록 먼저 21개의 명제를 내걸고 조목조목 명쾌하고 설득력 있게 설명한다. 정복 전쟁 기사를 골치 아픈 주제라고 옆으로 제쳐놓았던 사람이라면 반드시 이 책을 정독해 보기를 권한다. 구약학과 구약신학적으로 진일보한 학문적 공헌이다.

류호준 | 백석대학교 신학대학원 은퇴 교수

이 책은 "잃어버린 세계"(Lost World)의 시리즈로 정평이 난 월튼과 그의 아들 하비 월튼 사이에 신학적 토론이 모체가 되어 탄생한 또 하나의 역작이다. 월튼은 구약성경이 고대 문서라는 사실을 한시도 놓치지 않는다. 따라서 구약성경은 히브리어와 고대 근동의 맥락에서 파악되어야 함을 반복적으로 힘주어 강조한다. 이는 우리의 현대 세계관과 전통적 성경 읽기의 족쇄를 벗어나 구약성경의 원저자와 청중이 이해한 대로 본문을 파악해야 한다는 것이다. 구약성경의 난제 중 난제는 가나안 정복 기사와 관련한 "헤렘"이다. 구약성경에 언급된 헤렘 관습으로 야웨 하나님은 집단 학살을 조장하거나 묵인하는 "도덕적 괴물"로 비치기도 한다. 구약성경의 야웨는 "폭력의 하나님"으로 보이기도 한다. 월튼 부자의 시도는 가나안 족속, 정복 이야기, 헤렘에 대한 기존의 이해를 뒤집고 새로운 길로 안내한다. 이를 통해 잃어버린 세계와 본문이 발견되기를 바라는 저자들의 소망이 추천자의 희망이기도 하다.

차준희 | 한세대학교 구약학 교수, 한국구약학연구소 소장, 한국구약학회 회장 역임

가나안 정복은 거의 틀림없이 성경에서 가장 다루기 힘든 윤리적 문제이며 지금까지 어떤 해결책도 합의를 얻지 못했다. 이 저자들은 어려움을 완화시키는 참으로 신선한 접근법을 제공한다. 고대 근동의 관습과 주요 성경 단어 및 본문에 대한 재고에 깊이 뿌리를 둔 논증들은 일반적으로 받아들여지는 많은 생각에 도전한다. 때로는 도발적이지만, 이 책은 신중하게 고려할 가치가 있다.

존 힐버 | 그랜드래피즈 신학교 구약학 교수

여호수아서에 나오는 폭력은 오랫동안 헌신적인 성경 독자들을 괴롭혔다. 아버지와 아들 관계인 이 훌륭한 책의 저자들은 자신들의 생각에 관련이 있는 고대 근동의 평행 자료에 비추어 여호수아서에 대한 신선하고 더 평화로운 읽기를 제공한다. 그들은 (자신들의 관점에서) 부적절한 현대의 해결책들을 반박하는 일련의 명제들 속에서 자신들의 주장을 제시하고, 성경 본문 및 성경 외 텍스트에 대한 인상적이고 면밀한 재읽기와 이해를 돕는 히브리어 단어 연구로 자신들의 대안적 관점을 지지

한다. 예를 들어 그들은 히브리어 동사 "헤렘"이 "전멸시키다"가 아니라 "사용에서 제거하다"를 의미하며, 인간 공동체에서 그것의 적용은 사람을 죽이는 것이 아니라 정체성을 파괴하기 위해 의도된 것이라고 주장한다. 실제로 질서(대 비질서), 정체성 (민족성이 아님), 저자들이 "언약 질서"라고 부르는 것의 종주-봉신 모델에 대한 고대 문화 사상이 그들의 주장을 이끈다. 결국 그들은 고대(대 현대)의 관점에서 성경을 읽는 것이 성경에서 논쟁의 여지가 있는 주제들에 대한 더 명확하고 덜 왜곡된 이해를 가져올 수 있음을 입증한다. 그들은 여호수아서에서 발견되는 폭력과 그것이 오늘날 그리스도인의 정체성에 끼치는 영향에 대해 칭찬할 만하고 철저하며 시사하는 바가 많은 성찰을 제공했다. **로버트 허바드** | 노스파크 신학교 성서학 명예 교수

월튼 부자는 이 골치 아픈 본문들을 제대로 이해하기 위해서는 그것들을 고대의 맥락에 비추어 해석해야 한다고 효과적으로 주장하면서 이스라엘 정복의 윤리적·도덕적 문제에 관한 최근의 많은 논의에 매우 필요한 교정 수단을 제공한다. 그들은 정복에 관한 일반적인 가정에 대담하게 도전하고, 성경과 고대 근동 텍스트를 주의 깊게 검토하며, 이러한 교훈들을 신약의 이해를 위한 모형으로 사용하면서 독자들이 그 교훈들을 적용하도록 유용하게 안내해준다.

데이비드 램 | 비블리컬 신학교 앨런 맥레이 구약학 교수, *God Behaving Badly, Prostitutes and Polygamists*의 저자

The Lost World of the Israelite Conquest

John H. Walton · J. Harvey Walton

가나안 정복의
잃어버린 세계

── 언약과 응보 그리고 가나안 족속의 운명 ──

존 H. 월튼 · J. 하비 월튼 지음

안영미 옮김

새물결플러스

목차

모든 학술 서적이 그렇듯이 이 책은 대화에서 시작되었다. 신학자인 나의 아들(J. Harvey)과 나(John)는 가나안 정복과 관련해서 오늘날의 사람들이 품고 있는 문제에 대해 토론하고 있었다. "하나님은 집단 학살(genocide)을 저지르시거나 묵인하시는 도덕적 괴물일까?" 참으로 이것은 많은 그리스도인에게 육체의 큰 가시가 되었다.…세상의 회의론자들이 집단 학살을 성경과 성경의 하나님, 성경을 진지하게 받아들이는 그리스도인들에 대한 주요 공격거리로 삼았기 때문만은 아니다. 그것은 또한 그리스도인들이 성경을 의심하고, 자신들의 하나님을 의심하며, 자신들의 신앙을 의심하기 시작하는 계기가 되었다. 아들의 생각을 들을 때 나는 그가 그 문제에 대한 새로운 관점으로 내가 전에는 접하지 못했던 해법을 제시하고 있음을 깨달았다. 그는 내가 가르친 해석 방법론들을 사용할 뿐만 아니라 고대 세계와 성경에 나오는 법의 본질과 언약에 대해 내가 수행했던 기초 작업을 발판으로 삼고 있었다. 그러나 그때 그는 정복에서 무슨 일이 일어나고 있는지에 대한 전반적인 이해를 정교하게 만들기 위해 그 방법론들에 따라 논리적인 결론을 도출하고 따르고 있었다. 나는 그것이 참신하고 패러다임을 바꾸고 있음을 알았다. 내게 있어서 그것은 대화를 새로운 형태로 발전시켰다. 나는 그것이 독자들에게도 그렇게 새로운 형태로 발전되기를 바란다.

나는 나의 아들에게 그것에 관해서 논문을 쓰라고 제안했다. 그래서 하비는 논문을 쓰기 시작했다. 며칠 동안 거의 멈추지 않고 글을 쓴 후 그가 2만 단어를 훌쩍 넘겼는데도 그는 논문을 마무리하지 않았다. 우리는 이것이 학술지 논문으로는 분량이 너무 많다는 점을 깨닫고 책으로 출간하는 것에 대해 생각하기 시작했다. 처음에 우리는 그것이 책으로 출간되기에는 충분한 분량을 갖추지 않을까봐 걱정했다. 하지만 집필 과정이 계속되면서 책으로 출간할 수 있는 충분한 분량을 갖추는 데는 전혀 문제가 되지 않는다는 점이 분명해졌다. 내가 IVP의 댄 리드(Dan Reid)에게 우리가 쓴 원고에 관심이 있는지 물었고(그런데 감사하게도 그는 관심이 있었다) 그 이후에야 비로소 우리는 모두 그 원고를 또 다른 "잃어버린 세계"(Lost World) 시리즈에 포함되는 책으로 출간하는 것이 가장 좋겠다고 생각했다. 우리가 다 끝냈을 즈음 우리는 그 원고의 분량이 더 늘어나지 않도록 주의를 기울여야 했다. 그것은 복잡한 주제이며, 결과적으로 이 시리즈에 포함된 다른 책을 한 번쯤 읽어본 독자는 이 책이 좀 더 읽기 어렵다는 점을 알게 될 것이다. 그럼에도 우리는 독자들이 쉽게 접근할 수 있어야 한다는 출판사와의 약속을 지키려고 노력했다. 몇몇 전문적인 부분들은 본서의 주제와 밀접하게 관련되는 논의들임에도 불구하고 우리는 미국 IVP 출판사의 웹 사이트에서 그 부분들을 이용할 수 있도록 결정했다. 전문적인 세부 사항들에 얽매이거나 그것들로 가로막히고 싶지 않는 독자들은 그렇게 할 필요가 없도록, 독자들의 생각을 그런 전문적인 부분들을 벗어나서 자연스럽게 흐르도록 했다. 하지만 그와 동시에 그 정보를 모두 얻고자 하는 이들은 웹 사이트에서 그것을 이용할 수 있다.

나는 "잃어버린 세계"를 시리즈로 출간할 의도가 전혀 없었다. 사실 지금까지 매번 책이 출간되고 나면, 나는 친구들과 가족과 학생들에게 이것이 마지막 "잃어버린 세계" 책이 될 것이라고 강조해서 말한다! 그러나 성경을 읽을 때 우리는 모두 간파하고 이해하기 어려운 부분을 계속해서 만난다. 우리가 고대 이스라엘 청중의 입장에 서서 그들이 들었던 대로 본문을 듣기 위해서는 우리가 얻을 수 있는 모든 도움이 필요하다.

이 책의 기본 원칙들은 내가 학생들을 가르치는 동안 전개해온 원칙들이다. 그러나 글의 많은 부분뿐만 아니라 구체적인 아이디어와 논리 및 논증의 흐름은 내 아들의 성과물이다. 나는 히브리어와 고대 근동에 대한 자문가 역할을 했고, 생각들이 발전함에 따라 편집자와 대화 파트너 역할을 했다. 이 책은 주로 내 아들의 아이디어들을 나타낸다. 하지만 내가 스스로 그것들과 거리를 두려고 그렇게 말하는 것은 아니다. 우리가 처음에 서로 동의하지 않은 부분이 있는 경우, 우리는 합의에 이를 때까지 그것에 대해 철저히 논의하곤 했다. 이 책에 있는 아이디어들은 논의 과정 동안에 서로 대화를 나누며 형성되었고 나는 히브리어 세부 사항을 제공했으며 주장을 펼치기 위해 그에게 고대 근동의 자료를 알려주었다.

"잃어버린 세계" 시리즈의 상투적인 요소는 그것이 히브리어 본문을 자세히 읽으면서 얻은 정보(문학과 신학을 넓은 범위이든 아니면 어휘 의미론에 대한 집중 연구든)를 사용하고, 그 정보를 구약의 고대 문화의 맥락에서의 관점 및 정보와 결합한다는 것이다. 이 과정은 우리의 현대 세계관과 전통적 읽기의 족쇄를 초월하여 원저자와 청중이 이해했던 대로 본문을 다시 파악하는 데 도움이 되는 해석들을 생성한다. 우리는 그 과정을 통해 우리에게 잃어버린 바 되었던 세계와 본문이 발견될 수 있기를 소망한다.

이 책을 위한 추가 자료는 ivpress.com/the-lost-world-of-the-israelite-conquest에서 찾을 수 있다. 그곳에서 이용할 수 있는 세 개의

부록은 "The Holiness Spectrum and Its Flaws", "Syntactico-Semantic Analysis of *Qdš*", "Joshua 10:12-15 and Mesopotamian Celestial Omen Texts"다.

AB   Anchor Bible

ARAB   Daniel David Luckenbill. *Ancient Records of Assyria and Babylonia*. 2 vols.
            Chicago: University of Chicago Press, 1926-1927

BJS   Brown Judaic Studies

CAD   *The Assyrian Dictionary of the Oriental Institute of the University of
            Chicago*. Chicago: The Oriental Institute of the University of Chicago,
            1956-2006

CHD L-N   *The Hittite Dictionary of the Oriental Institute of the University of Chicago*.
            Vol. L-N. Edited by Harry A. Hoffner and Hans G. Güterbock. Chicago:
            University of Chicago Press, 1989. Available at http://oi.uchicago.edu/
            sites/oi.uchicago.edu/files/uploads/shared/docs/chd_l-n.pdf

COS   *The Content of Scripture*. Edited by William W. Hallo. 3 vols. Leiden:
            Brill, 1997-2002

JPS   Jewish Publication Society Torah Commentaries

NICOT   New International Commentary on the Old Testament

NIDOTTE   *New International Dictionary of Old Testament Theology and Exegesis*.
            Edited by Willem A. VanGemeren. 5 vols. Grand Rapids: Zondervan,
            1997

SAAS   State Archives of Assyria Studies

TDOT   *Theological Dictionary of the Old Testament*. Edited by G. Johannes
            Botterweck and Helmer Ringgren. Translated by John T. Willis et al. 15
            vols. Grand Rapids: Eerdmans, 1974-2015

ZIBBCOT   *Zondervan Illustrated Bible Background Commentary, Old Testament*.
            Edited by John H. Walton. 5 vols. Grand Rapids: Zondervan, 2009

서론

그리스도인들과 회의론자들은 똑같이 구약의 하나님과 씨름한다. 그들은 신약을 통해 자신들의 마음에 그려진 신선한 예수의 이미지 때문에 구약에 나오는 전쟁과 징벌을 주시는 하나님의 모습에 당황한다. 그러한 묘사가 신약에서 선포된 하나님의 평화로운 사랑과 어떻게 조화를 이룰 수 있을까? 용서와 원수 사랑은 어찌 되는가? 독자가 여호수아서 앞에 오는 다섯 권의 책에서 계획되고 여호수아서에 기록된 약속의 땅 정복에 대한 기사에 도달할 때 상황은 더욱 악화되기만 한다. 여기서 하나님은 가혹하고 지나치게 요구하시는 분으로 보일 뿐만 아니라 마치 실제로 이스라엘 백성이 그 땅 원주민을 대량 학살하도록 몰아붙이고 계신 것처럼 보인다. 회의론자들과 민감한 그리스도인들은 모두 다음의 질문을 한다. "그리스도인들이 그런 하나님을 어떻게 예배할 수 있을까?"

이 난제에 대한 한 가지 반응은 하나님은 실제로 전혀 그런 분이 아니고 여하튼 이 정복 기사들은 고대 근동에서 흔히 발견할 수 있듯이 실제로 이스라엘 자체의 정치적 의제에 불과하며 이 의제를 이스라엘 백성이 그들의 하나님에게로 옮겼다고 결론짓는 것이다. 그러한 비판을 하나님에게서 없애려고 선의의 해석가들은 이스라엘이 자신들의 언약적 권리를 주장하고 토착민에게 화가 나신 호전적인 하나님을 주장함으로써 자신들의 토지 수탈을 정당화하는 것—명백하고 단순한 선전(propaganda)—이라고 묘사한다.

하나님을 이 사건들의 실제 주동자이시며 하시는 모든 일에 있어서 정당화되시는 분으로 기꺼이 받아들이는 독자들은 이스라엘의 침공을 지지하고, 더 나아가 전체 시나리오를 이스라엘 시대를 초월하여 다양한 상황에 적용한다. 그들은 전쟁을 하나님의 원수에 대한 거룩한 전쟁(holy war)으로 정당화하고 하나님의 형벌을 받기에 합당하다고 여겨지는 도시와 사람들을 파괴하면서 하나님의 이름으로 싸울 준비가 되어 있다. 그들의 마음속에서 여호수아서는 이교도를 쓸어버리라는 행군 명령을 내리는 책이다.

그러한 반응들은 암울해 보인다. 만약 성경 이야기를 이스라엘이 행한 일을 기술은 하지만 우리를 위한 가르침은 없는 단순한 선전으로 생각해 거부한다면 우리는 성경의 다른 부분들을 진지하게 받아들이려고 할 때 결함이 있거나 일관성이 없는 해석 방법에 직면하게 된다. 만약 성경에 묘사된 하나님의 모습에 나오는 선별된 요소들을 거부한다면 우리는 예수가 실제로 구약의 하나님이라는 주장을 거스르고, 단순히 우리가 원하는 하나님을 만들기 위해 어쩔 수 없이 성경 자료를 고르고 선택하는 일을 하게 된다. 만약 우리가 하나님과 정복을 모두 우리에게 행군 명령을 제공하고 어떻든지 간에 오늘날 우리에게 지침을 제공하는 것으로 받아들인다면 우리는 광신자들에 의해 이루어지는 전유를 어떻게 피할 수 있을까?

어떤 사람들은 절망해서 구약이 오늘날 우리에게 더 이상 가치가 없다는 결론을 내린다. 다른 사람들은 도덕이 내적 논리를 갖고 있지 않고 그저 더 높은 권력의 불가해하고 독단적인 명령에만 기초한다는 생각을 따른다. 또 다른 사람들은 하나님은 항상 올바르게 행동하시므로 그 땅의 백성을 멸절시키는 정당한 이유를 갖고 계셨음에 틀림없다고 주장하고 하나님을 정당화하기 위해 그 정당한 이유를 재구성하려고 시도

한다(신정론).[1] 변증가들은 선의 본질을 탐구하기 시작한다. 그러나 심지어 성경 자체가 인정하듯이 성경에 계시된 것 중 많은 것이 선하지 않다. 우리는 어떤 부분이 선을 계시하고 어떤 부분이 선을 계시하지 않는지를 어떻게 알 수 있을까? 만약 무언가가 우리가 이미 선이라고 믿는 것과 일치할 때만 그것이 선한 것일까? 그러나 이 선행하는 믿음(prior belief)은 어디에서 왔을까? 그것은 성경에서 온 것이 아니다. 왜냐하면 우리가 그 이해를 성경에 적용하고 있기 때문이다. 하지만 그것이 성경에서 온 것이 아니라면 그것이 하나님과 일치한다는 것을 우리가 어떻게 알까? 그러므로 우리가 당혹스러운 상황으로 보이는 것에서 하나님을 빼내려고 노력함에 따라 이런 이해는 계속 돌고 돈다. 그리고 이 모든 것을 통해 무신론자들은 이성적인 사람이라면 자신보다 덜 도덕적인 하나님을 부인해야 한다고 선언한다.

이 책에서 우리는 이 길들 중에서 어떤 길도 따르지 않을 것이다. 가정된 문제에 대한 해결책은 성경 본문을 더 잘 읽고 성경의 이스라엘 사람들이 속해 있었던 고대 세계에 대해 더 잘 이해하는 것이라고 우리는 믿는다. 그 정보와 그에 따른 해석으로 무장한 채 우리는 오늘날 이 자료가 지니는 신학적 의미를 이해하려고 노력할 것이다.

위에서 간략히 설명한 바와 같이 정복에 대해 제안된 해석이나 설명은 부족하지 않다. 그러나 성경을 고대 텍스트로 보는 이해에 반하는 이러한 다양한 해석을 신중하게 검토할 때 이러한 해석들의 기초를 형성하

---

1 이것은 내가(John) 정기적으로 수업 시간에 제공했던 일반적인 설명이다. 즉 하나님은 [증거가 불충분할 경우 무죄로 추정되는] 의심의 이익(benefit of the doubt)을 얻으신다.

는 거의 모든 요소가 잘못 이해되고 있음이 분명해진다. 현대 해석가들이 정복을 기술하거나 옹호하거나 논박하기 위해 사용하는 단어와 개념들은 그 단어와 개념들이 성경 본문의 고대 맥락에서 의미하는 것과 일치하지 않는다.

정복이라는 더 광범위한 문제를 고려할 때 우리는 해결책의 기초를 무엇보다도 다음 질문들에 대한 답변에 둔다.

- 율법이란 무엇이며 가나안 사람들이 그것을 지키지 않았다는 것은 무엇을 의미하는가?[2]
- 거룩하다는 것은 무엇을 의미하는가?
- 가나안 사람들은 추정상 어떤 죄를 지었는가?
- 언약의 목적은 무엇인가?
- 하나님이 벌하신다는 것은 무엇을 의미하는가?
- 히브리어 단어 "헤렘"(*herem*, "금지령 아래 놓다"; "멸망에 바치다"; "완전히 파괴하다")은 실제로 무엇을 의미하며 그렇게 함으로써 성취되는 것은 무엇인가?

많은 독자가 이 질문 중 대부분 또는 모든 질문과 관련해서 제안된 해석들의 범위에 걸쳐서 비교적 일관성 있는 답변을 준비해두고 있다. 따라서 일반적으로 우리는 율법이 하나님의 도덕적 계명들의 목록을 나타낸다

---

2   우리는 책 전체에 걸쳐 다양한 민족들의 전체 목록을 사용하기보다는 그 땅의 민족들을 언급하기 위해 가나안 사람들(Canaanites)이란 용어를 사용할 것이다. 본문이 특히 그 그룹 중 하나에 관한 더 구체적인 진술을 하고 있다고 우리가 믿는 경우는 예외가 될 것이다.

는 말을 듣는다. 그러한 도덕적 계명에 순종하는 일은 거룩한 행동이고, 불순종하는 일은 죄를 짓는 행동이다. 언약의 목적은 모든 사람에게 구원 (도덕과 일신교의 결합)을 가져오는 것이다. 형벌은 완벽하게 도덕적이지 못한 범죄를 처벌하는 징벌이다. 그리고 "헤렘"은 최악의 범죄자에게 (사형) 판결을 집행하는 것이다. 이 요소들이 내포하는 구체적인 의미가 가나안 사람들이 극악한 죄인들이나 과도하게 특권을 가진 압제자들로 묘사되는지 아니면 (반대로) 잔인한 제국 팽창주의나 광신적인 종교적 대학살의 희생자들로 묘사되는지에 따라 달라질지라도 그 요소들은 비교적 일관성이 있다. 하지만 그 답변들에 일관성이 있음에도 불구하고 본문을 고대 문서로 검토할 때 우리는 그 답변들 하나하나에 심각한 의문의 여지가 있음을 발견할 수 있다.

이 질문들에 대한 정확한 답변이 없다면 그 정복을 하나의 사건으로 이해하는 정확한 이해와 그 사건이 그것을 명령하신 하나님에 대해서 무엇을 말하고 무엇을 말하지 않는지 또는 그 사건이 오늘날의 사람들에게 무엇을 의미하는지에 관한 정확한 이해를 발전시키는 일은 불가능하다. 그 정확한 답변들을 발견하는 것이 이 책의 목적이다. 그러나 그 일은 단순하지도 간단하지도 않다.

만약 우리가 성경에 있는 특정 단락을 어떻게 읽어야 하는지에 대한 이해에 도달하고자 한다면 성경을 더 일반적으로 읽는 방법을 이해해야한다. 특히 우리는 우리가 원하는 결론을 내느냐의 여부에 근거하는 접근 방법을 선별적으로 선택하는 방식에 반대되는 것으로서 성경 본문의 어느 부분에나 편하게 적용할 수 있는 접근 방식을 원한다. 따라서 정복 기사를 해석하는 방법을 구체적으로 논하기 전에 성경을 해석하는 방법에 대해 논해야 한다. 일단 **어떤** 구절이 무엇을 가르치는지를 배우는 방법과 그 가르침을 오늘날 우리의 행동에 적용하는 방법을 이해하기만 하면 우리는 그 이해를 정복에 적용할 수 있고 그 결과로 나오는 결론에 대해 확신할 수 있을 것이다.

가나안 정복의 잃어버린 세계

제1부

해석

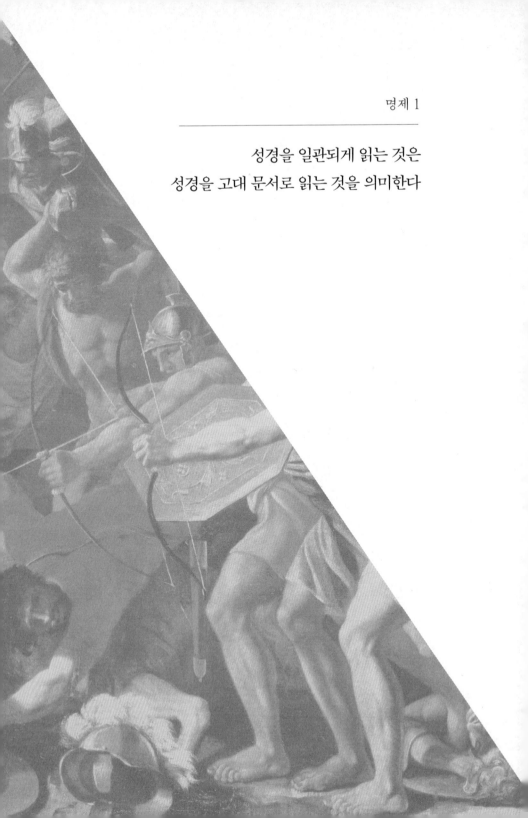

명제 1

성경을 일관되게 읽는 것은
성경을 고대 문서로 읽는 것을 의미한다

정복의 문제는 청동기 시대 레반트(Levant) 지역에서 셈족의 한 부족이 무엇을 하고 무엇을 하지 않았는가에 관한 것이 아니다. 쟁점은 모두 성경이 무엇을 말하고 무엇을 말하지 않는가에 관한 것이다. 만약 우리가 정말로 성경이 무엇을 말하는가에 관심을 기울이고 있다면, 우리는 우리의 해석이 단순히 우리가 무엇이든 본문이 말해주기를 바라거나 본문이 말해야 한다고 생각하는 그것을 말하도록 본문을 해석하는 결과를 초래하지 않도록 특별한 주의를 기울여야 한다. 이렇게 하는 것을 피하는 방법 중 하나는 우리가 결론을 도출하기 위해 사용하는 방법들이 일관되게 모든 성경 본문에 적용되도록 하는 것이다. 다시 말해서 우리는 한 방법론을 채택하고 그것으로부터 어떤 결론이 나오든 그것을 받아들여야 한다. 우리가 어떤 결론을 채택한 다음에 그 특정한 경우에 그 결론에 도달할 수 있게 할 방법론을 적용해서는 안 된다. 하지만 성경 본문을 해석하는 방법론을 형성하려면 우리는 어떻게 해야 하는가?

정복을 어떻게 해석하고 이해해야 하는지에 관한 우리의 접근 방법의 핵심은 성경이 우리를 **위한**(*for* us) 관련성과 의미를 지니고 있지만 우리에게(*to* us) 쓰인 것이 아니라는 점이다. 성경은 우리 중 대다수가 이해하지 못하는 언어로 기록되었고, 우리와 매우 다른 문화권에서 우리와 매우 다르게 생각하는 사람들에게 쓰였다. 만약 성경에 있는 어떤 것이 무엇을 의미하는지 이해하고 싶으면 먼저 그것이 본래 쓰였던 사람들에게 무엇을 의미했었는지를 이해해야 한다.

문화의 강

현대와 고대의 인지 환경의 차이점을 설명하기 위해 우리는 문화의 강
(cultural river)이라는 은유를 제안한다. 현대 세계에는 널리 알려진 문화의
강이 존재한다. 그것의 흐름 중에는 다양한 개념과 사고방식들이 있다.
몇 가지만 예를 들면 자연권, 자유, 자본주의, 민주주의, 개인주의, 세계
화, 포스트식민주의(postcolonialism), 포스트모더니즘, 시장 경제, 과학적
자연주의(scientific naturalism), 팽창하는 우주, 경험주의, 자연법칙 등이
있다. 미국의 문화가 앞서 언급했던 문화의 강을 이루는 주요 원천일 수
있지만 이 강은 전 세계로 흐르고(세계화는 강의 또 다른 흐름이다) 다른 많은
문화에 영향을 끼친다. 어떤 사람들은 이 흐름에 계속 떠 있기를 원할 수
있지만 다른 사람들은 그 흐름을 거슬러 상류로 헤엄쳐 올라가려고 애쓸
수도 있다. 그러나 모든 사람은 그 흐름 가운데 있다. 각 문화가 잠기는 정
도는 다양하지만 우리는 모두 문화의 강 안에 있다. 우리가 여기에 열거
된 사상과 사고방식 중 일부를 지지하든 전부를 지지하든 간에 우리는 모
두 그것들을 알고 있고 그것들에 의해 영향을 받는다.

고대 세계에서 그 시대의 문화의 강은 모든 다양한 문화―이집트, 히
타이트, 페니키아, 가나안, 아람, 아시리아, 바빌로니아와 이스라엘―를
통해 흘렀다. 그리고 수 세기에 걸친 문화들 사이의 변화에도 불구하고
특정한 요소들은 변화되지 않은 채로 유지되었다. 그러나 요점은 고대 문
화들에 공통된 흐름은 현대 문화의 강에서 발견되는 흐름이 아니라는 것
이다. 고대 문화의 강에서 우리는 공동체 정체성, 신들의 광범위하고 편
재적인 통제, 왕권의 역할, 점술(divination), 신전의 중심 역할(centrality),

신상들(images)의 중재 역할, 영적 세계와 마법의 실재, 신들의 의사소통으로서 천체(celestial bodies)의 움직임과 같은 흐름을 발견할 것이다. 이스라엘 사람들은 때때로 저항 없이 문화의 강 위를 떠다녔지만, 어떤 때에는 하나님의 계시가 그들로 하여금 얕은 곳으로 나가 그 흐름에서 빠져나오거나 지속적으로 상류로 헤엄쳐 나아가도록 격려한다. 그러나 이스라엘 사람들이 문화의 강과 상호 작용하는 정도와 성격이 어떻든 간에 그들이 우리의 문화의 강의 현대적 사상이나 사고방식에 잠긴 것이 아니라 고대의 문화의 강에 위치했다는 점을 기억하는 것이 중요하다.

성경은 우리를 **위해** 기록되었지만(즉 우리는 성경의 거룩한 메시지로부터 혜택을 얻고 그것이 우리를 변화시킴으로써 우리가 우리의 문화의 강의 흐름에 대응하는 데 도움이 될 것이라고 기대해야 한다) 우리**에게** 쓰인 것은 아니다(우리의 언어로 기록되거나 우리의 문화에 대응하여 기록되지 않았다). 메시지는 문화를 초월하지만 고대 이스라엘 문화의 강에 완전히 자리 잡은 형태로 주어진다. 우리가 구약성경에서 만나는 전달자들(communicators)은 우리가 살아가는 문화의 강을 모른다. 그들은 그것을 예상하지도 않고 그것을 이루는 요소들을 직접적으로 다루지도 않는다. 따라서 우리는 성경에서 우리의 문화의 강의 흐름 중 어떤 것도 가정할 수 없다. 이것은 만약 우리가 하나님의 권위 있는 메시지의 완전한 영향을 받기 위해 성경을 해석해야 한다면 우리가 우리의 현대적 영향이 본문에 대한 우리의 이해에 언제 영향을 끼칠지 깨달을 수 있도록 가능한 한 최선을 다하기 위해 그 영향을 인정해야 한다는 점을 의미한다. 성경은 고대 이스라엘의 언어로 고대 이스라엘 백성에게 쓰인 것이다. 그러므로 그것의 메시지는 고대 이스라엘의 논리에 따라 작동한다.

성경이 우리의 현대 문화의 강의 관점에서 기록된 것이 아니기 때문에 성경의 목적은 우리에게 좋은 미국인이 되는 방법을 가르치는 것이 아니다. 미국에서는 선(good)이 미국의 인지 환경에 의해 정의된다. 그러나 같은 이유로 성경은 또한 좋은 미국인이 되는 방법을 고대 이스라엘 사람들에게 가르치기 위해 기록된 것도 아니다. 즉 미국인들이 좋아하는 것들이 좋은 것이고 미국인들이 가치 있게 여기는 것들이 가치 있다고 성경이 반드시 단언하지는 않는다.

동시에 성경은 고대 세계의 훌륭한 시민이 되는 방법을 고대 이스라엘 사람들에게 가르치기 위해 기록되지 않았다. 같은 이유로 성경은 우리에게도 우리가 고대 세계의 기준에 따라 훌륭한 시민이 되어야 한다고 가르치지 않는다. 성경은 고대 사상을 변형시켜 현대 사상과 비슷하게 만들기 위해 기록되지 않았다. 그리고 또한 성경은 단순히 고대의 인지 환경의 가치나 사상을 확증하고 그것들에 신적 권위를 영원히 부여하기 위해 기록되지도 않았다. 성경의 가르침은 그것이 고대 언어를 매개로 하여 제시되는 것처럼 고대 인지 환경의 맥락에서 제시**된다**. 말하자면 그것은 하나님께서 우리가 히브리어로 말하기를 원하신다는 것을 의미하지 않는 것처럼 하나님이 우리가 고대 이스라엘 사람들처럼 생각하기를 원하신다는 것을 의미하지도 않는다. 그러나 그것은 만약 성경이 무엇을 말하고 있는지를 알고 싶으면 히브리어를 읽을 수 있어야 하는 것과 마찬가지로 성경이 무엇을 가르치고 있는지를 이해하고 싶으면 고대 인지 환경이 무엇이었는지 알아야 한다는 것을 의미한다. 이것이 우리가 문화의 강이나 인지 환경이 해석되어야 한다고 말할 때 의미하는 바다. 본문의 기록 대상이었던 고대 사람들과 같은 사고방식으로 본문에 다가서지 않기 때문에 우리는 그 시대의 문화의 강에서 흐르고 있던 흐름을 이해하고 그 흐름이 원래 청중을 향한 성경의 메시지에 어떻게 영향을 끼치는지 이해하기 위해 노력해야 한다.

정복을 해석하기

성경이 우리를 위해 기록되었다는ㅡ즉 성경의 가르침이 고대 세계의 맥락에 국한되지 않는다는ㅡ것은 우리가 성경의 가르침을 우리 자신의 인지 환경 안에서 적용할 수 있음을 의미한다. 하지만 그 논리와 문화가 해석되어야 하기 때문에 우리는 단순히 우리 자신의 문화의 논리로 본문의 단어들을 읽어냄으로써 성경의 가르침을 적용할 수 없다. 제대로 해석하기 위해서는 (우리 자신의 논리가 아니라) 자료의 내적 논리를 이해하고 그 논리를 본문에 적용한 다음, **결론**을 **우리의** 논리에 해당하는 용어로 바꿔 말해야 한다. 정복은 전쟁이다. 하지만 만약 우리가 그 사건을 이해하고 싶다면 우리는ㅡ전쟁은 무엇인가, 전쟁은 무엇을 위한 것인가, 전쟁은 선한가 아니면 악한가, 전쟁은 어떻게 수행되어야 하는가 등등ㅡ전쟁에 대한 우리의 현대적 이해를 사용하여 그렇게 할 수 없다. 대신에 우리는 전쟁에 관한 고대의 이해에 비추어 정복 기사를 살펴보아야 한다.

우리가 "그들을 진멸할 것이라.…그들을 불쌍히 여기지도 말 것이며"(신 7:2)와 같은 문구를 읽을 때, 그 (영어) 단어들의 의미는 우리의 인지 환경의 논리와 결합하여 "결코 행해져서는 안 되는 일을 하라"는 의미를 생산한다. 결과적으로 오늘날 정복 사건을 해석할 때 우리는 우리 문화가 결코 행해져서는 안 되는 일들로 규정하는 다른 일들ㅡ홀로코스트,

지하드, 식민 제국주의, 십자군 등등—과 유사점을 도출하려는 경향이 있다. 그러나 고대 이스라엘의 인지 환경의 논리에서 보면 하나님은 결코 행해져서는 안 되는 일을 하라고 여호수아에게 명령하신 것이 아니다. 그러므로 그러한 비교는 **나쁜 문화 해석**의 한 예다. 여호수아는 고대 세계에서 전쟁이 수행되었던 방식과 일반적으로 유사한 방식으로 전쟁을 수행하고 있다(자세한 논의는 명제 17을 참조하라). **우리가** 그러한 방식으로 전쟁을 수행하는 것을 선호하는지 아닌지는 문제가 되지 않는다. 중요한 것은 현대 서구인들이 그 방법에 대해 어떻게 생각하는가가 아니라 고대 근동 사람들이 어떻게 생각했는가다. 고대 세계는 일부 현대인들이 인식하는 방식으로 전쟁을 타협할 수 없는 악으로 인식하지 않았다. 전도서의 해설자는 해 아래서 행해지는 심각한 악을 한탄할 때 전쟁이나 전염병, 쓰나미, 무고한 아이들의 죽음 또는 현대 서구인들이 모든 악 중에서도 최악이라고 비난하는 경향이 있는 다른 대상 중 어떤 것도 언급하지 않는다. 반면에 그는 부적절한 매장(전 6:3)과 잊히는 일(전 1:11)과 같은 것들을 언급한다. 이것들은 고대인들에게는 끔찍한 일들이었지만 우리에게는 상대적으로 무관심한 일들이다. 따라서 우리는 "네 시체가 공중의 모든 새와 땅의 짐승들의 밥이 될 것이나 그것들을 쫓아줄 자가 없을 것이며"(신 28:26)와 같은 위협을 자연으로 돌아가 동물들의 필요에 공급해준다는 현대적 (중립적이거나 긍정적인) 사상들에 비추어 해석해서는 안 된다고 이해할 수 있다. 고대의 사고방식에서 부적절한 매장은 희생자를 사후 세계에서 영원한 불안에 처하게 했다. 따라서 그것은 본질적으로 현대의 지옥불에 해당하는 개념적 등가물이다. 마찬가지로 우리는 전쟁과 인간의 고통에 대한 현대의 반감을 그 말씀에 부여함으로써 정복 기사의 의미를 이해할 수 없다.

이스라엘 사람들은 가나안 공동체를 "헤렘"(ḥerem)하라는 모세의 명령을 "결코 행해져서는 안 된다고 네가 생각하는 일을 하라"는 것으로 이해하지 않았을 것이다. 비록 그것이 우리가 그 말씀을 들을 때 우리가 느끼는 것일지라도 말이다. 이와 대조적으로 에스겔 4:12("너는 그것을 보리 떡처럼 만들어 먹되 그들의 목전에서 인분 불을 피워 구울지니라")에서 에스겔에게 주어진 명령은 "결코 행해져서는 안 되는 일을 하라"는 것으로 들리도록 의도된 것이지만 우리 중 다수는 이것을 우리 자신이 하는 것에 대해서는 비교적 무관심할 것이다. 만약 누군가가 인간의 배설물을 에너지원으로 전환하는 프로세스를 개발한다면 우리는 **축하할** 것이다. 우리는 이러한 예언자적 상징 행위(sign-act)가 우리가 실제로 그것에 의해 충격을 받는지 여부와 상관없이 충격을 주기 위해 의도된 것임을 이해할 수 있다. 마찬가지로 비록 우리가 정복에 격분할지라도 우리는 정복이 난폭하도록 의도된 것이 아님을 이해해야 한다. 예언자적 상징 행위의 목적은 인간 배설물에 대한 이상적인 정서를 전달하는 것이 아니다. 여기서 이스라엘에게 한 명령도 "헤렘"과 전쟁에 대한 이상적인 정서를 전달하기 위해 의도된 것이 아니다. 우리는 본문의 언어와 논리로 묘사된 정서를 공유할 필요가 없지만 본문을 올바르게 이해하기 원한다면 그 정서가 무엇이었는지 알고 그것에 따라서 해석해야 한다. 그것이 본 연구가 검토하고자 하는 점이다.

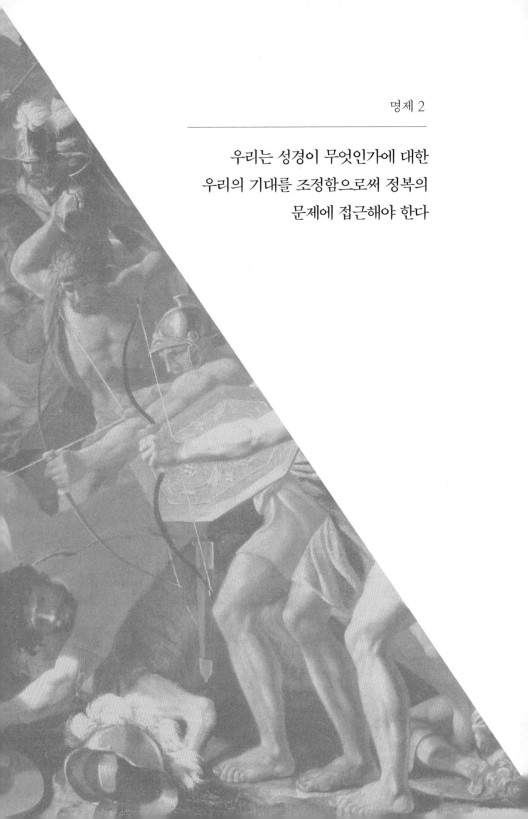

명제 2

우리는 성경이 무엇인가에 대한
우리의 기대를 조정함으로써 정복의
문제에 접근해야 한다

정복 기사가 현대인의 마음에 제시하는 어려움이 단지 성경 본문의 말씀의 결과로서 생기는 것은 아니다. 우리가 단순히 익숙지 않은 개념들의 문화 충격을 경험하거나 심지어 "인간에게 가한 인간의 비인도적 행위"에 대한 묘사에 감정적으로 반응하는 것이 아니다. 우리는 우리의 문화 가치와 다른 고대의 문화 가치들을 찬미하고 도시 약탈을 생생하게 묘사하는 『일리아스』(Iliad) 같은 책을 생생한 공포를 경험하지 않으면서 읽을 수 있다. 이것은 정복 기사에 대한 현대의 어려움은 "성경이 무엇을 **말하는가**"만큼이나 "**성경이 무엇인가**"에서 파생되기 때문이다. 다시 말해서 그리스도인들은 성경을 오늘날에 필요한 규범으로 주어진 것으로 보기 때문에 성경을 읽는 것은 우리가 단순히 고대(ancient times)를 기술하는 것으로 여기는 무언가를 읽는 것과는 다르다.

성경은 권위 있는 하나님의 말씀이다

지금까지 정복에 대한 가장 일반적인 합리화는 정복 기사를 가나안 백성의 사회를 파괴한 전쟁들의 악보다 더 큰 악을 구성하는 극악한 범죄들에 대한 형벌로서 가나안 백성에게 주어진 하나님의 심판 행위로 설명하는 것이었다. 본 연구 전반에 걸쳐 논의되는 바와 같이 그러한 해석은 본문 자체로부터 파생될 수 없다. 그러나 기록된 대로의 본문으로부터 현대 독자들에게 일어나는 어려움은 대부분 성경이 무엇이며 어떻게 사용되어야 하는지에 대한 개념에서 비롯된다. 성경이 무엇이든 간에 가장 중요한 것은 성경이 권위 있는 하나님의 말씀이라는 점이다. 그러나 만약 우리가 (문학, 고대 문화의 기록물, 통찰력 있는 설화, 어린이를 위한 이야기, 영감을 주고 감정적으로 고양시키는 진부한 이야기 모음, 사회적 통제의 도구 등에 반대되는 것으로서) 성경의 가르침을 **권위 있는 것**으로 여기고 싶고 그 권위를 존중하고 싶다면, 우리는 절대로 성경이 말하는 것을 바꾸는 일을 해서는 안 된다. 마찬가지로 만약 우리가 성경을 권위 있는 것으로 여기지 않는다면, 『일리아스』가 말하는 것을 합리화할 납득할 만한 이유가 우리에게 없는 것과 똑같은 이유로 우리에게는 성경이 말하는 것을 합리화할 납득할 만한 이유가 없다.

따라서 우리의 첫 번째 전제는 성경이 권위 있는 가르침의 원천이라는 것이다. 즉 우리(독자들)는 성경이 말하는 것에 기초하여 우리의 사고 및 행동을 조정해야 한다. 다음으로 이것은 우리가 선호하는 행동 방식과 일치시키기 위해 성경이 말하는 것을 조정할 수 없다는 점을 의미한다. 우리는 기록된 그대로의 본문으로부터 작업해야 한다. 이러한 전제들은 기본적이고 타협할 수 없지만, 그것들 자체가 정복의 문제를 일으키지는 않는다. 정복의 문제는 어떻게 본문의 내용을 행동으로 전환시켜야 하는가와 결과적으로 그 행동이 무엇으로 판명되는가에 관한 일련의 추가 가정들로부터 발생한다. 성경의 권위에 비추어 우리는 성경 본문의 내용보다는 이러한 가정들이 조정되어야 한다고 주장한다. 그러나 그 조정은 이어서 그 가정들이 실제로 무엇인지에 대한 검토를 요구한다.

"성경이 무엇을 말하는가"란 무엇을 의미하는가?

우리가 성경이 말하는 것을 개별적으로 읽는 문장(또는 절)의 목록으로 생

제1부 해석

각해서는 안 된다. 우리는 주제와 장르와 같은 더 광범위한 고려 사항들에 비추어 단어와 문장이 포함하는 개념들의 중요성을 고려해야 한다. 따라서 예를 들어 "이 성과 그 가운데에 있는 모든 것은 여호와께 온전히 바치되(ḥerem)"(수 6:17)라는 말씀이 그것을 읽은 결과로서 우리가 채택해야 하는 사고와 행동의 관점에서 무엇을 의미하는지 알고 싶다면 우리는 먼저 모든 단어가 문맥에서 무엇을 의미하는지 이해해야 한다. 우리는 "완전히 파괴하다"(utterly destroy)라는 영어 단어들의 의미에 기초하여 결론을 내릴 수 없다. 그 단어들은 우리에게 "헤렘"(ḥerem)이라는 단어가 이스라엘 사람들에게 의미했던 것과는 다른 것들을 의미하기 때문이다(명제 15 참조). "이것[단어 또는 절]이 무엇을 의미하는가?"라고 묻는 것으로는 "성경이 무엇을 말하는가?"라는 질문에 효과적으로 답할 수 없다. 오히려 우리가 물어야 할 질문은 "이것이 왜 여기에 있는가?"다. 그 질문에 대답하는 과정에서 우리는 단어들이 무엇을 의미하며 담화(discourse)의 다양한 단위들에 의해 어떤 개념들이 전달되고 있는지 고려할 수 있지만, 우리는 의미의 식별에 매우 중요한 맥락에 대한 더 광범위한 질문들을 고려할 수도 있다.

물론 "이것이 왜 여기에 있지?"라는 질문이 "그래야 당신은 그것이 당신에게 지시하는 것을 정확하게 수행할 수 있지"라는 답변을 낳는 것이 이론적으로는 가능하다. 하지만 그러한 가능성은 단순히 당연한 것으로 여겨져서는 안 되는 또 다른 가정이다. 만약 어떤 주어진 구절이 왜 성경 안에 있는지 알고 싶다면 우리는 먼저 **어떤** 구절이든 그것이 왜 성경에 있는지에 대해서 어느 정도 이해해야 한다. 다르게 표현하면, 우리는 왜 우리가 성경을 갖고 있는지 알아야 한다. 우리는 하나의 전제로 성경이 그것을 읽는 독자들의 생각과 행동의 변화(adjustment)를 기대하는 권위 있는 자료라는 것을 받아들였다. 따라서 피상적인 수준에서 우리는 하나님이 성경을 읽는 사람들에게서 특정한 생각이나 행동을 원하시기 때문에 우리에게 성경을 주셨다고 결론을 내릴 수 있다. 그러나 생각과 행동은 어떤 목적을 위해 필요하고, 그것들을 생기게 하는 것은 목적을 이루기 위한 수단이다. 하나님이 우리가 특정한 방식으로 생각하고 행동하기를 원하시는 **이유**를 우리가 알 때, 우리는 우리가 성경을 갖게 된 이유를 이해할 수 있고, 그다음으로 우리는 성경의 특정 부분과 특히 정복이 어떻게 그 목적에 기여하는지를 이해하는 위치에 있게 될 것이다.

우리는 성경이 행동 규칙 목록을 제공하기 위해서 주어진 것이 아니라 하나님의 계획과 목적을 우리에게 계시하여 우리가 하나님과 함께 그 계획과 목적에 참여할 수 있게 하기 위해 주어진 것이라고 제안한다. 우리는 하나님의 계획과 목적이 선하다는 것을 믿고, 우리가 참여함으로써 우리가 어떤 식으로든 그 선하심을 나타내는 일에 기여할 것을 믿는다. 우리가 이스라엘의 가나안 정복 문제를 다룰 때 우리는 거기에 나타난 하나님의 계획과 목적이 어떻게 선한지와 그것들이 하나님의 선하심과 우리의 선함에 관한 우리의 생각에 어떻게 영향을 끼쳐야 하는지에 대해 혼동되기 쉽다. 따라서 우리는 하나님의 선하심이란 개념에 잠시 주의를 기울여야 한다.

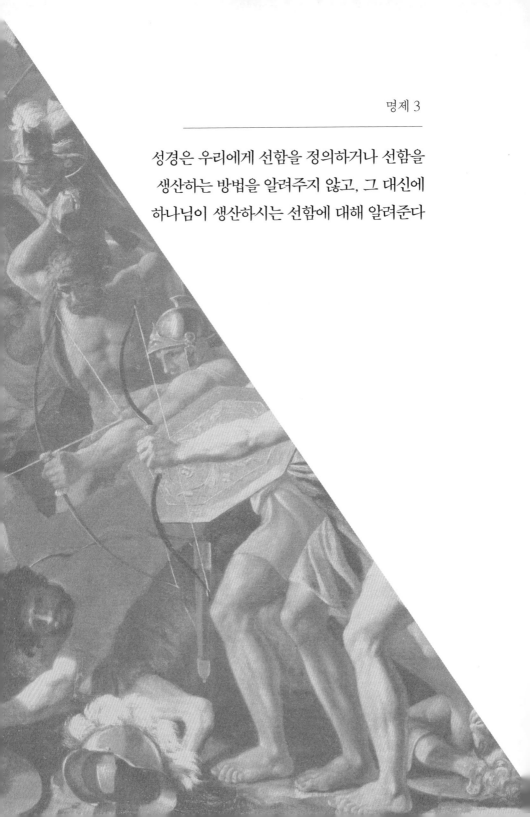

성경은 우리에게 선함을 정의하거나 선함을
생산하는 방법을 알려주지 않고, 그 대신에
하나님이 생산하시는 선함에 대해 알려준다

오늘날 정복 기사를 읽을 때 우리는 보통 그것이 인간의 행복을 증진시키거나 인간의 고통을 감소시키기 위해 우리가 따르거나 모방해야 하는 규칙이나 예증을 포함할 것이라는 가정 아래서 본문에 접근한다. 왜냐하면 우리는 하나님은 선하시기 때문에 그것을 하나님이 항상 하시기 원하셨던 것으로 믿기 때문이다. 정복과 관련하여 우리가 직면하는 문제를 일으키는 것은 본문 자체의 내용이 아니라 이 가정이다. 따라서 이 문제를 해결하려면 먼저 본문의 단어들을 검토함으로써가 아니라 본문이 무엇이며 본문의 가르침이 무엇을 성취해야 하는지에 관한 우리의 가정들을 검토함으로써 접근해야 한다.

기독교 전통의 한 가지 기본적인 교리는 하나님이 선하시다는 것이다. 그러므로 짐작건대 하나님께서 특정한 방식으로 행동하시는 이유는 세상에서 선함을 나타내는 것으로 이어져야 한다. 우리에게 성경을 주신 것은 하나님이 하신 행동 중 하나였기 때문에 성경의 가르침이 생산하려 하는 생각과 행동은 결국 세상에서 선함을 나타내는 것으로 이어져야 한다. 정복 기사가 가진 주된 어려움은 정복 전쟁이 수행되었다면 그 전쟁이 당시에 선을 산출하지 않았고 오늘날에도 그렇게 할 수 없는 행동을 옹호하는 것처럼 보인다는 점이다. 그러나 이 어려움은 어떻게 본문에 있는 단어들이 행동으로 전환되어야 하는지와 정확히 선함이 무엇인지에 대한 몇 가지 추가적인 가정들에서 발생한다. 우리가 성경의 가르침과 정복에 관해 어떤 결론을 내릴 수 있기 전에 이 가정들이 검토되어야 한다.

하나님의 선하심이 현실에서 나타나는 방식에 대해 검토하는 것을 **도덕 신학**(moral theology)이라고 부른다. 하나님의 선하심이 어떻게 나타나는가에 대한 질문에는 여러 가지 접근 방식이 있지만 우리는 특별히 두 가지 접근 방식에 흥미를 느낀다. 첫 번째 접근은 **율법주의**(nomism)로 불리며, 그것은 하나님이 사람들이 따라야 할 규칙들을 제공하시고 그런 다음 현실 세계에서는 축복이나 재앙을 베푸심으로써 또는 영원의 영역에서는 천국과 지옥을 통해 그 규칙들을 시행하심으로써 세상에서 선함을 생산하신다고 가르친다. 해석가들은 이 규칙들이 전달되는 방식에 대한 이해를 달리한다. 어떤 이들은 그 규칙들이 모든 사람에 의해 선천적으로 알려져 있다고 생각하고 어떤 이들은 그것들이 이성을 통해 추론된다고 생각한다. 그러나 우리의 목적상 가장 중요한 전달 수단은 성경에 기록되어 있는 규칙들이다. 성경에 대한 율법주의적 접근은 본문을—모범으로 삼거나 그것에 순종할 경우—선을 생산할 원칙들에 대한 명령과 예증 및 해설을 모아 놓은 모음집으로 본다.

이 접근 방식은 정복 기사와 같은 구절들로 인해 즉각적인 어려움을 야기한다. 그러한 구절들은 우리가 선을 산출한다고 생각하지 않는 명령을 포함하거나 행동을 기록하고 있기 때문이다. 결과적으로 많은 율법주의적 해석가들은 여호수아의 행동이 선하게 **보이게** 하고 또 그렇게 함으로써 우리가 모방할 때 편안하게 느낄 수 있는 규칙의 기초를 형성하기 위하여 가나안 족속이 저지른 온갖 종류의 끔찍한 범죄를 추론하는 경향이 있다("하나님은 우리에게 악한 사람들에 대한 조치를 취함으로써 세상에서 악을 제거하라고 명령하신다"). 이 해석은 문제가 있다. 왜냐하면 우리가 2부와 3부, 특히 명제 8에서 설명하겠지만 본문이 가나안 사람들에 대한 이러한 고발을 지지하지 않기 때문이다. 본문을 가나안 사람들에 대한 고발의 의미로 해석하려면 본문이 말하는 내용을 변경해야 한다. 그렇게 할 경우 우리는 본문을 권위 있는 것으로 취급하지 않게 된다.

다른 율법주의적 해석가들은 하나님이 여호수아에게 명령하셨고 성경이 그 명령을 수행하는 여호수아의 행동을 기록하기 때문에 발생한 행동의 결과는 **틀림없이** 선했을 것이라고 결정한다. 그 행동이 우리에게 선하게 보이지 않더라도 말이다. 하나님의 명령은 선을 산출하기 때문에 여호수아의 행동은 선이 무엇인지 정의한다. 그리고 만약 우리가 다르게 생각하면 우리의 인식이 잘못된 것이다. 이 해석도 문제가 있다. 다행스럽게도 율법주의가 도덕 신학에 접근할 수 있는 유일한 방법은 아니다.

다른 견해는 하나님이 선한 목적에 기여하는 조치를 취하심으로써 세상에 선을 산출하신다는 것이다. 이것은 이론적으로 규칙들을 제공하는 것으로 구성될 수 있지만 이 개념에서 선은 하나님이 생산하시는 것이지 하나님이 우리에게 생산하는 방법을 가르치시는 것이 아니다. 그 차이는 창세기 50:20에 나오는 요셉의 진술에 의해 가장 분명하게 드러난다. "당신들은 나를 해하려 하였으나 하나님은 그것을 선으로 바꾸사"(창 50:20). 선한 목적에 기여할 요셉의 노예 생활, 투옥, 등용을 하나님이 조정하셨다(창 45:8, "그런즉 나를 이리로 보낸 이는 당신들이 아니요 하나님이시라"). 이것은 요셉이 형제들이나 보디발 또는 심지어 요셉 자신(창 47:21)이 선을 산출할 모범적인 행동을 보여주고 있다는 의미가 아니다. 요셉 이야기는 구체적으로나 심지어 원칙적으로 하나님이 우리가 행하기를 원하시는 것들을 예시하기 위해서가 아니라 하나님이 행하신 일을 기술하기 위해 존재한다. 요셉의 형제들은 특히 자신들의 형제를 노예로 파는 것으로 하나님의 선한 목적에 기여했다. 이것은 우리가 우리 자신의 형제자매를 노예로 팔아 하나님의 선한 목적에 기여할 수 있다는 의미가 아니다. 이것은 절대로 행해져서는 안 되는 악한 일들(이에 대해 본문은 형제를 파는 것을 예로 제시함)이 "많은 생명의 구원"(창 50:20)이라는 하나님의 더 큰 목적에 기여하는 한 우리가 그 일들을 할 수 있다는 것을 의미하지도 않는다. 특정 방법들의 세부 사항도 목적 자체의 세부 사항도 본문에 의해 제공되지 않는다. 요셉은 야곱의 혈통을 보존하기 위한 수단을 제공하기 위해 이집트로 보내졌지만(창 45:7, "하나님이 큰 구원으로 당신들의 생명을 보존하고 당신들의 후손을 세상에 두시려고"), 그것은 결국 우리가 결코 재형성할 수 없는 더 큰 목적을 위해 맺어진 아브라함과의 언약을 보존하는 수단이었다(언약에 대한 자세한 논의는 명제 8을 참조하라).

도덕 신학에 대한 이 접근 방식에서 성경 전체도 마찬가지다. 성경은 우리가 순종해야 할 규칙의 모음집이 아니라 우리가 이해해야 하는 하나님의 행동에 대한 기록이다. 그러나 이 접근 방식은 여전히 하나님의 행동에 대해 읽는 것이 어떻게 우리의 생각과 행동에 영향을 끼치는지를 설명해야 한다. 이 접근 방식에서 요셉의 형제들이 보인 행동은 우리에게 아무런 함의가 없다. 여호수아와 그가 이끈 군대의 행동은 우리에게 아무런 함의도 없다. 왜 하나님의 행동이 우리에게 함의가 있어야 하는가?

선하다는 것은 무엇을 의미하는가?

그러므로 하나님이 선을 산출하는 방법을 우리에게 말씀하지 않으신다(또는 우리가 선을 산출하리라고 기대하지 않으신다)고 해서 선이 우리와 아무런 관련이 없다는 의미는 아니다. 우리는 이미 구원의 맥락에서 이 기본 개념을 이해한다. 구원을 받고 싶다면 우리는 우리의 생각과 행동을 구체적으로 수정해야 하지만 그 생각과 행동 자체가 우리의 구원을 야기하는 것은 아니다. 그리스도의 죽음과 부활이 구원을 야기한다(즉 우리가 하는 일이 아니라 하나님이 하시는 일이 구원을 야기한다). 더 나아가 성경은 우리에게 어떤 특정한 행동을 우리가 취해야 하는지 우리에게 알려주지 않는다. 우리는 우리 자신의 종교 전통(즉 우리 자신의 인지 환경)으로부터 이것들에 대한 이해를 이끌어낸다. 본문은 일반적인 "주 예수를 믿으라"(행 16:31)와 물과 성령의 세례(요 3:5) 외에 어떤 것도 명시하지 않는다. 본문은 어떤 특정한 신조(creed)나 교리문답서(catechism)를 제공하지 않으며 유아 세례, 신자의 세례, 성례전, 죄인의 기도 또는 기타 특정 행동을 명시하지 않는다. 본문은 확실히 우리가 구원받고 싶으면 그리스도가 하신 일을 해야 한다고 우리에게 말하지 않는다.[1] 하나님은 우리에게 우리 자신의 구원을 생산하는 방법을 알려주지 않으신다. 그 대신에 그분은 자신이 생산하신 구원에 우리가 어떻게 참여할 수 있는지를 우리에게 알려주신다. 선도 같은 방식으로 작동한다. 하나님의 행동은 선한 목적을 위해 수행된다. 우리에게서 기대되는 행동은 선을 산출하기 위한 것이 아니라 하나님이 산출하시는 선에 우리가 참여할 수 있도록 하기 위한 것이다. 하지만 그렇다면 우리는 그 참여가 정확히 어떤 모습일 것으로 기대해야 하는가? 이는 우리로 하여금 선이란 무엇인가라는 질문을 검토하도록 이끈다.

---

[1] 예를 들어 그리스도가 우리가 본받아야 할 도덕적 삶을 통해 자신의 구원을 얻었다고 말하는 아리우스주의(Arianism)와 펠라기우스주의(Pelagianism)조차도 그러한 모범이 본문에서 가져온 특정한 지시들("제자를 택하고, 성전을 엉망으로 만들며, 나귀를 타고, 신성모독으로 처형되는 것")보다는 일반적이고 보편적인 도덕 원칙들에서 추정되는 것(즉 "병든 자들과 가난한 자들에게 긍휼을 베푸는 것")을 따르기를 기대한다.

역사가와 철학자들이 **인본주의**(humanism)라고 부르는 우리의 현대 사상 체계는 인간의 행복이 최고의 가치이며 (선이 가치와 관련을 맺고 있기 때문에) 따라서 최고의 선이라는 신념에 기반을 둔다. 행복은 일반적으로 (육체적·심리적·실존적) 고통의 부재의 관점에서 정의된다. (**선**[good]의 반대를 의미하는) **악**(evil)은 인간의 고통과 동의어다. 그리스도인이든 비그리스도인이든 현대 서구의 인지 환경에 참여하고 있는 모든 사람은 이 개념을 공유한다. 다만 그리스도인과 비그리스도인은 종종 가장 큰 행복이 성취될 수 있는 수단(권력, 쾌락, 물질적 번영 대 자선, 검소, 실존적 성취[existential fulfillment] 등)에 대해 다르게 생각하고 있고 또한 가장 큰 행복을 가장 잘 초래할 수 있는 다양한 제도와 사회 구조에 관해서도 서로 다르게 생각한다. 종교는 일반적으로 인간의 행복을 성취하기 위한 수단으로 자신을 옹호하는 반면, 우리가 세속적 인본주의라고 부르는 것은 인간의 행복을 성취하기 위해 무종교 정부와 과학의 결합을 옹호한다. 수단이나 세부 사항에 상관없이 인간의 행복은 최고의 이상으로 남아 있다.[2] 그것은 우리의 인지 환경의 일부이며 우리가 good(선)이라는 영어 단어를 사용할 때 우리가 의미하는 것의 실체다.

그러나 고대 근동의 인지 환경은 인간의 행복을 최고의 이상으로 삼지 않았다. 그들의 최고의 이상은 아마도 order(질서)라는 영어 단어에 의해 가장 잘 설명될 것이다. 고대 근동 사람들에게 있어서 사물은 그것이 인간의 쾌락을 생산하거나 인간의 고통을 경감시킨 정도가 아니라

---

2   교육계에서 현재 통용되는 용어는 **인간의 번영**(human flourishing)이다.

그것이 의도된 대로 기능하는 정도에 근거하여 선한 것이 되었다.[3] 행복과 질서 사이에는 약간의 겹치는 부분이 있다. 그러나 우리 현대인들이 질서가 인간의 행복의 수단으로 기여하는 한에서만 질서를 가치 있게 여기는 경향이 있는 반면, 고대인들은 인간의 행복이 질서 있는 체계 내에서 적절한 맥락에서 발생하는 한에서만 인간의 행복을 가치 있게 여겼을 것이다. 고대의 관점에서 볼 때 고대인들이 아무리 행복하더라도 질서에 어긋나는 행동을 하는 민족을 해치지 않거나 멸망시키지 않는 것은 나쁜 것이다. 마찬가지로 그 사람들을 해치거나 멸망시키는 것은 그들이 얼마나 고통을 받든 선한 것이다. 이것이 고대 세계의 인지 환경의 일부였으며 번역가들이 영어로 **good**이라고 번역한 단어를 고대 작가들이 사용했을 때 그들이 의미했던 것이다.

성경이 선에 대한 이러한 정의 중 어느 쪽도 옹호하지 않는다는 점을 인식하는 것이 중요하다. 그것은 고대 이스라엘 사람들에게 질서 대신에 인간의 행복을 가치 있게 여기는 방법을 가르치기 위해 기록되지 않았다. 또한 성경은 현대 서구인들에게 그들이 인간의 행복 대신에 질서를 가치 있게 여겨야 한다고 가르치기 위해 기록된 것도 아니었다. 그러나 그것은 고대 근동의 청중을 상대로 히브리어로 기록되었기 때문에 성경의 언어와 비유적 묘사는 우리가 아니라 그들의 개념과 이데올로기의 관점에서 표현된다. 따라서 성경은 어떤 것을 선한 것으로 묘사하고 싶을 때 그것을 인간의 행복과 관련된 방식이 아니라 고대 세계가 질서와 연관시켰던

---

3 "토브"(*tov*, "좋은, 선한")라는 히브리어를 "제대로 기능하는 것"으로 정의하는 것에 대한 더 상세한 논의는 John Walton, *The Lost World of Genesis One* (Downers Grove, IL: InterVarsity Press, 2009), 50을 참조하라. 『창세기 1장의 잃어버린 세계』(그리심 역간).

용어, 개념 및 실례를 들어 묘사한다. 따라서 성경이 선한 것으로 묘사하는 것들이 우리가 인간의 행복과 연관시키는 것들과 항상 일치하는 것은 아니다. 고대인들이 선한 것으로 본 것 중 일부는 결혼생활에서의 충실, 개인 재산에 대한 존중, 살인에 대한 혐오, 가난한 자에 대한 돌봄의 필요성과 같이 우리 현대인들도 선한 것으로 보는 것들이다. 채무 노예, 피의 보복, 사회적 계층에 대한 존중과 같은 다른 것들은 그렇지 않다. 그러나 **어떤 경우에도** 성경은 절대적이고 이상적인 의미에서 선이 무엇인지 또는 선을 산출하는 방법을 우리에게 말하기 위해 존재하지 않는다. 성경은 하나님이 하시는 일을 우리에게 알려주기 위해 존재하며, 성경의 원래 기록 대상이었던 문화의 언어와 논리 및 가치의 관점에서 하나님이 하시는 일을 기술한다.

이것은 본문에 기술된 선의 개념이 단순히 채택되는 것이 아니라 **번역될** 필요가 있음을 의미한다. 구약 본문의 특별한 지시에 순종한다면, 우리는 고대 근동의 훌륭한 시민이 될 것이다. 신약 본문의 특별한 지시에 순종한다면, 우리는 고전 로마의 훌륭한 시민이 될 것이다. 그러나 이스라엘 사람들(구약성경의 원래 청중)이 고대 세계의 훌륭한 시민이 되어야 하고 초기 기독교인들(신약성경의 원래 청중)이 고전 로마의 훌륭한 시민이 되어야 했던 것과 동일한 이유로, 우리는 현대 서구의 훌륭한 시민이 되어야 한다. 그 이유들이 무엇일지는 명제 11과 명제 21에서 다룰 것이지만, 지금으로서 요점은 본문을 해석하지 않고 순종하는 것은 잠재적으로 본문이 의도하는 것과 반대되는 행동으로 이어질 수 있다는 것이다. 고대 세계나 고전 세계의 훌륭한 시민이 현대 세계의 훌륭한 시민은 아니다. 왜냐하면 현대 세계는 고대 및 고전 세계와 다르기 때문이다.

진보의 문제

오늘날 많은 사람이 성경을 잘못 읽는 것은 성경의 개념들을 적절하게 해석하지 못하기 때문이다. 그 결과 어떤 사람들은 성경 본문이 하나님의 절대적인 이상에 대한 기록을 포함하고 있으며 그 이상은 고대 이스라엘 사람들의 사고를 현대인과 동일하게 또는 적어도 그들이 이미 그랬던 것보다도 더 현대인과 동일하게 바꾸려는 노력의 일환으로 고대 이스라엘에 지시된 것으로 생각한다. 이것은 우리가 현대의 개념들을 고대 개념들보다 더 나은 것으로 보기 때문이다. 우리가 현대의 개념들을 **선호하는** 것이 합리적이지만(단순히 그것들이 우리의 것이라는 이유 외에 다른 이유가 없다면) 단순히 우리가 우리의 개념들을 선호한다는 이유로 그것들을 하나님께 투사하고 그것들을 하나님의 것으로 돌리는 것은 합리적이지 **않다**. 이러한 이유로 본문을 권위 있는 자료로 취급하고 싶다면 우리가 본문이 말해야 한다고 생각하는 것을 직관적으로 기술하는 대신에 본문이 실제로 말하는 것을 기술하면서 반드시 신중하고 일관성을 유지하는 것이 매우 중요하다.

현대의 개념들이 본질적으로 고대의 개념들보다 우월하다는 생각 자체는 현대 서구의 인지 환경의 산물이다. **진보**라고 불리는 이 개념은 모든 역사가 시간이 지남에 따라 점점 증가하는 유효성(efficacy)과 효율성(efficiency)의 수준을 발전시키면서 공통된 (애매 모호한) 목표를 향해 나아가고 있다고 가정한다. 더 일찍 나타나는 반복은 단순히 시간상 더 일찍 발생했기(그리고 대체되었기) 때문에 뒤따르는 반복보다 열등한 것으로 간주된다. 이 진보 이론은 철학과 기술에서 도덕과 종교에 이르기까지 인간 경험의 모든 영역에 적용된다. 기독교 신학에서 진보적 모델의 주요 예는 "구속사"(Heilsgeschichte)라고 불린다. 구속사는 아담에서 노아, 아브라함, 모세에 이르기까지, 그리고 마침내 그리스도께서 나타나셔서 모든 결함이 있는 이전 단계들을 더 이상 쓸모없게 만드실 때까지 다양한 열등한 언약을 통하여 하나님의 구원 사역(saving work)의 진행을 추적하려고 시도한다.[4]

모든 진보 모델의 기초가 되는 가정은 역사적 순서(sequence) 전체의 모든 반복이 단지 유효성의 정도만 다를 뿐 거의 동일한 방식으로 동일한 목적을 성취하려고 한다는 것이다. 각 반복의 가치는 그것이 이상(보통은 가상의)에 얼마나 잘 필적할 만한지에 따라 측정된다. 진보적인 시스템이 작동하는 방식에 대한 한 가지 은유는 기술(technology)로부터 나온다. 이상적인 데스크탑 컴퓨터는 빠르고 좋은 그래픽을 가지고 있다. 만약 내 컴퓨터가 당신의 것보다 더 느리고 더 나쁜 그래픽을 가지고 있다면 그것은 열등한 컴퓨터다. 왜냐하면 그것은 모든 데스크탑 컴퓨터가 비교 평가되는 이상적인 컴퓨터에서 훨씬 벗어나기 때문이다. 성경과 도덕 신학에 적용될 때 진보 이데올로기는 세 가지를 가정한다. (1) 구약이 옹호하고 있는 이상(즉 선의 정의[definition])은 우리가 사용하는 정의(즉 인간 행복의 생산)와 동일하다. (2) 그것은 신약이 사용하는 것과 동일한 정의다. (3) 그것은 이 이상을 생성하는 능력에 있어서 열등했다(이것이 구약이 대체된 이유다). 현대의 반(anti)기독교인들은 동일한 주장을 신약에까지 확장한다. 즉 신약은 오늘날에는 열등하고 대체될 필요가 있다는 것이다. 우리는 명

---

4   또 다른 예는 세대주의(dispensationalism)로 알려진 신학 체계다.

제 20에서 구약의 구체적 적용을 논할 때 이것을 더 철저하게 살펴볼 것이다. 그러나 역사의 진보 모델은 현대의 발명품이기 때문에 이 개념들은 성경 본문 자체에서 파생될 수 없다.[5] 사실상 성경을 기록한 고대 사람들은 반대의 경향을 더 보였다. 더 오래되고 확립된 것이 혁신적이고 참신한 것보다 더 우월했다.[6] 그러나 고대의 인지 환경도 현대의 시대착오도 역사의 각각 다른 시대들과 문화의 발달 단계들의 이상을 평가하는 방법을 세우는 데 유용하지 않다.

비록 우리가 하나님의 행동을 목적이 있는 것(즉 목표를 향해 일하심)으로 이해해야 하지만, 하나님이 진보를 일으키심으로써 그 목표를 발전시키신다고 상상해서는 안 된다. 우리는 하나님이 궁극적으로 이상을 달성할 훨씬 더 높은 수준의 선이나 도덕에 이르기까지 인류를 끊임없이 빚어가고 계신다고 상상해서는 안 된다. 또한 우리는 우리가 실제로 이상을 달성한 사회를 대표한다고 상상해서도 안 된다. 목표 달성을 향해 나아가는 과정을 이해하기 위한 대안 모델은 진보와 대조되는 것으로 우리가 **절차**(procedure)라고 부를 수 있는 것이다. 절차 모델에서 모든 반복은 공통목표를 향해 나아가고 있는 다른 목적에 도움이 되며, 공통 목표는 모든 단계를 완료하지 않고는 달성될 수 없을 것이다. 절차 모델에 대한 은유

---

5   예를 들어 히브리서의 일부에서 흔히 행해지는 것처럼 일부 본문들을 시대착오적으로 진보적 이데올로기의 의미로 해석하는 것이 가능하더라도 이것은 사실이다. 시대착오적인 개념들을 성경 본문에 부여하는 문제들에 대한 논의는 명제 9를 참조하라.

6   "우리가 미래지향적이고, 변화에 가까우며 앞으로 나아가도록 길들여져 있는 반면에(과거는 심지어 그것을 무시해도 될 정도로 뒤처져 있음), 성경의 인물은 과거 지향적이고 변화를 싫어하며 전통과 민족의 축적된 지식에 가깝다." Meir Malul, *Knowledge, Control, and Sex: Studies in Biblical Thought, Culture, and Worldview* (Tel Aviv: Archeological Center Publication, 2002), 431.

로는 케이크를 굽는 과정이 있다. 마지막에는 최종적이고 이상적인 케이크가 있고 이 케이크를 만드는 단계 중 일부는 속성 면에서 다른 단계들보다 케이크에 더 유사하지만 레시피의 다양한 단계는 그것들이 이상적이고 최종적인 케이크와 얼마큼 유사한가가 아니라 그것들이 최종 제품을 **생산하는** 데 얼마나 필요한가에 기초하여 평가된다.

따라서 예를 들어 어떤 사람들은 정복 기사와 그와 유사한 구절들이 왜 본문에 포함되어 있는지 의아해한다. 왜냐하면 그들이 이 구절들이 인간의 행복을 만들어내는 데 유용한 가르침이나 예를 제공하는 것으로 보지 않기 때문이다. 다른 사람들은 그 구절들이 인간의 행복을 만들어내는 데 유용하게 보일 때까지 요소들을 그것들에 추가하거나 그것들에서 제거한다. 이 두 접근 방식은 모두 잘못된 것이다. 성경 본문(본문의 언어와 논리는 고대 인지 환경에 속함)을 그것이 현대적 이상에 일치하는가의 여부에 기초해 평가하는 일은 케이크 레시피의 각 단계를 그것이 케이크 맛이 나는지 여부에 기초해 평가하는 것과 같다. 케이크처럼 맛이 나지 않기 때문에 "계란, 우유, 바닐라 추출물을 혼합하라"는 단계를 건너뛰거나 케이크 맛이 날 때까지 혼합물에 설탕과 푸딩을 첨가하면 우리는 제빵 과정이 끝날 때 결국 제 기능을 다하는 케이크를 얻지 못할 것이다. 이것은 우선 레시피를 갖는 목적에 어긋난다. 마찬가지로 우리가 성경 본문이 말하는 바를 우리가 선호하는 방식으로 사용하기 위해 변경한다면 우리는 본문이 실제로 만들어내려고 했던 결과를 결코 얻지 못할 것이다. 그런 경우에 우리는 심지어 그것을 아예 갖지 않는 편이 나을 것이다.

진보와 대조되는 다른 극단에는 **상대주의**라고 부르는 또 다른 현대적 개념이 있다. 비슷한 이유로 이것도 잘못된 것이다. 진보 모델이 각기 다른 인지 환경들이 성공의 정도를 달리하며 달성하는 오직 단 하나의 이상만을 주장하는 반면, 상대주의는 이상과 같은 것이 전혀 없다고 주장한다. 다시 말하면, 상대주의의 경우 레시피의 단계 중 어느 것도 케이크 맛이 나지 않기 때문에 케이크는 없다. 어떤 사람들에게는 케이크가 계란과 바닐라 추출물 맛이 나고 다른 사람들에게는 밀가루와 버터 맛이 난다. 또 다른 사람들에게는 기름 바른 빵 굽는 팬과 같은 맛이 난다. 이들 각각은 케이크에 대한 동등하게 유효한 해석이다. 성경과 도덕 신학에 적용될 때 상대주의는 만약 성경이 우리에게 하나님의 선에 대한 이상(ideal of goodness)이 무엇인지 말해주지 않는다면 하나님은 선에 대한 이상을 전혀 갖고 계시지 않는다고 말한다. 또는 달리 말하면, 하나님이 이스라엘 사람들에게 제시하신 선에 대한 이상은 (다른 인지 환경에 속함으로써) 우리에게 주신 선에 대한 이상이 아니기 때문에 이스라엘에 대한 하나님의 행동은 우리와 전혀 관련이 없다.

상대주의적 접근 방식은 진보적 접근 방식처럼 잘못된 것이다. 왜냐하면 그것은 성경이 무엇을 위한 것인지 오해하기 때문이다. 성경은 우리에게 하나님의 선에 대한 이상이 무엇인지 말해주지 않는다. 성경이 기록된 목적이 우리에게 그것을 알라고 요구하지 않기 때문이다. 레시피의 개별 단계는 각각 케이크 맛이 나는 것을 만드는 방법을 우리에게 말해주지 않는다. 그 대신 그 단계들은 다양한 과정을 거쳐 마침내 케이크 맛이 나는 것을 만들어낼 무언가를 만드는 방법을 말해준다. 우리는 제빵사들이 생산 라인에서 각자 레시피의 한 단계를 반복해서 생산하는 모습을 상상할 수 있다. 그들 중 누구도 개인적으로 케이크를 만들고 있지는 않으며, 그들 중 누구도 그들이 만들고 있는 것을 살펴봄으로써 마지막에 공장에서 나오는 케이크가 어떠할지에 대해 진정으로 이해하지는 못할 것이다. 이 은유에서 하나님은 공장이고, 케이크는 하나님이 생산하기 위해 행동하고 계신 선이다. 성경은 우리에게 그 마지막 제품이 무엇인지 우리에게 알려주지 않는다. 그것은 우리에게 생산 라인에서 우리의 역할을 수행하는 방법을 알려준다. 우리가 가르침을 적절하게 해석하지 못한다면 우리는 그 과정에서 우리의 역할을 수행하지 못할 것이다. 우리는 선을 산출하지 못할 것이고 그 절차에 기여하지 못할 것이다. 만약 우리가 적절히 해석한다면 우리는 그 절차에 기여할 수 있을 것이지만 우리 자신은 여전히 어떤 선도 생산하지 못할 것이다. 다시 한번 이것은 성경이 우리에게 선을 산출하는 방법을 알려주기 위해 기록되지 않았기 때문이다. 성경은 하나님이 생산하시는 선에 참여하는 방법을 우리에게 알려주기 위해 기록되었다.

해석 대 합리화

우리는 믿음으로 하나님이 선하시다는 것을 믿는다. 하나님을 섬기려는 선택은 하나님의 목적이 우리 자신이 생산할 수 있는 것보다 더 높은 선을 산출한다는 인식을 포함한다. 만약 우리가 하나님을 섬기는 것이 단순히 우리 자신의 선에 대한 개념을 달성하는 수단이 될 것이라고 믿는다면 우리는 실제로 하나님을 섬기고 있는 것이 아니다. 그 대신 우리는 우리 자신을 섬기는 수단으로서 하나님을 이용하고 있는 것이다. 그러나 만약 선에 대한 하나님의 이상이 우리의 것과 다르다면 그것들이 서로 겹치지 않는 부분이 있을 것이다. 하나님께 선한 것 중 일부는 우리에게 터무니

없는 것으로 보일 수 있다. 마지막 예가 이것이 어떻게 작동하는지 보여준다.

방울양배추(Brussels sprout)를 먹는 "악"을 경험하도록 강요받는 아이를 생각해보라. 무엇이 좋고 나쁜지에 대한 아이 자신의 판단은 맛에 기초하는 반면 방울양배추를 먹는 것이 좋다는 부모의 더 높은 판단은 영양에 기초한다. 우리는 맛만 평가할 수 있을 뿐이다. 따라서 맛이 좋지 않는 것들(즉 우리의 인지 환경의 정의에 기초하여 우리가 악으로 인식하는 것들)도 어쨌든 좋은 것이므로 우리는 하나님을 신뢰해야 한다. 동시에 우리는 방울양배추가 맛이 좋다고 스스로를 설득해서도 안 되며 또 방울양배추를 맛평가 순위표의 맨 위에 올려놓기 위해 "맛이 좋다"에 대한 우리의 정의를 다시 조정해서도 안 된다. 우리는 방울양배추의 맛이 형편없다는 것을 인정하면서도 동시에 우리가 이 형편없는 맛을 보게 했다고 해서 우리의 부모가 악하다고 믿지 않는다. 왜냐하면 우리는 우리 부모가 다른 염려를 하고 있음을 이해하고 있기 때문이다(이 은유는 이 지점에서 무너진다. 우리가 이론적으로 우리 부모가 갖고 있는 영양에 대한 지식을 얻을 수 있지만 하나님이 이루시기 위해 일하고 계시는 더 높은 선에 대한 지식을 결코 얻을 수 없기 때문이다. 은유의 관점에서 우리는 방울양배추를 먹은 것이 좋다는 것은 알 수 있지만 그 이유는 결코 이해할 수 없다).

하나님은 성경을 통해 자신의 선에 대한 이상을 생산하는 방법을 우리에게 말씀하지 않으셨지만, 모세를 통해서도 여호수아에게 그것을 생산하는 방법을 말씀하지 않으셨다. 정복 기사는 고대 청중이 질서를 확립하고 유지하는 척도에 따라 그것을 선한 것으로 이해했을 방식으로 기록되어 있다(명제14 참조). 그러나 인간의 행복을 확립하고 유지하는 것에 대한 현대의 정의가 하나님의 이상이 아닌 것과 마찬가지로 동일한 이유로 선에 대한 고대의 정의는 하나님의 이상과 일치하지 않는다. 본문은 가나안 족속을 죽이는 것이 선한 일이라고 주장하지 않는다. 가나안 족속을 죽이는 것이 정복의 목적이 아니기 때문이다. 정복의 목적은 언약을 성취하는 것이고, 그것은 새 언약으로 인도하는 더 큰 과정의 일부에 불과하며, 이어서 그것은 새 창조로 이끄는 과정의 일부에 불과하다. 정복 기사는 우리가 무엇을 해야 하는지 알려주기 위해 기록된 것이 아니다. 그것은 우리에게 이스라엘 언약이 무엇인지 가르치기 위해 기록되었고, 이는 우리가 새 언약이 무엇인지 알기 위해서 필요하며, 이어서 이것은 결국 우리가 새 언약에서 우리의 역할을 수행하기 위해 우리 자신의 문화적 맥락에서 우리가 구체적으로 무엇을 해야 하는지 알기 위해서 필요하다. 그것이 우리가 이 책의 나머지 부분에서 탐구할 이야기다.

그러나 그 이야기는 히브리어로 기록되었고 고대 근동의 인지 환경의 논리에 따라 기록되었다. 그러므로 우리가 이야기를 이해하기 원한다면, 우리는 그것을 해석해야 할 것이다. 그러나 우리가 그렇게 할 수 있기 전에 우리는 정복 기사의 목적이 선에 대한 하나님의 이상이 우리가 나가서 가나안 족속(또는 그들이 오늘날 대표하는 모든 사람)을 죽이고, 그런 다음 그 개념을 채택하거나 본문을 윤색함으로써 그 개념을 합리적으로 해석하여 가나안 족속을 죽이는 것이 우리 자신의 논리에 따라 선하게 보이게 하는 것과 관련이 있음을 우리에게 가르치는 것이라는 상상을 멈춰야 한다.

가나안 족속은
죄를 지은 자들로 묘사되지 않는다

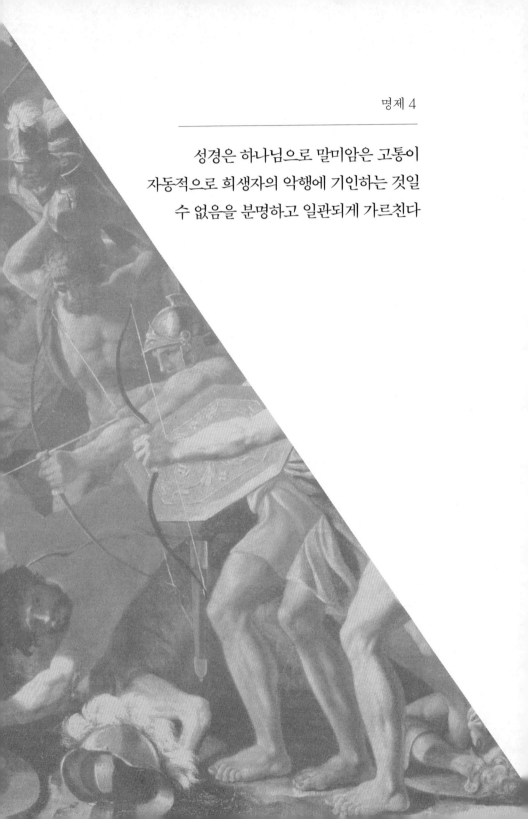

성경은 하나님으로 말미암은 고통이
자동적으로 희생자의 악행에 기인하는 것일
수 없음을 분명하고 일관되게 가르친다

욥기는 하나님의 명령으로 시행된 큰 재앙을 당하는 사람의 이야기를 전한다. 그의 친구들이 이르러 그 참상을 증언한다. 그들은 천상 회의에서 있었던 욥에 대한 찬사를 듣지 못했다(욥 1:8). 그들은 아마도 흠이 없지는 않지만 그러한 재앙을 타당하게 만들 만큼 다른 모든 사람보다 충분히 더 나쁘지는 않은 한 사람을 본다. 이유 없이 사람을 치시는 하나님을 생각할 수 없는 그들은 욥의 온갖 종류의 엄청난 범죄를 가정함으로써 그들의 세계관과 신에 대한 그들의 잘못된 개념에 일관성을 가져온다. 그들의 기소는 그들이 거주하던 문화의 모든 지혜, 논리의 힘, 심지어는 하나님의 계시에 대한 주장들을 이용한다. 그러나 본문은 다른 이야기를 전한다. 욥은 비난할 여지가 없고 정직한데, 하나님이 참으로 이유 없이 그를 치셨다(욥 2:3). 가나안 정복에 관한 이야기를 읽을 때 우리는 우리 자신이 욥의 친구들과 비슷한 처지에 놓여 있음을 발견한다. 우리는 하나님의 명령에 의해 시행된 대참상을 본다. 욥의 경우처럼 우리는 재앙을 당한 희생자들과 피해를 입지 않고 그들 곁에서 사는 사람들 사이에 현저한 차이를 볼 수 없다. 하나님이 이유 없이 사람들을 치실 수 있는가? (욥의 친구들처럼) 성경 이야기를 읽는 많은 독자는 그럴 수 없다고 말한다. 욥의 친구들처럼 그들은 주장을 뒷받침하기 위하여 논리, 전통, 또는 심지어 하나님으로부터의 계시에 호소하며 온갖 종류의 가증스러운 기소를 생각해낸다. 그러나 욥의 친구들의 세계관처럼 이 세계관은 신(deity)에 대한 잘못된 개념에서 비롯된다. 본문은 다른 이야기를 한다.

응보 원칙

응보 원칙(retribution principle)은 의로움과 사악함의 정도에 따라 의인은 번영하고 악인은 고통을 받는다는 신념이다. 이것은 때때로 번영하는 자는 의인임에 틀림없고 고통을 받는 자는 악인임에 틀림없다는 개념으로 확장된다. 우리는 성경이 번영의 관점에서 확장된 이 개념을 부인한다는 점을 쉽게 이해한다. 예를 들어 우리는 하나님의 선물, 축복, 은혜가 공과(merit)에 기초하여 분배되지 않는다는 점을 안다. 우리는 종종 그 반대도 사실이며 고통도 공과 없이 분배될 수 있다는 점을 인식하지 못한다. 우리가 이것을 인식하지 못하는 이유는 우리가 일반적으로 하나님이 선하시다는 개념과 우리가 특별히 하나님이 자신의 도덕적 본성으로 인해 달리 행하실 수밖에 없도록 만드는 어떤 일을 하지 않으시는 한 하나님의 목적이 우리를 행복하게 하는 것이라는 개념을 혼합시키기 때문이다. 그러나 명제 3에서 논의된 바와 같이 하나님의 목적은 단순히 우리가 도덕적인 한 우리를 행복하게 만드는 것이 아니다.[1] 하나님은 우리를 행복하게 만들기 위해서가 아니라 자신의 목적에 맞추기 위해 공과 없이 은혜를 베푸신다. 그분은 마찬가지로 공과 없이도 같은 이유로 고통을 베푸실 수 있다. 예수 자신도 이유 없이 그러나 목적을 위해 고난을 받으셨다. 하나님의 행동은 우리의 행위(또는 잘못된 행위)에 대한 반응에만 국한되지 않는다.

---

1   *Souls in Transition: The Religious and Spiritual Lives of Emerging Adults* (New York: Oxford University Press, 2009)에서 Christian Smith가 지적한 "도덕적 치료 이신론"(moralistic therapeutic deism)이라고 불리는 현상과 비교하라.

욥기는 응보 원칙과 그것의 한계를 검토하기 위해 고안된 사고 실험(thought experiment)이다.[2] 시작 장면은 하늘을 배경으로 하며, 거기서 대적하는 인물(śāṭān[사탄])이 의인을 축복하는 하나님의 정책은 잘못된 것이라고 제안한다. 결국 의가 변함없이 축복을 가져온다면, 어떤 사람이 진정으로 의로운지 아니면 이기적으로 개인의 이익을 추구하고 있는지 누가 알 수 있겠는가? 대적자는 만약 하나님이 욥의 축복을 거두신다면 욥이 하나님을 저주함으로써 그의 동기가 항상 이기적이었음을 드러낼 것이라고 주장한다(욥1:11). 이것은 결국 의인을 축복하는 정책이 아무런 대가 없이 하나님을 섬겨야 하는 사실상의 의의 실천을 훼손하기 때문에 결함이 있음을 증명할 것이다. 이 강조는 응보 방정식(retribution equation)의 더 어려운 측면을 다룬다. 왜냐하면 악인이 번영하는 이유를 다루는 것이 훨씬 더 쉽기 때문이다.

하나님은 자신의 정책을 시험에 맡기시고 욥의 고난이 시작된다. 이 지점에서 욥은 자신의 정책 비판을 제시한다. 의인을 축복하는 것이 윤리적으로 역효과를 낼 수 있지만 의인이 고통을 받도록 허용하는 것은 신학적으로 반직관적이다. 그럼에도 만약 욥이 하나님이 자신에 대해 해명하시고 이유의 측면에서 자신의 행동을 설명하시게 하는 데 성공한다면 대적자가 그 사안에서 승리할 것이다. 그렇게 하는 과정에서 하나님은 세상이 근본적으로 응보 원칙의 기준에서 작동한다는 것과 그것의 교리에서 벗어나는 것은 하나님 편에서 나쁜 정책이거나 형편없는 집행이라

---

2 이번 장은 John Walton, *Job*, NIV Application Commentary (Grand Rapids: Zondervan, 2012), 26-27에서 각색한 것이다.

는 것을 인정하지 않으실 수 없을 것이다. 하나님은 욥기에서 결코 그러한 설명을 하지 않으신다. 만약 우리가 하나님을 제대로 표현하고자 한다면 우리도 하나님을 대신하여 성급히 설명하려고 하지 않아야 한다. 하나님의 정의가 아니라 하나님의 지혜가 세상에서 하나님이 활동하시는 것의 기초를 이룬다. 믿음은 하나님이 지혜로우시고 따라서 그분의 목적이 우리가 이해할 수 있는 어떤 체계에도 선하게 보이지 않을지라도 선하다고 믿는다. 하나님은 변호받을 필요가 없으시다. 그분은 신뢰받기를 원하신다.

고난에 대한 설명으로서의 응보 원칙

응보 원칙은 본질적으로 고난(또는 번영)을 하나님의 공의(justice)의 산물로 생각한다. 그러나 우리는 결코 하나님의 공의를 평가할 수 있는 위치에 있지 않을 것이다. 한 결정의 정당성을 평가하기 위해서는 우리가 모든 사실을 확보해야만 한다. 왜냐하면 우리가 모든 정보를 가지고 있지 않으면 공의가 틀어질 수 있기 때문이다. 만약 하나님을 변호하는 평결을 내리려고 한다면, 우리는 증거가 예상된 평결을 지지할 때에만 그 증거를 받아들이는 우주의 엉터리 법정(kangaroo court)을 만들 뿐이다. 이것은 공의에 **반대되는 것**이다. 우리는 우리 자신의 제한된 통찰력이나 경험을 통해 하나님의 공의에 대한 확언에 도달할 수 없다. 욥기는 세상에서 펼쳐지는 하나님의 사역에 관해 생각하는 방식과 고난의 관찰에 대한 우리의 반응에 관해 생각하는 방식을 변화시키기를 원한다.

성경이 번영하는 자는 의롭고 고난을 받는 자는 악함에 틀림없다고 결코 단언하지 않지만(그리고 성경은 실제로 이것을 약화시키기 위해 얼마간의 노력을 기울인다), 응보 원칙(의인은 번영하지만 악인은 고통을 받을 것이다) 자체는 세계가 질서 있게 움직인다는 것을 보여주는 것으로 조건적으로 주장된다. 그럼에도 세계 질서는 약속된 것이 아니다. 그것은 (비록 하나님이 그것을 창조하셨을지라도) 그분의 고유한 본성에 기초해 있지 않으며, 세계 질서에 따라 행동하시도록 하나님을 강요하지 않는다(그것이 그분의 목적을 위한 도구일지라도 말이다). 따라서 우리는 **신정론**(theodicy, 고난을 하나님의 공의의 표현으로 보는 설명)으로서의 응보 원칙과 **신학**(theology, 하나님의 본질과 목적에 대한 통찰)으로서의 응보 원칙 사이의 긴장을 인식할 필요가 있다. 성경 본문에서 응보 원칙을 나타내는 확언들(예. 잠 3:33)은 본질적으로 신학적인 것으로 의도되었다. 이것을 통해서 우리는 그러한 확언들이 하나님이 자신의 충실한 자들에게 축복을 가져다주시기를 기뻐하시고 악을 벌하실 필요성을 진지하게 여기신다는 것을 보여준다는 것을 의미한다. 의인을 축복하는 것과 악인을 벌하는 것은 모두 하나님의 목적에 기여한다. 이와 다르게 이스라엘과 고대 세계에 살았던 많은 사람이 오늘날의 많은 사람이 생각하는 것처럼 응보 원칙을 **신정론**으로 사용하는 경향이 있다. 즉 우리는 그것을 우리가 삶에서 갖는 기대와 경험에 적용하고, 그러한 과정 가운데 고난 뒤에 숨겨진 이유를 이해하기를 원한다. 욥기의 역할은 하나님의 공의(와 그분이 갖고 계신 목적의 선하심)는 결국 철학적으로 이해되는 것이 아니라 의심하지 않고 받아들여져야 한다고 주장하면서 신학과 신정론을 분리하는 근본적인 수술(radical surgery)을 수행하는 것이다.

고난에 대한 대안적 접근 방식이 요한복음 9장에 기술되어 있다. 예수의 제자들은 다른 어떤 사람보다 더 나쁘지는 않으면서도 하나님으로 부터 재앙을 겪은 한 사람을 만난다. 그는 맹인으로 태어났다. 욥의 친구들처럼 제자들은 가상의 범죄를 가지고 그를 정죄함으로써 하나님의 공의를 변호하려고 한다. "누구의 죄로 인함이니이까? 자기니이까? 그의 부모니이까?" 예수는 그 장애를 합리화하는 이유를 제시하려 하지 않고 그 대신에 "그에게서 하나님이 하시는 일을 나타내고자 하심이라"라고 말씀하며 목적을 제시하신다. 하나님이 이유 없이 사람을 치실 수 있지만 목적 없이 치지는 않으신다. 이것은 욥의 경우에도 마찬가지였다. 그것은 시각장애인으로 태어난 사람에 대해서도 마찬가지였다. 그리고 우리가 보게 되겠지만 이것은 가나안 사람들에 대해서도 마찬가지였다. 욥은 극심한 고통을 겪었다. 그러나 그의 친구들이 그의 고통을 악으로 말미암아 일어난 것으로 가정한 것은 잘못이다. 시각장애인으로 태어난 사람도 고통을 겪었다. 하지만 예수의 제자들이 그의 고통이 악을 통하여 얻어졌다고 가정한 것은 잘못이다. 따라서 우리는 가나안 사람들이 고통받는 것을 볼 때 섣불리 그들의 고통이 악으로 말미암아 일어난 것이 틀림없다고 가정해서는 안 된다. 성경신학은 우리로 하여금 악행에 대한 처벌이 하나님의 행동 뒤에 있는 동기라고 무의식적으로 가정하는 것을 허용하지 않는다.

그럼에도 일부 해석가들은 본문에 나오는 몇 개의 구절을 가나안 사람들의 죄를 고발하는 증거로 지적한다. 우리는 이것이 사실이 아님을 증명하기 위해 다음 몇 가지 명제에 걸쳐 이 구절들을 검토할 것이다.

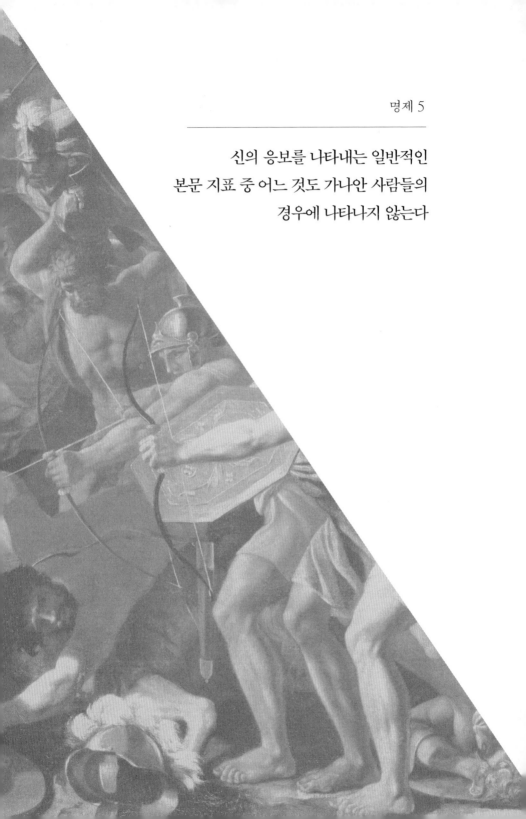

명제 5

신의 응보를 나타내는 일반적인
본문 지표 중 어느 것도 가나안 사람들의
경우에 나타나지 않는다

비록 우리가 재앙을 관찰했다고 해서 그것으로부터 자동적으로 응보와 악행을 추정할 수 없다는 점이 성경 본문 전체에서 분명하다고 할지라도, 악행이 재앙의 형태로 신의 응보를 초래할 **수도 있다**는 점도 부인할 수는 없다. 다행히 성경에서 그 두 가지 차이를 구별하는 일이 가능하다. 왜냐하면 본문이 범죄에 대한 처벌을 묘사하려고 할 때마다 범죄가 발생했다는 것이 합리적으로 명확하게 보이기 때문이다. 따라서 이제 우리는 성경 저자들이 정복을 보복 행위로 해석하도록 의도했다면 우리가 볼 수 있을 것으로 예상되는 요소들을 간단히 검토하고자 한다.

우리는 공식적인 기소를 볼 것으로 기대할 것이다

멸망이 형벌로서 발생하는 경우 우리는 문서의 서술자를 통해서 또는 장르가 예언일 경우 신탁의 형태로 피고인의 범죄에 관한 공식적인 진술을 볼 것으로 기대할 것이다. 예를 들어 홍수의 경우에 그 이야기의 서술자는 우리에게 다음과 같이 말한다. "여호와께서 사람의 죄악이 세상에 가득함과 그의 마음으로 생각하는 모든 계획이 항상 악할 뿐임을 보시고"(창 6:5). 그런 다음에 그는 또 이렇게 말한다. "그때에 온 땅이 하나님 앞에 부패하여 포악함이 땅에 가득한지라. 하나님이 보신즉 땅이 부패하였으니 이는 땅에서 모든 혈육 있는 자의 행위가 부패함이었더라"(창 6:11-12). 소돔의 경우 서술자는 "소돔 사람은 여호와 앞에 악하며 큰 죄인이었더라"(창 13:13)라고 말한다. 여로보암의 집의 경우 서술자는 "여로보암이 이 일 후에도 그의 악한 길에서 떠나 돌이키지 아니하고…이 일이 여로보암 집에 죄가 되어 그 집이 땅 위에서 끊어져 멸망하게 되니라"(왕상 13:33-34)라고 말하고, 그 가족이 멸절된 후에는 "이는 여로보암이 범죄하고 또 이스라엘에게 범하게 한 죄로 말미암음이며 또 그가 이스라엘의 하나님 여호와를 노엽게 한 일 때문이었더라"(왕상 15:30)라고 말한다. 바아사의 경우 서술자는 시므리가 바아사의 집을 어떻게 멸하였는지 묘사한다. "바아사의 온 집을 멸하였는데…여호와의 말씀 같이 되었으니 이는 바아사의 모든 죄와 그의 아들 엘라의 죄 때문이라. 그들이 범죄하고 또 이스라엘에게 범죄하게 하여 그들의 헛된 것들로 이스라엘의 하나님 여호와를 노하시게 하였더라"(왕상 16:12-13). 사사기 전체는 서술자가 "이스라엘 자손이 여호와의 목전에 악을 행하여"(삿 2:11)라고 말하고 그 후 결과로서 그들이 압제를 당하는 순환 구조를 띤다. 마지막으로 정경의 3분의 1이 포로 생활로 이어지는 이스라엘의 범죄를 기술하는 예언적 신탁에 바쳐진다(또한 서술자가 이스라엘의 범죄를 요약하는 왕하 17:7-23과 유다에 대한 소송을 요약하는 왕하 23:26-27을 참조하라). 그러나 가나안 사람들의 범죄를 기술하는 서술자나 예언적 신탁으로부터의 직접적인 설명은 없다.

우리는 피고인의 나쁜 행실이 문서에 기록된 것을 볼 것으로 기대할 것이다

때때로 본문은 설명하는 화법을 사용하여 범죄를 드러내지 않고 이야기를 통해 그것을 묘사한다. 그래서 소돔의 경우 설명은 많지 않지만, 전체 장이 그 시민들의 행동을 보여주고 그들이 모든 고대 사회에서 이해된 예의범절의 범위를 넘어서는 방식으로 행동했음을 보여준다(창 19:1-13).

한 등장인물(하나님)이 "여호와께서 또 이르시되 소돔과 고모라에 대한 부르짖음이 크고 그 죄악이 심히 무거우니 내가 이제 내려가서 그 모든 행한 것이 과연 내게 들린 부르짖음과 같은지 그렇지 않은지 내가 보고 알려 하노라"(창 18:20-21)라고 말하고 나서 다른 등장인물(천사)이 "그들에 대한 부르짖음이 여호와 앞에 크므로 여호와께서 이 곳을 멸하시려고 우리를 보내셨나니 우리가 멸하리라"(창 19:13)라고 말할 때, 이는 범죄가 평가를 수행하는 것으로 묘사된 자들이나 부르짖는 자들(그들이 누구였든지)의 마음속에만 존재하는 것이 아니라 현실에 존재한다는 것을 독자가 알도록 하기 위한 것이다.[1] 사사기 20:10에서 베냐민 지파가 벌을 받을 때 한 등장인물이 그들의 범죄를 이야기하지만(삿 20:4-7) 서술자도 그 범죄를 그것이 일어나는 대로 묘사해서 사사기 19:14-28에서 그 인물이 말하는 내용을 확인한다. 우리는 출애굽기 17:8에서 아말렉 족속이 이스라엘을 공격하는 것을 본다. 이는 신명기 25:17-18과 사무엘상 15:2에서 등장인물들이 말한 내용을 확증한다. 여로보암의 범죄 행위는 열왕기상 12:25-13:34에 상세하게 기록되어 있다. 이스라엘과 유다의 언약 위반은 사사기, 사무엘서, 열왕기 전체에 걸쳐 광범위하게 기록되어 있다. 그러나 소수의 구절이 가나안 족속의 범죄 행위를 기술하거나 암시하는 특징들을 묘사하는 것으로 보이지만(가장 주목할 만한 것은 레 18:11-24; 신 9:4-7; 창 15:16이다; 이 구절들은 모두 나중에 다뤄질 것이다), 우리가 그 죄상들이 내러티브에 의해 입증되는 것을 전혀 보지 못한다는 사실은 우

---

1   장르로서 내러티브는 등장인물의 관점, 의견, 수사법을 보고하는데 반드시 그 입장들을 지지하거나 긍정하지 않고도 그렇게 할 수 있다. 실제로 그 차이를 분별하기 어려울 수 있다.

리로 하여금 의심을 갖게 하지는 않더라도 호기심을 갖게 하며 우리가 그 문제를 더 신중하게 살펴보도록 이끈다(명제 6과 명제 12 참조).

우리는 가나안 사람들이 자신들에게 무슨 일이 일어나고 있는지 이해하고 그에 따라 반응하리라고 기대할 것이다

본문이 항상 임박한 멸망에 대한 사람들의 반응을 기록하는 것은 아니지만(예를 들어 홍수 이야기에는 기록된 반응이 없다), 서술자가 반응을 기록할 때 우리는 독자가 사건을 이해하도록 도울 목적으로 그 반응이 기록되었다고 기대할 것이다. 만약 한 사건이 신의 응보(divine retribution)로 이해되도록 의도된 것이라면 우리는 보도된 반응이 그 사람들이 자신이 심판을 경험하고 있음을 이해한다는 것을 나타내리라고 기대할 것이다. 가나안 사람들은 무슨 일이 일어나고 있는지 그들이 이해하고 있다는 암시를 어느 정도 보이지만 그 이해는 그들이 악행으로 인해 벌을 받고 있다는 그들의 생각으로 구성되지 않는다. 라합이 정탐꾼들에게 "여호와께서 이 땅을 너희에게 주신 줄을 내가 아노라. 우리가 너희를 심히 두려워하고"(수 2:9)라고 말하지만 그 두려움의 근원은 죄가 아니라 야웨가 보여준 능력을 관찰한 것에 있다(수 2:10-11; 또한 수 5:1). 마찬가지로 기브온 사람들은 자신들을 몰아내라는 모세의 명령에 관해 알고 있었기 때문에(수 9:24) 이스라엘의 군대를 두려워한다(수 9:9-10).

　만약 가나안 사람들의 두려움이 이스라엘의 하나님이 보이신 군사적 능력을 관찰한 것이 아니라 이스라엘의 하나님이 보이신 진노에 대한 예상에서 비롯된 것이라면 우리는 그들이 이스라엘의 하나님께 유화책을 제공함으로써 스스로를 방어할 것으로 기대할 것이다. 이것이 바로 요나 3:5-10에서 니느웨 사람들이 한 일이다. 이것은 또한 사울이 자신의 왕조에 대한 결정을 들었을 때(삼상 15:23) 사무엘상 15:24-30에서 시도한 일이기도 하다. 하지만 이 경우에 효과가 없었다. 그리고 이것은 요엘 2:12-17에서 예언자가 처방한 것이기도 했는데 이 경우에는 효과가 있었다. 이스라엘이 아이에서 패배한 후 여호수아는 언약궤 앞에서 회개도 하고(수 7:6) 범죄한 자를 처리함으로써(수 7:26) 야웨를 진정시키려고 한다. 이스라엘 백성은 유배를 피하기 위해 유화책을 시도하지 않는다(아마도 요시야의 개혁을 제외하고 말이다; 왕하 22:19). 하지만 이는 그들이 야웨께서 진노하고 계심을 이해하지 못하기 때문이 아니라 그들이 성전에 의해 보호받고 있다고 믿기 때문에 유배가 실제로 일어날 것이라고 생각하지 않기 때문이다(참조. 예컨대 7:4-11). 유배가 정말로 일어날 때, 디아스포라는 그 이유에 대해 혼동하지 않는다.[2] 이와 대조적으로 가나안 사람들은 이스라엘의 공격이 임박했음을 완전히 이해한다. 그러나 니느웨 사람들처럼 야웨께 유화책을 제시하는 대신에 그들은 이스라엘 군대와 평화를 위해 협상을 한다(또는 그들을 물리치려고 시도한다). 여호수아 7:5에서 패배에 대한 이스라엘의 반응("[두려움으로] 마음이 녹아")이 여호수아 5:1에서 이스라엘 군대에 대한 가나안 족속의 반응("[두려움으로] 마음이 녹았고")과 동일하다는 점에 주목하는 것은 흥미롭다. 그러나 이스라엘은 (자신들이 바친 물건을 취

---

2   예를 들어 Sara Japhet, *From the Rivers of Babylon to the Highlands of Judah* (Winona Lake, IN: Eisenbrauns, 2006), 379을 참조하라. "회복기의 백성은 하나님의 공의를 온전히 알고 있고 응보 원칙을 완전히 내면화한 것으로 그려진다. 그들은 죄책감으로 가득 차 있고, 자신들의 행동에 대해 전적인 책임을 지며, 반복적으로 자신들의 죄를 고백한다."

함으로써 야웨를 화나게 했기 때문에) 야웨를 진정시키는 것으로 두려움에 반응한다. 이에 반해 가나안 족속은 그들이 야웨를 화나게 하지 않았기 때문에 그렇게 하지 않는다. 더 나아가 멸망에서 구원받은 라합은 그 과정 동안 혹은 그 이후에 어떤 종류의 참회도 내보이지 않고[3] 그녀가 범했을 것으로 추정되는 가나안 사람들의 죄를 씻기 위해 어떤 형태의 정결례도 수행하지 않는다. 이것은 문서의 서술자가 청중이 가나안 사람들을 벌 받는 자들로 이해하기를 기대하지 않는다는 점을 나타낸다.

응보 신학이 실제로 작동한다면 우리는 적절한 용어가 사용되리라고 기대할 것이다

히브리어에는 "범죄에 대해 처벌하다"를 의미할 수 있는 몇 가지 단어가 있다. 가장 주목할 만한 것은 "딘"(*dyn*, 창 15:14, "그들이 섬기는 나라를 내가 징벌할지며[*dyn*]"), "야사르"(*ysr*, 레 26:18, "너희의 죄로 말미암아 내가 너희를 일곱 배나 더 징벌하리라[*ysr*]"), "파카드"(*pqd*, 창 32:34, "그들의 죄를 보응하리라[*pqd*]")다.[4] 이 동사 중 어떤 것도 가나안 백성을 목적어로 취하지 않는다.

---

3   수 2:11에서 야웨를 강력한 우주적 신으로 인정하는 것은, 비록 그것이 이스라엘의 **정체성**과 그것에 수반되는 모든 것을 취하려는 열망을 의미한다고 할지라도, 야웨의 보편적 도덕법에 대한 위반이나 현대의 인과응보 신정론(retribution theodicy)에 의해 묘사되는 특정한 범죄에 대한 통회 및 회개와 동일한 것이 아니다(Peka M. A. Pitkänen, *Joshua*, Apollos Old Testament Commentary [Downers Grove, IL: InterVarsity Press, 2010], 125-26을 참조하라). 이스라엘 공동체의 정체성을 나타내는 표지에 대한 논의는 명제 16과 명제 18을 참조하라.

4   다른 가능한 단어들은 "샤파트"(*špṭ*, 출 5:21; 겔 23:24; 대하 20:12), "하타트"(*ḥaṭṭā't*, 슥 14:19), "야카흐"(*ykh*, 삼하 7:14; 시 94:10)다. 이 단어 중 어떤 것도 가나안 백성을 목적어나 지시 대상으로 취하지 않는다.

"딘"(dyn)은 평결을 선고하는 것을 가리킨다. 평결은 긍정적일 수도 있고 부정적일 수도 있다. 창세기 15:14에서는 부정적이지만("벌하다"), 창세기 30:6과 신명기 32:36에서는 긍정적이다("변호하다"). "야사르"(ysr)는 "훈련하다/징계하다"(신 4:36; 8:5)를 의미하며, 죽음이 아니라 훈련/징계를 받는 자의 결과적인 개선을 가리킨다.[5] "파카드"(pqd)는 의미론적 범위가 넓지만 형벌을 나타내는 맥락에서 창세기-여호수아에 5회 등장한다. 그것의 목적어는 출애굽기 32:34에서는 이스라엘 백성이고, 레위기 18:25에서는 땅이며, 출애굽기 20:5, 34:7과 신명기 5:9에서는 "부모의 죄에 대해 자녀들과 그들의 자녀들에게 갚다(pqd)"라는 관용적 표현의 일부다. 이 맥락에서 "파카드"는 "운명을 결정하다"로 읽는 것이 가장 좋다.[6] 명제 6에서 논의되는 바와 같이 부모의 "죄"('āwōn[아본])는 재앙이나 멸망의 운명을 가리킨다. 그러므로 "부모의 죄를 자녀들에게 갚다(pqd)"는 "멸망의 운명('āwōn)인 부모에게 선언된 보응(pqd)이 자녀들의

---

5   레 26장에서 징계는 심판에서 살아남은 자들의 개선을 위해 민족 전체(죽는 개인뿐만 아니라)에 내려진다(레 26:44-45; 그리고 사 30:32과 렘 30:14에서처럼 그 어근의 명사형인 "무사르"[mûsar]에 대해서도 마찬가지다). 그러한 잔존자가 히위 족속과 여부스 족속 등에 대해서는 제시되지 않는다. 따라서 그들은 징계받고 있는 것이 아니다. 그들의 상황은 레 26장에 있는 이스라엘의 상황과 다르다(명제 11 참조).

6   Gunnel André, *Determining the Destiny: Pqd in the Old Testament*, Coniectanea Biblica Old Testament Series 24 (Lund: Gleerup, 1980), 241. Stuart Creason은 이 정의가 너무 제한적이라고 제안하며, 그 대신에 "주어가 조직의 질서에서 그(것)에 적절하거나 적합한 지위라고 믿는 것에 사람 또는 사물을 할당하는 것"이라는 정의를 선호한다. "PQD Revisited," in *Studies in Semitic and Afroasiatic Linguistics Presented to Gene B. Gragg*, ed. Cynthia L. Miller, Studies in Ancient Oriental Civilizations 60 (Chicago: University of Chicago Press, 2007), 27-42, 인용된 내용은 30쪽에 수록되어 있음. 그러나 우리의 목적상 우리는 주로 신이 주어로 사용되고 특히 "아본"('āwōn) 및 "알"('al)과 연이어 사용될 때의 "파카드"의 용법에 관심이 있다. 이러한 맥락에서 André의 정의가 적절하다. 특히 "[세계] 질서에서 한 장소를 할당하는 것"은 "운명을 선언하는 것"이 본질적으로 의미하는 것이기 때문이다.

운명도 될 것이라고 선언하다"를 의미한다. "파카드"는 부정적인 운명뿐만 아니라 긍정적인 운명을 초래할 수 있다. 출애굽기 3:16-17의 "내가 너희를 돌보아 너희가 애굽에서 당한 일을 확실히 보았노라(*pqd*). 내가 말하였거니와 내가 너희를 애굽의 고난 중에서 인도하여 내어⋯올라가게 하리라", 룻기 1:6의 "여호와께서 자기 백성을 돌보시사(*pqd*) 그들에게 양식을 주셨다", 그리고 시편 8:4의 "인자가 무엇이기에 주께서 그를 돌보시나이까(*pqd*)"를 참조하라.[7]

사무엘상 15:2에서 야웨는 아말렉 사람들(삼상 15:18에서는 "죄인들"이라고 불림; NIV, "wicked people")을 벌하시겠다는(*pqd*) 의도를 선언하신다. 이 단어(*ḥaṭṭāʾim*[하타임], "죄인들")나 그 어근의 어떤 형태(*ḥaṭṭāʾ*[하타])도 다른 가나안 민족이나 그들의 행위를 묘사하기 위해 사용되지 않는다. 예레미야 50:14-15에서 동사 형태(*ḥāṭāʾâ*[하타아])는 바빌로니아 제국의 군사적 폭력(특히 이스라엘에 대한)을 가리킨다. 에스겔 28:16은 그 단어를 두로 군주의 폭력을 묘사하는 데 사용한다. 이 폭력은 창세기 6:11에서 노아의 홍수 이전의 사람들에 대한 고발에 사용된 것과 동일한 단어(*ḥāmās*[하마스])다. 아말렉 족속에 대해서는 명제 18에서 더 자세히 논의할 것이다. 하지만 현재의 목적상 우리는 아말렉 사람들의 범죄는 야웨의 보편적인 도덕법 위반이나 우상숭배와 관련되었거나 레위기 18장에 수록된 범죄 목록과 관련된 것이 아니라는 점에 주목할 것이다. 그 대신에 그들은 이스라엘 백성이 이집트에서 나올 때 그들이 이스라엘 백성에게 행한 일 때문에 벌을 받고 있다(삼상 15:2). 아말렉 사람들에 대한 고발이

---

7   André, *Destiny*, 204-5.

사건에 대한 기록(출 17:8)과 명백히 진술된 벌하겠다는 의도와 함께 제시되고 있다는 것은 비록 아말렉 사람들에게 행해진 특정한 행동(ḥerem)이 가나안 족속에게 행해진 행동과 같더라도 아말렉 사람들에게 일어나고 있는 일은 야웨가 이스라엘 앞에서 쫓아내시는 민족들 모두에게 일어나고 있는 일과 같지 않다는 점을 나타내는 지표다. 행동은 동일하지만 동기와 상황이 다르다. "헤렘"(ḥerem)에 대한 논의는 명제 16을 참조하라.

"나캄"(nqm, "복수", 겔 25:17; 또한 렘 50:15에서도 나타남)이라는 단어는 민수기 31:2에서 미디안 사람들과 관련하여 사용된다. 그러나 이 사건은 정복 과정에서 독특하다.[8] 첫째, 미디안 사람들은 쫓겨나지도(grš) 않고 멸절 당하지도(ḥerem) 않는다. 둘째, 공격은 이스라엘이 결코 만난 적이 없는 사람들이 저지른 이스라엘의 하나님에 대한 불분명한 도덕적 범죄가 아니라 명백히 특정한 미디안 사람이 이스라엘에게 한 일에 대한 보복 행위다. 이는 브올 사건이 우리가 이스라엘의 모든 전쟁을 이해해야 하는 본보기가 아니라 독특한 사건임을 나타낸다(자세한 논의는 이번 명제의 마지막 부분에 있는 추기[excursus]를 참조하라). 비록 범죄의 구체적인 뉘앙스는 우리가 잃어버린 바 되었지만 문맥은 이스라엘의 공격이 보복 행위임을 분명히 나타낸다. 사무엘상 15장처럼 민수기 31장은 군사 활동이 정의를 실현해야 할 때 본문이 이스라엘의 행동을 어떻게 묘사하는지를 우리에게 명확하게 보여준다. 이러한 요소들은 실제 정복의 어느 부분에도 존재하지 않는다.

---

8 이 단어는 수 10:13에서 북부 연합군에 대해서 사용되지만, 보복 행위는 하나님의 보편적인 도덕법 위반에 대한 것이 아니라 수 10:6에 기술된 기브온 사람들을 향한 공격에 대한 것이다.

우리는 정복 이야기들에서 가나안 사람들을 처리하는 일과 관련하여 제시된 이유들이 가나안 사람들의 형벌에 대한 언급을 포함할 것이라고 기대할 것이다

정복 이야기들은 가나안 사람들과 벌인 전쟁이 일어난 이유와 드러난 파괴의 수준이 마땅한지에 대한 이유를 명시적으로 설명한다. 그러나 이 설명 중 어느 것도 가나안 족속의 범죄를 처벌해야 하는 필요성에 대해서는 전혀 언급하지 않는다. 두 가지 주제가 기술되고 계속해서 반복된다.

- 야웨는 이스라엘의 조상들에게 약속한 언약을 이행할 능력과 의지가 있는 분이시다.
- 가나안 민족들이 남아 있도록 허용된다면 이스라엘 민족은 언약 아래서 살아남을 수 없을 것이다.

이 중 첫 번째는 여호수아서의 주요 초점이며 거의 틀림없이 6경 (Hexateuch, 창세기-여호수아) 전체의 요점이다. 창세기 15장에서 야웨는 아브람에게 그의 자손들이 마침내 그 땅을 차지하게 될 것이라고 약속하신다. 여호수아서에서 그 약속은 가나안 군대들의 저항에도 불구하고 그리고 아마도 결코 명시적으로는 아니지만 가나안 신들의 저항에도 불구하고 성취된다.[9] 요점은 여호수아 21:44-45에서 결론지어진다. 거기서

---

9 구약에서 비록 다른 신들이 무력하고 열등하고 경배할 가치가 없는 것으로 간주되지만 야웨는 (재앙에서처럼) 그들에게 자신의 능력을 행사하시고 그들과 비교되신다(비록 그들이 무력할지라도 말이다).

서술자는 우리에게 다음의 사실을 상기시킨다. "그들의 모든 원수들 중에 그들과 맞선 자가 하나도 없었으니 이는 여호와께서 그들의 모든 원수들을 그들의 손에 넘겨주셨음이니라. 여호와께서 이스라엘 족속에게 말씀하신 선한 말씀이 하나도 남음이 없이 다 응하였더라." 이 강조는 포로 생활로 진행하고 있는 신명기 역사(여호수아, 사사기, 사무엘, 열왕기)의 신학에 매우 중요하다. 포로가 된 것은 하나님 편에서의 실패가 아니라 이스라엘 편에서의 실패 때문이다.

두 번째 주제는 더 복잡하다. 그것은 민수기 33:55-56에서 가장 명시적으로 기술된다. 거기서 모세는 다음과 같이 경고한다. "너희가 만일 그 땅의 원주민을 너희 앞에서 몰아내지 아니하면 너희가 남겨둔 자들이 너희의 눈에 가시와 너희의 옆구리에 찌르는 것이 되어 너희가 거주하는 땅에서 너희를 괴롭게 할 것이요 나는 그들에게 행하기로 생각한 것을 너희에게 행하리라." 모세는 신명기 7:4, 6에서 그 경고를 반복하며("그가 네 아들을 유혹하여 그가 여호와를 떠나고 다른 신들을 섬기게 하므로 여호와께서 너희에게 진노하사 갑자기 너희를 멸하실 것임이니라.…너는 여호와 네 하나님의 성민이라") 사사기 2:3에서 주의 사자도 그렇게 경고한다("그들이 너희 옆구리에 가시가 될 것이며 그들의 신들이 너희에게 올무가 되리라"). 서술자는 사사기 2:11-15에서 즉시 그 위험을 확증하고 실제로 나머지 신명기 역사의 과정에서 이스라엘의 추방을 추적한다. 우리는 명제 10에서 이스라엘의 지위를 논의하고 명제 16에서 가나안의 혼합주의(syncretism, 다른 종교 체계의 혼합)에 대한 더 완전한 성찰을 제공할 것이지만, 지금으로서는 단순히 그 이야기의 강조점이 가나안 사람들에게 일어나고 있는 일에 있지 않다는 것만 인식할 것이다. 가나안 사람들은 (이스라엘 민족과 이스라엘의 하나님의 관계를 기술하는 이스라엘 문서에서 기대되는 바와 같이) 이스라엘에게 일어나고 있는 일에 관한 이야기에서 여담에 불과하다. 요점은 정복이 수행되는 목적과 이스라엘이 그 목적에 관여해서 수반되는 결과(긍정적이든 부정적이든)의 측면에서 이해된다는 것이다. 그 밖에 다른 사람에 대한 정복의 결과에 대해서는 실질적인 고려가 없다.

가나안이 이스라엘에게 주어진 것과 같은 방식으로(신 2:12) 신명기 2:9-12, 18-23에서 야웨께서 에서와 롯 자손들에게 각각 세일과 아르를 주시는 것도 주목할 만하다. 비록 본문이 에돔, 모압, 암몬에 의해 쫓겨난 호리 족속, 에밈 족속, 삼숨밈 족속을 르바임으로 분류하기 위해 특별한 주의를 기울일지라도 그들의 죄나 사악함에 대한 언급은 전혀 없다(신 2:11, 20; 명제 12를 참조하라).

우리는 성경에 나오는 신의 응보의 예들을 포함하는 완전한 목록을 제공하려고 시도하지 않을 것이다. 오히려 우리는 신의 응보가 일어날 경우 발견될 것으로 예상되는 본문상의 표지들(textual markers)의 종류를 확립하기를 원한다. 그러한 많은 경우에 이 지표 중 하나 이상이 부족하지만 응보의 예가 그중 어느 것도 포함하지 않는 것, 특히 정복만큼 기념비적이고 중요한 사건이 포함되지 않는 것은 매우 이례적일 것이다. 그러므로 정복과 관련하여 신의 응보의 일반적이고 예상되는 지표들이 전혀 없다는 점을 고려할 때 본문에서 정복이 신의 응보적 정의(retributive justice)의 행위로서 제시된다고 믿을 이유는 없어 보인다.

브올 사건(민 31:16)의 결과 정확히 어떤 일이 일어났는지 현대 독자에게는 명료하지 않지만, 아마도 고대 청중은 그것을 이해했을 것이다. 그러나 몇 가지 추론은 가능하다.

첫째, 범죄는 단순하고 일반적인 우상숭배나 난혼(promiscuity)을 넘어선 것이다. 우리가 이것을 아는 것은 그러한 활동들에 관련된 주요 당사자가 특히 모압 사람들이기 때문이다(민 25:2). 그러나 그들에 대해서 보복이 가해지지 않는다. 사실 이스라엘은 그들에게 무엇이든 아무것도 하지 못하도록 명확하게 금지된다(신 2:9). 더욱이 모압을 총회에서 제외시킨 범죄는 이스라엘의 통행을 방해하고 그들을 저주하기 위해 발람을 고용한 것으로 적시된다(신 23:3). 브올에 대한 언급은 없다. 그러므로 브올 사건이 무엇이든 그 사건은 명확하게 고스비와 미디안 사람들과 관련 있다(민 25:18). 이것은 민수기 25:6에서 도입된 "베힌네"(wəhinnēh, NIV에서는 then, 개역개정판에서는 이 단어의 번역이 명확히 나타나지 않는다—역자주)라는 단어 사용에 의해 한 층 더 입증되는데 이는 내러티브의 초점의 전환을 나타내고 앞의 내용(이 경우에 민 25:1-5)은 인용구(pericope)의 주요 플롯에 배경과 맥락을 제공한다.[10] 유사한 구조를 민수기 20:16에서 볼

---

10 시 106:28-29은 일련의 네 가지 사건을 다소 연대순으로 기술한다. 브올과 연합하고, 희생 제물을 먹으며, 하나님께서 진노하시고, 재앙이 크게 유행했다. 이 네 가지 사건이 인과적으로 연결되어 있다고 가정하는 것("이스라엘이 바알브올과 연합하게 되었고, 그 결과 죽은 자에게 제사한 음식을 먹었는데 이것이 하나님의 진노, 곧 재앙을 일으킨 악한 행위였다")은 인과 오류(post hoc fallacy, "이것 다음에 일어났으므로 이것 때문에 일어난 것이다")를 범하는 것이다. 다단과 아비람을 삼키는 땅과 (고라를) 태우는 불 사이에 인과 관계가 없는 시 106:17-18과 비교하라. 그 사건들은 단순히 순서대로 보도되고 있을 뿐이다.

수 있다("이제", NIV에서는 now). 여기서 출애굽에 대한 묘사는 에돔을 통과하게 해달라는 요청에 대한 배경 및 맥락을 제공한다. 그리고 다시 민수기 32:14에서도 유사한 구조가 나타나는데("보라", NIV에서는 and) 여기서는 민수기 14장의 사건들이 요단 동편 지파들에 대한 고발의 배경 및 맥락을 제공하기 위해 회상되고 있다. 이것은 모압 사람들 및 바알브올과 맺은 관계와 하나님의 불타는 진노(진노의 결과는 명시되지 않음)가 그 배경에서 일어나고 있고 비느하스와 미디안 여인이 관련된 특정한 사건에 맥락을 제공하고 있다는 점을 나타낸다. 민수기 31장에서 보복은 바로 이 사건에 대한 것이다.

둘째, 가해자들의 행위는 수동적이지 않고 고의적이다. 미디안은 발람의 충고를 따라(민 31:16) 이스라엘을 속였다(민 25:18).[11] 이것은 이스라엘 백성이 수동적으로 반응했던 것과 대조된다(예를 들어 "이스라엘이 바알브올에게 가담한지라"[민 25:3];[12] "그들의 우상들을 섬기므로 그것들이 그들에게 올무가 되었도다"[시 106:36]).[13] 정확히 미디안의 계획이 무엇이었는지 또는 그것이 성취하려 했던 것이 무엇인지는 우리에게 제시되지 않고 있다. 어쨌든 "그들이 속임수로 너희를 대적하되"(민 25:18)라는 표현은 그것이 의도에 있어서 우호적이지 않았다는 점을 나타낸다. 한 가지 가능성은 그들이 이스라엘을 저주할 수 없는 발람의 무능력에 대한 차선책을

---

11 이 단어(*nkl*, 피엘형)는 "음모나 계략을 꾸몄다"를 나타낸다(창 37:18의 "[요셉을] 죽이기를 꾀하여[히트파엘형]"와 비교하라).

12 "차마드"(*smd*)의 니팔형은 "그들이 멍에에 매이게 되다" 또는 "그들이 스스로에게 멍에를 메었다"를 의미한다(예를 들어 시 106:28). 그러나 그것이 "모압 사람들이 그들에게 멍에를 메게 했다"를 의미할 수는 없다.

13 여기서 "올무"는 명사이기 때문에 그것이 "[그 땅의 사람들이] 우상으로 이스라엘 백성을 올무에 빠뜨렸다"를 의미할 수 없다.

제2부 가나안 족속은 죄를 지은 자들로 묘사되지 않는다

발견했다는 것이다. 민수기 31:8에서 발람이 죽임을 당할 때 미디안 사람들 가운데 있었다는 것은 그가 민수기 24:25에서 자기 집으로 돌아간 후 어느 시점에서 다시 돌아왔다는 점을 나타내는데, 이는 아마도 민수기 31:16에서 언급된 조언을 하기 위해서였을 것이다. 모세에게 내리신 하나님의 명령들은 비밀로 분류되지 않는다. 기브온 사람들은 여호수아 9:24에서 그것들에 관하여 알고 있다. 아마도 발람은 이스라엘의 어떤 행동들이 이스라엘의 하나님의 진노를 불러일으킬 것인지 배우고 미디안 사람들에게 이스라엘 백성 가운데서 이러한 행동들을 조장하라고 조언했을 것이다. 이것이 사실이라면 복수는 야웨의 백성에 대한 적대적 의도뿐만 아니라(이스라엘의 이웃들에 대한 예언적 신탁들 안에 있는 공통적인 고발; 명제 8 참조), 야웨 자신을 조종하려고 시도한 것에 대한 것이기도 하다(아마도 산헤립과 비교하라. 산헤립은 왕하 18:22-25에서 이스라엘에 대해서 야웨를 선동하려고 시도하고 결과적으로 왕하 19:7 35-37에서 자신이 진노를 받는다. 민 31:3의 "원수 갚기"가 "주[Lord]의 것"임에 주목하라).

셋째, 그 사건은 파멸 사실 외의 다른 요소들에 의하여 명백히 고발로서 표시된다. 민수기 25:17에서 "차라르"(ṣrr, "원수로 대하다")하라는 명령은 동해 복수법(lex talionis)의 의미(즉 눈에는 눈, 정의에 대한 고대 개념의 기본 원칙)로 행사되고 비록 민수기 10:9, 33:55에서 민족들이 이스라엘을 "차라르"할지라도 다른 민족들에 대해서는 반복되지 않는다. 또한 민수기 31:3에서 "원수를 갚으라"는 명령도 반복되지 않는다. 그럼에도 일부 해석가들은 모든 남자를 죽이라는 명령과 야웨에 의한 행위의 개시는 비록 "헤렘"(ḥerem)이라는 단어가 사용되지 않을지라도 "헤렘" 행위를 나타낸다고 주장한다.[14] 그러나 "헤렘"이 명령되지도 않고 제정되지도 않는다는 것, 살해가 "헤렘"의 초점이 아니라는 것(명제 15 참조), 그리고 죽음에 정복 이야기들의 다른 곳에서는 반복되지 않는 특정한 근거가 주어진다는 것(민 31:16) 등 이 모든 것은 이 생각이 잘못되었음을 나타낸다.

---

14 예를 들어 Timothy R. Ashley, *The Book of Numbers*, NICOT (Grand Rapids: Eerdmans, 1993), 591-92을 참조하라.

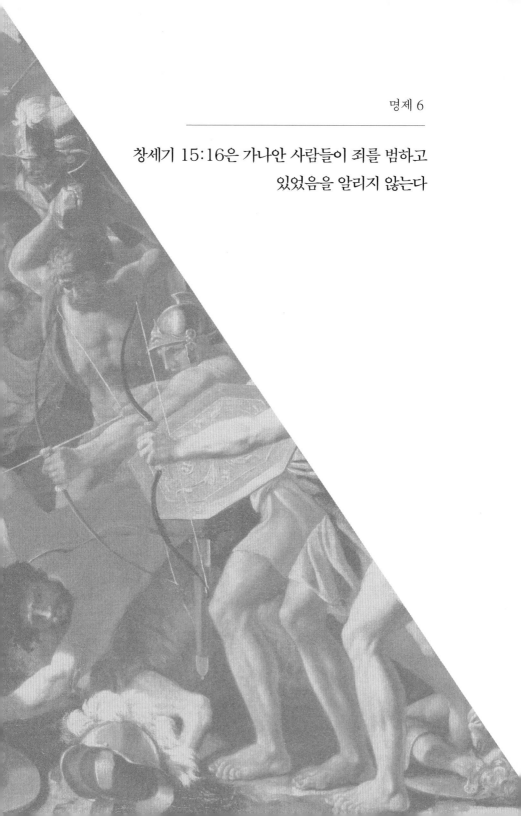

창세기 15:16은 가나안 사람들이 죄를 범하고
있었음을 알리지 않는다

창세기의 이 구절은 일반적으로 정복에 대한 응보적 해석을 가장 강력하게 뒷받침하는 것으로 여겨진다. 그러나 자세히 분석해보면 그 구절에 사용된 히브리어 단어는 영어에서 전통적으로 통용되는 의미를 도저히 가질 수 없다는 점이 분명해진다. 그러므로 우리가 더 나은 이해를 선별하기 위해서는 히브리어 단어 용법의 몇 가지 기술적인 문제로 주의를 돌리는 것이 필수적이다. 그 구절은 다음과 같이 쓰여 있다. "네 자손은 사대만에 이 땅으로 돌아오리니 이는 아모리 족속의 죄악(ʿāwōn)이 아직(ʿad hēnnâ) 가득 차지 아니함이니라(lōʾ šālēm)."

NIV는 그 단어들을 "아모리 족속의 [죄]가 [아직] [가득 차지 않았기] 때문에"를 의미하는 것으로 번역한다. 이것은 다양한 이유로 논쟁의 여지가 있다.

아드 헨나

NIV는 "아드 헨나"(ʿad hēnnâ)를 "아직"(yet)으로 번역한다. 이것은 현재 상태로부터의 변화에 대한 기대와 함께 미래에 대한 예측을 나타낸다(영어로 "my car is not fixed yet"는 "내 차는 지금은 고장이 났지만, 미래에는 고장 나 있지 않을 것이다"를 의미한다). 그러나 "아드 헨나"의 히브리어 용법은 변화에 대한 기대가 없는 과거에 대한 기억을 나타낸다("나의 차는 **여전히** 고장 나 있다"). 그래서 우리는 다음과 같은 구절들을 본다.

• 창세기 44:2: "하나는 내게서 나갔으므로…내가 ʿad hēnnâ(개역개

정 "지금까지"; NIV "since") 그를 보지 못하거늘"야곱은 베냐민을 잃는 것에 대해 항변하고 있다. 그는 과거에 이미 요셉을 잃었고 현시점에서 요셉이 여전히 살아 있으리라고 기대하지 않는다.

- 사무엘상 7:12: "여호와께서 *'ad hēnnâ*(개역개정 "여기까지"; NIV "thus far") 우리를 도우셨다." 사무엘의 기념비는 야웨의 도우심을 기억하고 그 도우심이 계속되기를 기대하고 있다.

- 역대상 9:18: "이 사람들은 *'ad hēnnâ*(바른성경 "이때까지"; NIV "up to the present time"; 개역개정은 "전에"로 옮김)…문지기였다." 이것은 논의 중인 가족이 과거에 수행했었고 계속 수행할 역할을 기억한다.

- 민수기 14:19, 시편 71:17: 이 구절들은 모두 과거("[그때]부터 지금까지")의 기간을 나타내기 위하여 전치사 "민"(*min*)이 이끄는 구절과 함께 "아드 헨나"를 사용한다. 두 구절은 모두 이전 행동(각각 용서와 기이한 일들에 대한 선포)의 지속을 기대한다.

- 사사기 16:13: "당신이 *'ad hēnnâ*(개역개정 "이때까지"; NIV "all the time") 나를 희롱하여" 들릴라는 지난 행동을 기억하고 있다. 다음 문장에 나오는 그녀의 명령은 변화를 요구하는 것이지만, "아드 헨나"의 어법은 그것을 예상하지 않는다.

- 역대상 12:29: "사울의 지파, 베냐민 중에서—삼천 명, 그들 중 대다수는 *'ad hēnnâ* 사울의 집에 충성했다"(개역개정은 "베냐민 자손 곧 사울의 동족은 아직도['*ad hēnnâ*] 태반이나 사울의 집을 따르나 그중에서 나온 자가 삼천 명이요"라고 번역한다). NIV는 "until then"(그때까지)으로 번역하고 삼천 명이 사울에 대한 충성에서 다윗에 대한 충성으로 전환했음을 나타내지만 이것은 정확하지 않을 수 있다. 이

제2부 가나안 족속은 죄를 지은 자들로 묘사되지 않는다

구절은 또한 "사울의 종족인 베냐민 자손 중에서 삼천 명. [베냐민 지파] 대다수는 여전히('ad hēnnâ) 사울의 집에 충성했다"로 읽을 수 있을 것이다. 이 읽기에서 대명사 "그들"은 "[다윗에게 온] 삼천 명"이 아니라 "사울의 지파, 베냐민"을 가리킨다(개역개정도 이와 같이 이해함). 사라 예펫(Sara Japhet)은 이 기술어(descriptor)가 베냐민 지파에서 온 사람이 왜 그렇게 적었는지에 대한 변명이라고 말한다. 베냐민 지파 대다수가 'ad hēnnâ 사울의 집안에 대한 충성심을 유지했기 **때문에 단지** 삼천 명만 왔다.[1]

따라서 우리는 "아드 헨나"가 상태들 사이의 전환이 아니라 계속되는 상태를 의미한다는 것을 안다. 만약 상태들 사이의 전환을 원한다면 히브리어는 그것을 나타내는 구문을 갖고 있다. 그것은 "아드 헨나"가 아니라 신명기 12:9에서처럼 "아드 아타"('ad 'ātâ)다. "너희가 너희 하나님

---

1   Sara Japhet, *1 & 2 Chronicles*, Old Testament Library (Louisville, KY: Westminster John Knox, 1993), 267-68. 반대로 Gary Knoppers는 삼천 명 중 대다수가 이전에(즉, 그들은 지금 바뀌고 있음) 사울의 개인 경비병들이었으며 대다수의 베냐민 지파가 경비병들이었을 가능성은 없으므로 대명사 "그들"은 삼천 명을 가리킨다고 주장한다. 그는 *mišmeret bêt šā'ûl*(미쉬메레트 베트 샤울)의 구문을 살펴보고 [*bayit*(=집) + X]는 건물(보통 *bêt yhwh*[=야웨의 집], 성전)을 가리키고 *mišmeret* + [*bayit* + X]는 항상 경비병들을 의미한다고 결정한다. Gary N. Knoppers, *1 Chronicles 10-29*, AB(New Haven, CT: Yale University Press, 2004), 568을 참조하라. 그러나 언어 *bêt šā'ûl*(베트 샤울)이라는 단어들의 배열은 결코 건물을 가리키지 않으며 오히려 추상적 개념(즉 그의 왕조)을 가리킨다. 결과적으로[*mišmeret* + 추상적 개념]이 반드시 "경비병들"을 의미하는 것은 아니며 더 일반적으로 특히 동사 "샤마르"(*šāmar*)와 결합될 때 의무나 책임을 가리킨다(대하 13:11과 말 3:14 참조). 따라서 "샤마르" + "미쉬메레트" + "베트 샤울"은 [사울 왕조에 대한] [의무나 책임을] [수행하는 것]을 의미하며, NIV는 그것을 적절하게 "충성심을 유지했다"라고 번역한다. 더 나아가 히브리어에는 "경호원"을 말하고 싶을 때 사용하는 다른 단어가 있다(*mišma'at*[미쉬마아트]; 삼상 22:14; 삼하 23:23; 대상 11:25).

여호와께서 주시는 안식과 기업에 아직은(*'ad hēnnâ*) 이르지 못하였거니
와"(신 12:9). 이스라엘은 요단강을 아직 건너지 않았지만, 그들은 곧 건널
것이다. 또한 우리는 창세기 32:4을 볼 수 있다. 거기서 야곱은 "내가 라
반과 함께 거류하며 지금까지(*'ad 'ātâ*) 머물러 있었사오며"라고 말한다.
라반을 떠나 에서를 만날 준비를 하고 있을 때 그는 그러한 말을 한다.
마지막으로 열왕기하 13:23에서 서술자가 "[여호와께서] 오늘날까지
(*'ad 'ātâ*) 그들을 멸망시키기를 기뻐하지 않으셨다"라고 말한다. 문맥상
서술자는 유배(exile) 때 일어난 변화를 언급하고 있다. 하사엘의 시대에
는 야웨께서 원치 않으셨지만 열왕기를 기록할 때는 원하셨다. 그러므
로 창세기 15:16에서 "아드 아타"의 용법은 "미래에 아모리 족속의 "아
본"(*'āwōn*)이 "샬렘"(*šālēm*)하게 될 것이다"를 의미할 수 없다. 아브람이 이
상을 볼 때 아모리 족속의 "아본"은 "샬렘"하지 않았고 이것이 미래에 바
뀔 것이라는 기대는 없다.

로 샬렘

단어 "샬렘"(*šālēm*)의 어근은 일반적으로 온전함(wholeness)이나 완전함
(completeness)의 의미를 내포하지만, 창세기 15:16에서 우리가 보는 것
과 같은 형태는 그곳에서만 나타난다. 그것은 형용사[2]로 기능하고 "아

---

2 특히 그것은 상태 동사로서 기능하는 술어 형용사다. NIV는 대신에 "샬렘"을 "그것의 가
득한 분량에 도달했다"(reached its full measure)로 번역하고, "not"을 첨가함으로써 **타동
사**("도달했다")와 관련된 진행 중인 과정을 나타낸다. "그것의 가득한 분량에 도달했다"
라는 문구는 아직 채워지지 않았다는 개념을 전달하기 위한 것이다. "샬렘"을 "가득한 [분
량]"으로 번역하려는 결정은 70인역을 따르는 것이며, 무게를 기술하기 위해 "샬렘"을 사

제2부 가나안 족속은 죄를 지은 자들로 묘사되지 않는다

본"('āwōn)의 의미를 한정한다. 그리고 "아본"은 추상적 개념을 표현하는 명사다. 부정(lō', "아니다")이 "완전히 ~이 아니다"("wholly not", 정반대의)를 의미하는지 또는 "완전히 ~인 것은 아니다"("not wholly", 부분적)를 의미하는지는 확실히 결정될 수 없다.[3] 형용사로서 "샬렘"의 다양한 용법은 물리적 물체, 일반적으로 건축 상황에서 돌의 의미를 한정한다("잘리지 않은", 즉 온전한 [자연석] 또는 "끝손질한", 즉 마무리된 [마름돌 축조]). 그것은 ("건강한", "상해를 입지 않은") 몸, ("정확한") 도량형 또는 건물이나 ("완성된") 건축 프로젝트를 가리킬 수 있다. 그러나 그 대신에 룻기 2:12에서 그것은 "아본"(āwōn)과 동일한 개념 범주에 있는 보상(maśkōret ["품삯"], NIV "richly rewarded"[풍성하게 보상받는])을 나타내는 추상 명사의 의미를 한정한다. 그러나 룻기에서 "샬렘"은 부정되지 않는다. 그러므로 이 구절을 창세기 15장과 비교하기 위해서는 (좋든 나쁘든) "완전한 보상"의 부정이 개념적으로 무엇을 의미하는지 추측하려고 노력해야 한다.

룻기 2:12에서 "품삯"을 "샬렘"으로 한정한 것은 룻이 그녀가 받아

용한 것에서 유래된 것으로 보인다("정확한" 즉 "말하는 그대로의 무게가 나가는"을 의미한다. 예를 들어 신 25:15). 따라서 정확한 무게의 개념은 "전체 측정량"으로 추정되고, 그 다음 이 전체 측정량은 더 나아가 "완전히 측정된 양"으로서 저울의 양쪽으로 추정된다. "샬렘"은 측량된 양에 대해서는 결코 사용되지 않는다. 측량된 형벌의 개념이 사 47:9에서 발견된다("이 두 가지 일이…온전히[in full measure] 네게 임하리라"). 여기서 "온전히"라고 번역된 단어는 "샬렘"이 아니라 "케툼맘"(kĕtummām)이다(kĕtummām은 문자 그대로 "그것들의 완전함을 따라"[according to their completeness]다; John Goldingay and David Payne, *Isaiah 40–55*, International Critical Commentary [London: T&T Clark, 2014], 104).

3 부정 불변화사(lō')와의 결합은 왕상 11:4; 15:3에서 오직 "레브"(lēb 또는 lēbāb, 마음)와 결합되어서만 나타난다("왕의 마음[lēbāb]이…그의 하나님 여호와 앞에 온전하지 못하였으니[lō' šālēm]"). 결합되어 사용됨에도 불구하고 "샬렘"의 부정은 분명히 진행 중인 과정을 나타내지 않는다. 아비야는 온전한 헌신을 향해 일하지 않는다.

야 하는 모든 것을 받을 것임을 지시한다("완전히 보상받는").[4] 그녀는 발생한 자신의 품삯을 받을 것이다. 그렇다면 품삯이 "샬렘"이지 않다는 것은 무엇을 의미하는가? 품삯이 부분적으로 지급된다는 의미인가? 아니면 전혀 지급되지 않았다는 의미인가? 전혀 지불되지 않았다면 지급이 연기되거나 결코 발생하지 않거나 취소된 것인가?[5] 정보가 없으면 확실히 알 방법이 없다. 아모리 족속은 확실히 "아본"을 갖고 있는 것으로 보이므로 이러한 보상의 맥락에서 "로 샬렘"(lōʾ šālēm)에 대한 가장 좋은 잠정적인 해석은 "연기된"이 될 것이다. 잔액이 표로 작성되어 장부에 남아 있지만 지급되지(šālēm) 않고(lōʾ) 있다.

아본

NIV는 "아본"(ʿāwōn)을 "죄"(sin)로 옮긴다. 이 단어는 일반적으로 창세기 13:13에서 소돔에 대해 보고되고 창세기 18:20에서 다시 언급된 것

---

4 룻 2:12은 여성형 술어 형용사 "슐레마"(šĕlēmâ)를 동일한 어근의 동사 형태(šālēm, 피엘형)와 결합하여 경제적 거래의 과정을 나타낸다. "'여호와께서 네가 행한 일에 보답하시기를(šālēm) 원하며…네게 온전한(šĕlēmâ) 상 주시기를 원하노라' 하는지라." 능동 동사 "샬렘"은 보응(삼하 3:39), 서원(삼하 15:7) 또는 배상(출 22장)과 관련된 상황에서 지불되어야 하는 것을 다룬다. 그것은 룻기에서 더 추상적이며, "헤세드"(ḥesed)에 대한 "헤세드"의 보응을 요구한다. 품삯은 노동을 통하여 얻은 것과 관련이 있다(창 29:15; 31:7, 41).

5 [마음] + lōʾ šālēm의 배열은 아마도 완전한(부분적인 것과는 대조적으로) 부정을 가리킬 것이다. 왜냐하면 마음이 "샬렘"하지 않은 왕들은 일반적으로 그들이 해야 하는 일의 절반이 아니라 그들이 해야 하는 것의 정반대를 행하기 때문이다(왕상 15:14의 아사와 비교하라. 그는 그가 해야 하는 일의 일부만 하지만[그는 산당을 없애지는 않았다], 그의 마음은 여전히 "샬렘"이다). 마찬가지로 창 15장에서 "아드 헨나"의 사용과 그것이 안정된 상태를 나타낸다는 것은 취소에 반대 결론을 보인다. 취소는 변경이 될 것이다. 그러므로 아모리 족속의 장부(account)가 "로 샬렘"이라는 것은 그 장부에 이 잔고가 있느냐에 따라 아마 그것이 연기되었거나 발생하지 않았음을 나타낼 것이다.

제2부 가나안 족속은 죄를 지은 자들로 묘사되지 않는다

과 같은 극적인 죄를 가리키기 위한 것으로 해석된다. 그러나 두 경우 모두에 사용된 단어는 "아본"이 아니라 "하타"(ḥaṭṭā')다. 소돔의 "아본"에 대한 언급이 있다. 그리고 그 단어가 나타나는 것은 창세기 19:15에서 천사가 그 도시의 범죄가 아니라 그것의 멸망을 언급하면서 롯에게 떠나라고 하며 "그렇지 않으면 너희들은 이 성이 벌을 받을 때 휩쓸림을 당할 것이다"(NIV 문자적으로는 "그 성의 '아본' 속에서"; 개역개정 "이 성의 죄악 중에 함께 멸망할까 하노라")라고 경고할 때다. 창세기의 다른 곳에서 가인은 자신의 추방에 대한 반응으로 "내 '아본'[개역개정 '죄벌']이 지기가 너무 무거우니이다"(창 4:13)라고 불평한다. 그리고 창세기 44:16에서 유다는 하나님께서 자신들의 "아본"을 "드러내셨다"(문자적으로 "찾아내셨다")라고 한탄하는데, 이는 잔을 훔친 것을 언급한 것이 아니라 형제들이 요셉에게 한 일 때문에 그들이 받아야 할 "마땅한 벌"을 언급한 것이다.[6] 이것은 창세기에서 "아본"의 강조가 그것을 초래한 범죄가 아니라 형벌에 있음을 나타낸다. 그것은 "아본"의 소유자가 행한 일이 아니라 하나님이 하시는 일을 가리킨다. 우리에게는 이러한 강조가 다행이다. 왜냐하면 여기서의 형벌이 룻기 2장에 나오는 "마스코레트"(maśkōret, "품삯")가 나타내주는

---

6 첫째, 비록 베냐민만이 절도죄를 범한 것으로 여겨짐에도 불구하고 유다는 "아본"을 모든 형제에게 돌린다(창 44:10). 둘째, 자루를 샅샅이 뒤진 청지기가 아니라 하나님이 "아본"을 드러내신 분이다. 히브리어 용어는 단락 전체에 걸쳐 사용된 단어 **찾아냈다**를 주제로 하며 적당한 영어 관용구로 옮겨지지는 않지만 그 진술은 본질적으로 "우리의 치명적인 운명(우리가 우리 형제에게 행한 일에 대한)이 마침내 우리를 따라잡았다"라고 말한다. Claus Westermann, *Genesis 37–50*, trans. John J. Scullion (Minneapolis: Augsburg, 1982), 133–34; Victor P. Hamilton, *The Book of Genesis Chapters 18–50*, NICOT (Grand Rapids: Eerdmans, 1995), 566; Gordon Wenham, *Genesis 16–50*, Word Biblical Commentary (Waco, TX: Word, 1994), 425을 참조하라.

보상 개념을 전달하여 우리에게 좋은 비교를 제공하기 때문이다.

만약 우리가 "아본"이 재앙의 운명을 의미한다고 생각한다면 야웨께서 방금 그것을 선포하셨기 때문에 우리는 아모리 족속이 재앙의 운명에 처해 있음을 안다. 야웨는 그들의 땅을 그들로부터 빼앗아 나중에 이스라엘에게 주시겠다고 약속하셨다. 이것은 등장인물에 의해 전달되는 사변적인 미사여구가 아니라 실제 상황으로 표현되었다. 우리는 창세기 15:7에서 야웨께서 약속하시고(창 15:21에서는 아모리 족속이 명시됨) 여호수아서에서 서술자가 퇴거(displacement)를 기록하는 것을 보았다. 자칭 해석가가 직면해야만 하는 질문은 왜 그들이 "아본"을 갖고 있는가다. 구체적으로 질문하자면 그들이 어떤 일을 했기에 필연적으로 "아본"을 가진 것일까? 이 단어는 다양하게 "당신에게 일어나는 일", "당신이 행한 일" 또는 "당신이 한 일로 인해서 당신에게 일어나는 일"을 의미할 수 있다. 그러나 이 세 가지 의미는 어떤 주어진 상황에서 서로 교차해서 사용될 수 없다. 이러한 용례의 범위를 고려할 때 우리는 문맥과 관련해서 어떤 측면이 의도되고 있는지를 판단해야 한다. 우리가 이미 살펴보았던 것처럼 창세기는 결과의 측면에 강조점을 두는 다른 문맥을 가지고 있다. 우리의 번역 목적상 단어와 개념을 아브람이 이해했던 대로 이해하는 것이 중요하다면 우리는 아브람이 야웨의 선포를 반드시 아모리 족속이 그들이 한 일 때문에 재앙을 겪고 있음을 의미하는 것으로 이해했는가를 질문해야 한다. 이 접근 방식에서 사건에 대한 아브람의 이해는 전문적인 이스라엘 신학이 아니라 고대 근동에서 나온 것이다.[7] 따라서 고대 근동

---

7   만약 어떤 이유에서든(예를 들어 후기 편집) 해석가가 이 구절이 후기 이스라엘 신학을 반

에서 사람들이 신 또는 신들에게 무례한 행위를 저질렀다는 이유에서가 아니라 다른 이유로 인해 신들이 멸망에 대한 칙령을 사람들에게 공포한 예가 있는지를 살펴보는 것이 생산적일 수 있다.

그러한 예 하나가 수메르(Sumer)와 우르(Ur)의 멸망에 대한 애가에서 발견된다. 아누(Anu)와 엔릴(Enlil)은 그들이 거주민들의 잘못을 인지했기 때문이 아니라 왕권이 넘어갈 시간이 되었기 때문에 도시를 파괴한다. 도시의 수호신들은 엔릴에게 탄원하고 그를 달래려고 노력하지만 소용이 없다. 엔릴이 화난 것이 아니기 때문이다. 우르의 운명은 그들이 우주의 질서를 위해 따르고 있는 더 큰 프로그램의 일부에 불과할 뿐이다. 이것은 실제로 정복과 매우 유사하다. 야웨는 그 땅을 이스라엘에 넘기겠다고 선언하셨는데, 이는 가나안 사람들이 그것을 잃을 만하기 때문이 아니라 그 일이 더 큰 사업의 일부이기 때문이다. 또 다른 예는 나람-수엔의 쿠타의 전설(Cuthaean Legend of Naram-Suen)이다. 이 전설에서 신들은 명확한 이유 없이 바빌로니아를 공격하기 위해 무시무시한 무적의 야만인들로 이루어진 군대를 만든다.[8] 마지막으로 한 수메르인의 기도는 "죄가 없는 젊은이들"을 애도하고 나중에 신이 죄에 의해 "동기가 부여되지 않았다"는 점을 인정한다.[9] 또한 우리는 성경 자체, 곧 시

영할 필요가 있다고 생각한다면 일관성을 위해 그 구절은 또한 후기의 이스라엘 수사법(rhetoric)을 반영해야 한다. 그러한 경우에 아모리 족속의 "아본"은 개념적으로 민족들의 "레샤"(reša')에 필적할 것이고 따라서 무적의 야만인들에 대한 수사적 표현의 일부로 존재할 것이다(명제 12 참조). 당시 아브람은 아모리 족속을 무적의 야만인으로 여기지 않았을 테지만 창세기의 편집자는 그렇게 여겼을 것이다.

8   Joan Goodnick Westenholtz, *Legends of the Kings of Akkade* (Winona Lake, IN: Eisenbrauns, 1997), 294.

9   No. 54: *Eršema nir-ǧál lú è-NE*, *"Prince, appearing"* lines 11, 26; Uri Gabbay, *The Eršema*

편 40:12[MT, 40:13]에서 "아본"이 시편 저자가 죄를 고백하지 않고(그리고 실제로 그의 의를 주장함[시 40:8-10]) 압제자들로부터 구원을 요청하는 (시 40:14) 문맥에서 "재앙"과 평행을 이룬다는 점을 관찰한다. 따라서 우리는 아브람이 가지고 있던 고대 근동의 세계관에서 신이 정한 재앙의 존재가 반드시 극적인 악행의 존재를 나타내는 것은 아님을 알 수 있다. 가인과 소돔 및 요셉의 형제들과는 대조적으로 아모리 족속의 악행이 우리에게 결코 보여진 바 없으며 우리에게는 단지 "아본"의 존재에 근거하여 그들이 악행을 저질렀다고 가정할 실질적인 근거가 없다.

왜 창세기 15:16은 창세기 15:15 앞이 아니라 아니라 뒤에 오는가?

창세기 15:16을 그것의 표준 해석(네 번째 세대쯤 되면 아모리 사람들이 멸절당해도 합당할 만큼 충분한 죄를 지을 것이기 때문에 네 번째 세대가 돌아올 것이다)에 따라 읽는다면 담화에서 그것의 위치는 다소 부적절하다. 논리적으로 우리는 사고가 다음과 같이 흐를 것으로 기대할 것이다.

> 네 자손은 400년 동안 떠날 것이다(창 15:13)
> 그들은 압제를 받을 것이다(창 15:13)
> 그들은 구원을 받을 것이다(창 15:14)
> 그들의 압제자들은 벌을 받을 것이다(창 15:14)
> 그들은 돌아올 것이다(창 15:16)

Prayers of the First Millennium BC (Wiesbaden: Harrassowitz Verlag, 2015), 181.

가나안 족속은 벌을 받을 것이다(창 15:16)

그러나 너는 너의 시대에 평안을 누리고 그때쯤이면 죽었을 것이다
(창 15:15)

창세기 15:16이 창세기 15:15 다음에 나온다는 것은 창세기 15:16이 말하는 것이 무엇이든 간에 그것이 400년 후에 무슨 일이 일어날지에 대한 설명으로 되돌아가는 것이 아니라 아브람의 시대에 누리는 평안이 지속되어야 한다는 생각을 나타내는 것처럼 보인다.

네 번째 세대는 누구인가?

대부분의 해석가들은 "네 번째 세대"(개역개정 "사대")를 창세기 15:13의 "400년"과 병행하여 읽기를 원한다.[10] 이것은 몇 가지 이유로 문제가 있다.

첫째, 출애굽의 맥락에서 한 세대는 일반적으로 40년을 의미한다. 광야 세대는 그들이 모두 죽을 때까지 40년 동안 방황하고(민 14:33-34; 32:13), 출애굽과 성전 건축 사이에는 각각 40년의 이상화된 열두 세대가 지나간다(왕상 6:1). **세대가 갑자기 다른 숫자를 의미하는 것이 불가능한** 것은 아니지만 그것은 상당히 이상할 것이다.

---

10 Nahum Sarna는 **세대**(generation)가 수명을 의미한다고 주장하고, 창 50:22에서 요셉의 이상화된 110년 수명과 창 6:3에서 120년이라고 확정된 수명과 연결지어 네 세대가 대략 400년이라고 결론짓는다. Nahum M. Sarna, *Genesis*, JPS (Philadelphia: Jewish Publication Society, 1989), 116. 이것은 충분히 그럴듯하며 창 15:13과 창 15:16 사이의 논리적 모순에 대한 주장을 물리치기에 확실히 충분하지만, 병행 관계를 증명하기에는 충분치 않다.

둘째, 어떤 족보도 할당된 400년의 기간 안에 사 대만을 다룬 적이 없다. 문자 그대로 해석하면, 열왕기하 10:30에서 보이는 바와 같이 하나님이 예후에게 "네 자손이 이스라엘 왕위를 이어 사 대를 지내리라"라고 약속하실 때 "사 대"라는 문구는 족장에 4명을 더하여 계산한다. 따라서 열왕기하 15:12에서 예후의 가계는 예후(족장, 0세대)와 그의 뒤를 이은 여호아하스, 요아스, 여로보암, 스가랴 이후에 끝난다. 창세기 15:13에서 "400년"의 계산은 이스라엘 백성이 이방에서 객이 될 때 시작한다. 이스라엘 일족을 이집트로 이주시키는 족장은 야곱이므로(창 46:6-7), "사 대"는 야곱의 아들들을 첫 번째 세대로 계산하기 시작한다.[11] 이 계산에 의하면, 가장 비슷한 족보에는 다섯 세대가 있고 출애굽기 6:16-20(또한 대하 6:1-3; 23:12-13)에 나타난다.

첫 번째 세대: 야곱의 아들, 레위

두 번째 세대: 고라

세 번째 세대: 아므람

네 번째 세대: 모세와 돌아오지 못한 광야 세대

다섯 번째 세대: 돌아온 세대[12]

---

11 열왕기하에 기록된 그 구절을 "네 자손의 4대('네 왕조의 네 번째 세대'와 대조적으로)가 왕좌에 앉을 것이다"라고 말하는 것으로 읽는 것도 가능하다. 이는 족장 예후를 제외시키고 네 번째 세대에 이르기 위해 5명이 아니라 총 4명을 셈에 넣는다. 이 경우 이집트에서 첫 번째 세대는 야곱의 아들들이 아니라 야곱 자신이 될 것이고, 가장 짧은 족보 기록은 여섯 세대가 될 것이다. 그러나 어느 쪽 계산도 정복까지 4대를 산출하지 못하기 때문에, 그 차이점은 우리의 목적에는 적실성이 없다.

12 또한 유다부터 아간까지 다섯 세대(대상 2:3-7; 수 7:1; 유다, 세라, 시므리, 갈미, 아간)도 있다. 르우벤부터 다단과 아비람까지 네 세대이므로 그들의 족보도 다섯 세대다(민 26:5-

제2부 가나안 족속은 죄를 지은 자들로 묘사되지 않는다

여호수아 17:3은 요셉(므낫세의 아버지)부터 정복 세대와 함께 가나안 땅에 들어간 슬로브핫의 딸들까지 일곱 세대를 기록하고(또한 민 27:1),[13] 역대상 7:23-26은 요셉(에브라임의 아버지)부터 여호수아까지 열두 세대를 기록하며,[14] 마태는 유다부터 라합까지 일곱 세대를 기록한다(마 1:2-5; 또한 대상 2:3-10; 눅 3:32-33).[15] 한 장르로서 족보는 생략이 있을 수 있기 때문에 족보가 일치하지 않는다는 사실이 중요하지는 않지만, 요점은 실제 역사적인 혈통의 연속과 관계없이 이집트로의 이주와 정복 사이에 네 세대가 걸쳐 있는 것에 대한 전통조차 **어디에도** 없다는 것이다.

셋째, "네 번째 세대"라는 문구는 "죄를 갚되…[삼]사 대까지 이르게 하거니와"(출 20:5, 34:7; 민 14:18; 신 5:9)라는 문구에서처럼 관용적 의미를 갖고 있다. 이 문맥에서 그것은 전체 가족을 의미하며, 사 대는 가장과 그의 자녀, 손자, 증손자이며 이들은 모두 대가족(*bêt-'ab*[베트 아브], 문자적으로 "아버지의 집")으로서 함께 살 것이다. 이런 식으로 보면, "네 번째 세대가 돌아올 것이다"가 "온 가족이 돌아올 것이다"를 의미할 가능성이 있지만 그럴 가능성은 매우 낮다. 창세기 15:16에는 "세 번째"란 부분이 없기도 하고, 또한 그러한 읽기는 아브람 시대에 누리는 평안이 지속되어야 한다는 생각에 아무런 도움이 되지 않기 때문이다.

그러나 우리는 네 번째 세대가 가장의 집에 살 때 매우 어린 아이들

9; 르우벤, 발루, 엘리압, 다단과 아비람, [정복 세대]). 다단과 아비람은 모세와 아론처럼 광야에서 죽은 세대에 속한다.

13 [요셉], 므낫세, 마길, 길르앗, 헤벨, 슬로브핫. 슬로브핫은 광야에서 죽었다(민 27:3).

14 [요셉], 에브라임, 브리아, 레바, 레셉, 델라, 다한, 라단, 암미훗, 엘리사마, 눈, 여호수아(엄밀히 말하면 여호수아는 광야 세대의 유일한 생존자이므로 우리가 아마도 한 명을 더 추가해야 할 것이다).

15 유다, 베레스, 헤스론, 람, 아미나답, 나손, 살몬(보아스의 아버지, 보아스의 어머니는 라합).

임을 관찰할 수 있다. 그 아이들이 성장해서 일을 시작할 때쯤에 가장은 죽을 것이다. 따라서 네 번째 세대는 가장이 성인으로 자라는 것을 보지 못하는 첫 번째 세대이며 이 세대가 성취하는 모든 것은 심지어 이상적인 조건하에서도 가장이 죽은 후에 일어날 것이다(욥 42:16과 비교하라. "욥이 …아들과 손자 사 대를 보았고"). 이 개념은 아브람에게 주어진 평안한 삶에 대한 보장의 개념과 완벽하게 일치한다. "사 대 만에"는 "400년 후에"를 의미하지 않는다. 그것은 "너의 시간이 끝난 후에"를 의미한다.[16]

아모리 사람들은 무엇이 특별한가?

창세기 15:16은 아모리 사람들의 "아본"을 언급하지만 다른 가나안 족속들의 "아본"에 대해서는 언급하지 않는다. 주석가들은 일반적으로 아모리 사람들이 전체 목록에 대한 제유법이라고 주장한다(즉 그들은 전체를 대표하도록 의도된 예다).[17] 예를 들어 열왕기상 21:26과 열왕기하 21:11에서와 같이 말이다. 이것은 확실히 가능하다. 그러나 만약 이것이 사실이라면 창세기 15:19에서 즉시 전체 목록이 주어지는 것은 이상해 보인다. 따라서 아모리 사람들이 아브람에게 특별한 의미가 있어서 그들이 특별히 언급된 것인지 물어볼 가치가 있다.

---

16   "그러나 '네 번째 세대'는 완전성의 개념을 전달하는 정형화된 표현에 불과할 수 있다. 아버지의 수명은 보통 4대까지 연장되지 않았다." Kenneth A. Matthews, *Genesis 11:27-50:26*, New American Commentary (Nashville: Broadman & Holman, 2005), 175.

17   Bruce K. Waltke, *Genesis* (Grand Rapids: Zondervan, 2001), 244; 또한 Victor P. Hamilton, *The Book of Genesis Chapters 1-17*, NICOT (Grand Rapids: Eerdmans, 1990), 436; Sarna, *Genesis*, 117; Gordon J. Wenham, *Genesis 1-15*, Word Biblical Commentary (Waco, TX: Word, 1987), 332을 참조하라.

사실 그들은 특별한 의미를 갖고 있는 것으로 밝혀졌다. 창세기 14장에서 왕들의 연합군이 소돔을 공격하고 롯을 사로잡아 데려간다. 아브람은 그와 동맹을 맺었던 에스골과 아넬의 형제, 아모리 족속 마므레와 함께 그를 구출하러 간다(창 14:13; 또한 창 14:24). 그러므로 아모리 사람들은 아브람의 친구이자 동맹자다. 이제 아모리 사람들의 운명에 대한 개념이 왜 아브람 시대에 평안을 누린다는 생각과 연결되어 있는지가 완전히 명확해진다. 아브람은 그 자신의 운명뿐만 아니라 그의 동맹자들의 운명에 대해서도 걱정한다. 야웨는 아모리 사람들의 이주를 먼 미래의 어느 때까지로 연기하심으로써 아브람에게 그가 (감정적이든, 의무적이든 혹은 단순히 실용적이든) 어느 정도의 애착을 갖고 있는 사람들에게 그의 자손이 부정적으로 영향을 끼치지 않을 것이라고 보증하신다(동맹의 정확한 성격은 전혀 설명되지 않는다).

종합

앞의 분석은 히브리어 본문이 그것의 일반적인 영어 해석과 일치하지 않을 가능성이 매우 높음을 나타낸다. 특히 우리는 "아드 헨나"가 변화될 것으로 예상되지 않는 상태를 나타내야 하고(아모리 족속의 "아본"이 무엇이 아니든 그것은 계속해서 그것이 아니어야 한다), 아모리 족속의 "아본"은 그들이 하고 있는 무언가가 아니라 그들에게 일어나고 있는 무언가이어야 하며, 왜 그것이 일어나고 있는지에 관한 특별한 의미를 갖고 있지 않다는 점에 주목했다. 더 나아가 우리는 또한 만약 전통적인 해석이 의도되었다면 히브리어에는 그것을 표현할 더 나은 단어들이 있다는 점을 관찰할 수 있다.

- 창세기 13장에서의 소돔의 직접적인 맥락을 고려할 때 범죄 또는 죄악의 의미로 "죄"에 대해 예상되는 단어는 "아본"이 아니라 "하타"다.
- 만약 "샬렘"으로 표현되는 "가득한 분량"(full measure)이 형벌의 의미를 내포하고 있다면 그것을 말하는 더 좋은 방법은 동사 "파카드"(*pqd*)를 포함하는 구조가 될 것이다. 예를 들면 출애굽기 32:34("내가 보응할[*pqd*] 날에는 그들의 죄[*ḥaṭṭā'*]를 보응하리라[*pqd*]") 또는 출애굽기 34:7 및 다른 곳들("아버지의 악행['*āwōn*]을 자손 삼사 대까지 보응하리라[*pqd*]")처럼 말이다. 또 다른 훨씬 더 나은 단어는 멸망의 운명의 성취로서 레위기 26:41, 43에서 사용된 "라차"(*rāṣâ*, "값을 치르다")다("그들이 내 법도를 싫어하며 내 규례를 멸시하였으므로…그들은 자기 죄악의 형벌['*āwōn*]을 기쁘게 받으리라[*rāṣâ*]"). 만약 그것이 범죄의 누적 잔고가 마침내 결정적인 단계에 도달해서 지금 주의를 요구하고 있음을 나타내야 한다면 더 나은 구조는 "[그들의 죄가] 내 앞에 올라올 것이다"(욘 1:2과 비교) 또는 아마도 "부르짖음이 내게 [도달할 것이다]"(창 18:21과 비교)일 것이다.
- 새로운 미래 상태에 대한 NIV의 기대(해석: "아모리 족속의 죄가 아직은 그것의 가득한 분량에 이르지 않았지만 앞으로 그렇게 될 것이다")는 "아드 헨나"가 아니라 "아드 아타"에 의해 표현되어야 한다.

"로 샬렘"(*lō' šālēm*)의 정확한 의미에 대한 확신 없이 확실한 번역을 제공

제2부 가나안 족속은 죄를 지은 자들로 묘사되지 않는다

하는 일은 불가능하다. 그러나 위에서 논의된 모든 증거에 비추어 우리는 표 1에서 일반적인 해석과 대조되는 번역을 제공한다.

표 1. 창세기 15:16의 해석

본문	사대		아모리 족속	~의 "*āwōn*" 이	*'ad hēnnâ*	*lō' šālēm*
전통적 해석	사백 년 후에, 너의 가족은	여기로 돌아올 것이다. 왜냐하면	너의 대적들	~에 의해 행해지고 있는 죄악이	현재로서는 ~이지만 그 때쯤이면 더 이상 ~이지 않을 것이기 때문이다	완전하게 되는 과정 중에
제안된 해석	네 가족이 네 일생이 끝난 후에야 비로소		너의 친구들과 동맹자들	~에 대해 정해진 멸망의 운명이	~되어 왔고 계속해서 ~될 것이기 때문이다	연기된

이 잠정적 해석은 정복을 합리화하는 것과는 아무런 관련이 없다. 왜냐하면 아브람에게 친숙했을 고대 근동의 맥락에서 멸망의 운명은 본질적으로 악행을 암시하지 않기 때문이다(물론 그 악행들을 본문의 서술자가 드러내지 않는다면 말이다. 가인과 소돔과 요셉의 형제들의 악행은 드러나지만 아모리 족속의 악행은 드러나지 않는다). "로 샬렘"(*lō' šālēm*)의 모호성 때문에 이 구절에서 정확한 뉘앙스를 식별할 수 없지만 우리는 또한 우리가 의미를 확신할 수 없는 구절에 근거를 두고 신학적 입장―이 경우에 정복의 응보적 목적―을 세우는 것은 좋지 않은 방법론임을 지적할 것이다.

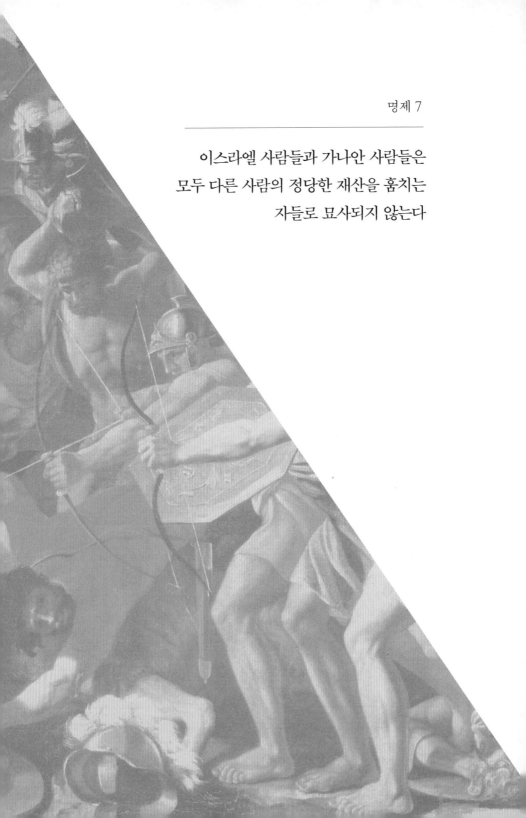

이스라엘 사람들과 가나안 사람들은
모두 다른 사람의 정당한 재산을 훔치는
자들로 묘사되지 않는다

정복에 대한 성경 비평가들의 비난 중 하나는 19세기에 미국 정부가 아메리카 원주민에게 했던 것처럼 이스라엘 사람들이 가나안 사람들을 그들의 정당한 땅에서 쫓아내고 자신들을 위해 그 땅을 훔쳤다는 것이다. 변증가들은 그 땅이 이스라엘의 정당한 재산이었고 사실상 그것을 훔친 것은 가나안 사람들이었다는 주장으로 다음과 같이 대답한다. "가나안 사람들은 이스라엘이 법적 소유권을 가지고 있는 땅을 소유자의 동의 없이 차지하고 있다."[1] 두 입장(공격과 방어) 모두 몇 가지 이유로 지지될 수 없다.

그 땅의 소유권이 이스라엘에 있다는 주장

해석가들이 창세기 17:8에서 아브라함에게 주어진 약속에 근거하여 이스라엘이 그 땅에 대해 보편적으로 구속력이 있는 법적 소유권을 갖고 있다고 주장하는 것은 드문 일이 아니다.[2] 그러나 성경 저자는 이스라엘 사람들이 그 땅이 이미 자신들에게 속해 있다고 믿고 있음을 암시하는 증거를 제시하지 않는다. 라합이 "이 땅을 너희에게 주신 줄을 내가 아노라"(수 2:9)라고 말할 때 그것은 아브라함과 맺은 고대의 계약이 아니라 (임박한) 장래의 정복을 가리킨다. 이것은 "여호와께서 우리에게 이 땅을 주실 때에는 인자하고 진실하게 너를 대우하리라"(수 2:14, 미래시제)라고

---

1   Paul Copan and Matthew Flannagan, *Did God Really Command Genocide? Coming to Terms with the Justice of God* (Grand Rapids: Baker Books, 2014), 62.

2   Ibid., 63.

약속하는 정탐꾼들에 의해 확인된다. 가장 강력한 것은 창세기 23장에서 아브라함이 밭을 사야 했다는 점이다. 우리는 아브라함이 "보시게. 그대도 알다시피 하나님께서 내게 이 땅을 주셨고 그 모든 것이 내게 속하네. 그러니 내가 이 굴을 사용하겠네"라고 말하지 않는다는 점에 주의해야 한다. 그 대신 아브라함은 (야웨의 약속에도 불구하고) 에브론의 법적 소유권을 인정하고 돈을 지불한다. 앞서 언급한 해석가들은 이 점에 있어서는 태도를 바꾼다. "하나님은 단순히 마음대로 [그 땅]을 넘겨주실 수 없다. 현재 거기에 거주하고 있는 시민들의 권리는 존중받아야 한다."[3] 하나님의 약속은 이스라엘에게 그 땅에 대한 어떤 종류의 법적 권리도 부여하지 않는다.

이 구분은 실제로 땅의 개념에 대한 이스라엘의 이해에 매우 중요하다. 우리가 명제 19에서 논의하는 바와 같이 정통파 이스라엘은 (다른 민족들이 인간 황제의 봉신인 것과 같은 방식으로) 스스로를 야웨의 봉신으로 생각하고, 봉신으로서 그들은 언약으로 대표되는 조약의 조항들을 따르겠다는 충성의 조건으로 땅을 관리할 수 있는 관리권을 받는다. 그들의 봉신으로서의 지위의 일부는 땅의 소유권이 봉신이 아니라 황제(야웨)에게 있음을 의미한다. 따라서 그 땅에 대한 소유권을 주장할 근거가 이스라엘에게 없다는 점은 중요하다.[4] 이 이데올로기가 패망한 도시의 "헤렘"(ḥerem)에 대한 동기이며 이로써 이스라엘은 정복한 땅에 대한 소유

---

3   Ibid., 67; Gary Anderson, "What About the Canaanites?," in *Divine Evil? The Moral Character of the God of Abraham*, ed. Michael Bergmann et al. (New York: Oxford University Press, 2010), 250에서 인용함.

4   이것은 창 14장에서 아브라함이 군사적 승리로부터 이익을 취하기를 거부한 이유이기도 하다. John H. Walton, "Genesis," in *ZIBBCOT*, 1:83-84을 참조하라.

권을 포기한다(명제 15 참조). 그러나 토지 수여는 단지 정복 이후에만, 곧 여호수아가 ("헤렘"을 통해) 그 땅을 야웨에게 넘겨드린 이후에만 공식화된다. 따라서 토지 수여가 정복이나 "헤렘"을 위한 사전의 정당한 근거로 언급될 수는 없다.

그 땅에 대한 소유권이 가나안 사람들에게 있다는 주장

고대 근동에서 신들은 책임을 지지 않는 존재로 여겨졌고 그들은 자신들이 원하는 것은 무엇이든 할 수 있었다. 이것이 이스라엘 사람들과 가나안 사람들이 야웨를 인지했던 방식이다. 가나안 사람들은 야웨께서 그들의 자연권(natural rights)을 존중하지 않으신다고 불평하지 않는다. 그러한 주장은 고대 세계에서는 무의미한 말이 될 것이다. 만약 도시나 국가가 막 멸망하려는 경우에 그 사건은 다음 세 가지 방식 중 하나로 이해된다. 신들이 그 도시에 대해 화가 나 있거나, 그 도시의 신들이 도시를 방어할 만큼 강력하지 않거나, 신들이 그 도시가 멸망할 것이라고 냉담하게 선언한 것이다.

만약 도시나 국가의 신들이 화가 나 있다면 그것은 신들이 그 도시를 버려서(또는 심지어 그것을 뒤엎어) 적의 공격을 받도록 허용했음을 의미한다. 일반적으로 성경의 저자들은 특히 바빌로니아 유수와 사사기에 나오는 압제 사이클의 경우와 관련한 이스라엘에 대해 이러한 조건을 주장하는데 다양한 내전과 분열 왕국의 전쟁들(이웃 또는 서로에 대한 전쟁)에 관련해서도 이렇게 주장한다. 고대 근동의 다른 곳에서 모압 왕 메사는 자신이 숭배하는 신 그모스의 분노가 이스라엘의 오므리로 하여금 자신의 땅을 정복하도록 허용했다고 주장한다.[5] 그리고 바빌로니아 왕 나보니두스는 바빌로니아에 대한 산헤립의 행동에 대한 반응으로 아시리아의 신들이 아시리아를 버렸다고 주장한다.[6] 열왕기하 18:25에서 산헤립은 히스기야가 야웨의 모든 산당을 헐어버렸기 때문에(왕하 18:22) 야웨께서 그가 예루살렘을 공격하는 것을 돕고 계신다고 주장한다. 물론 정복 기사의 수사법은 여호수아의 승리의 어떤 요소도 가나안 신들에게 돌리기를 원치 않는다. 따라서 본문이 가나안 신들이 가나안에 대해 화가 났다고 결코 주장하지 않는 것은 놀라운 일이 아니다. 그렇지만 만약 내러티브에 의해 신의 진노가 강조되어야 한다면 우리는 가나안 사람들이 신들을 달래려 시도하는 모습을 보리라고 기대할 것이다. 다른 곳에서 성경 본문은 이방 신이나 적의 신들을 달래려고 한 시도(왕하 3:27; 왕상 18:26-27)나 적들이 야웨를 달래려는 시도(욘 3:5-9)를 기록하는 것을 개의치 않지만 가나안 사람들의 경우에는 둘 다 기록되지 않는다. 따라서 본문이 불법 침입을 포함해 어떤 범죄로 인한 신들(야웨를 포함하여)의 분노를 강조하고자 하는 것처럼 보이지 않는다(명제 5 참조).

만약 가나안의 신들이 화가 난 것이 아니라면, 그들은 적군과 적이 섬기는 신의 공격으로부터 도시들을 방어해야 한다. 이 경우 신들이 자신들의 영역을 보호하는 능력은 그들의 상대적인 힘에 달려 있다. 열왕기하 18:33-35에서 산헤립은 아시리아 신들의 힘에 비해 자신의 이웃 나라들이 숭배하는 신들이 상대적으로 약하다는 것으로 히스기야를 조

---

5 "The Inscription of King Mesha," trans. K. A. D. Smelik, in *COS* 2.23:137

6 Sellim Ferruh Adali, *The Scourge of God: The Umman-Manda and Its Significance in the First Millennium BC*, SAAS 20 (Helsinki: The Neo-Assyrian Text Corpus Project, 2011), 144.

롱한다. 그리고 우상들의 무력함은 열방에 대한 예언적 신탁에서 자주 언급된다(명제 8 참조). 가나안 사람들이 야웨의 능력을 확실히 두려워하지만(수 2:9-11) 정복 이야기들 자체는 가나안 신들의 무력함(예를 들어 출 12:12에서 이집트 신들에 관해 암시된 것과 같이)에 대해 언급하지 않는다. 가나안 신전이 더럽혀지고, 우상이 부숴지며, 제사장들과 예언자들이 학살되었다는 기록은 없다(삼상 5-7장의 다곤 또는 왕상 18장의 바알과 비교하라). 이스라엘 사람들이 산당과 아세라 목상을 헐었다는 기록조차 없다. 이러한 강조의 결여는 정복이 단순히 신의 힘을 행사하는 것으로서 이해되도록 의도된 것이 아님을 나타낸다.

세 번째 선택지는 신들이 그들 자신의 불가해한 이유로 도시가 멸망할 때라고 결정했다는 것이다. 이러한 상황이 수메르와 우르를 위한 애가(Lament for Sumer and Ur)에 기록되어 있다. 그 애가에서는 왕권이 넘어갈 때가 되었기 때문에 도시가 멸망한다. 명제 6에서 논의된 바와 같이 이것이 정복에 의해 가장 가깝게 표현되는 상황이다. 이런 일이 발생하면 그것에 대해 인간이 할 수 있는 일은 거의 없다. 신들이 화난 것이 아니기 때문에 인간은 그들을 달랠 수 없다. 그리고 멸망의 운명을 정할 때 그들이 입게 될 손실을 이미 받아들였기 때문에 신들은 뇌물을 받을 수 없다. 인간이 할 수 있는 최선은 신들이 마음을 바꿀 때까지 가능한 한 최선을 다해 살아남는 것이다. 예를 들어 쿠타의 전설에서 야만인들이 자신의 왕국을 약탈하는 동안 나람-수엔(Naram-Suen)이 할 수밖에 없었던 것처럼 말이다. 결국 야웨께서 마음을 정말로 바꾸시지만(삿 2:21-23) 이는 그가 가나안 사람들이 그것을 얻기 위해 하는 일을 인정하시기 때문은 아니다.

그 땅에 대한 소유권이 야웨께 있다는 주장

고대 세계에서 신들은 책임을 지지 않기 때문에 신들은 그들 자신의 힘, 우주 질서에 대한 그들의 헌신, 종교 체계에서 신들의 모임인 만신전의 다른 구성원들에 대한 예의에 의해서만 제한을 받는다. 우리 현대인들은 (신들이 존재한다면) 신들조차 지지할 의무가 있는 자연권(생명, 자유, 재산에 대한)의 측면에서 우주 질서를 생각하는 경향이 있다. 그러나 고대 세계에서 우주 질서는 오직 신들의 칙령(decrees)으로만 구성된다. 그들의 칙령과 더불어 신들이 순응해야 하는 것 중 신들보다 더 높은 것은 아무것도 없다.[7] 만약 신들이 어떤 도시가 존속할 것이라고 정하면 그것은 존속한다. 만약 그들이 그 도시가 멸망할 것이라고 정하면 그 도시는 멸망할 것이다. 둘 다 우주 질서의 표현이다. 그와 같이 칙령을 발할 수 있는 어떤 신 또는 신들이 자신들이 원하는 자에게 땅을 할당할 수 있다.

이 점에 있어서 야웨는 고대 근동의 다른 신들과 비슷하게 묘사된다. 언약의 존재는 우리가 이스라엘이 하나님께 책임을 물을 수 있는 권리라고 칭할 수 있는 것(즉 그들의 충실성을 조건으로 하는 언약적 축복)을 이스라엘에게 허용하지만 이러한 협정은 지금까지 고대 세계의 다른 곳에서 증

---

7   이것은 신들이 우주에서 절대적 권위자였다고 말하는 것이 아니다. 신들은 MES라고 불리는 신성을 초월하는 제어 속성들(metadivine control attribute)의 구조 안에서 일하지 않을 수 없었다. MES는 (무엇보다도) 만신전의 계층 구조 내에서 신들의 기능을 결정했다. 그러나 MES가 신들이 **할 수 있는** 일을 제한했지만 신들이 **해야 하는** 일을 지시하지는 않았다. 신성을 초월하는 구조들은 신들의 능력이나 도덕성을 측정하는 기준이 아니라 신들의 힘에 대한 제한이었다. MES에 대한 논의는 John Walton, *Ancient Near Eastern Thought and the Old Testament* (Grand Rapids: Baker Academic, 2006), 97-99을 참조하라. 『고대 근동 사상과 구약성경』(CLC 역간).

명되지 않으며, 성경에서는 이스라엘 밖 누구에게도 적용되지 않는다(명제 8 참조). 그렇지만 고대 세계는 신성한 영토라는 개념을 확실히 가지고 있기 때문에 성경 본문이 그 땅을 불법 침입이 신에 대한 처벌 가능한 범죄가 되는 지역으로 묘사하는지 여부를 검토하는 일은 가치가 있다.

첫 번째 잠재적 표지는 출애굽기 15:17에서 그 땅을 성소로 언급한 것이다. 고대 세계에서 신들은 어느 곳에서 천상계와 지상계가 접하는가에 기초해 그들의 신전이 놓일 장소를 택했다. 창세기 28:12-17에서 야곱은 (우연히) 벧엘에서 그러한 장소를 발견한다(창 28:17, "이는 하늘의 문이로다").[8] 그러나 그 땅 전체가 이와 같다는 표시는 없다. 더욱이 중앙 성소는 벧엘에 세워지지 않는다. 그리고 실제로 벧엘은 정복 기사에서 특별히 중요한 장소로 크게 다뤄지지 않는다(삿 1:22-25에서 벧엘은 하나의 여담으로서 정복된다). 예루살렘 성전이 건축된 장소는 하늘 문이 아니라 사무엘하 24:16에서 역병이 그친 장소로 유명하다. 예루살렘(곧 출 15:17에 나오는 "성소"와 평행을 이루는 "거룩한 산" 시온)도 마찬가지로 정복 기사에서 크게 다루어지지 않고 실제로 다윗이 정복할 때까지 야웨께서 쫓아내기를 거부하신 자들의 소유로 남아 있다. 이것은 특히 신성한 땅에서 타락한 영향을 제거하는 것이 정복의 최우선 순위가 아님을 나타낸다.

두 번째 잠재적 표지는 하나님이 "[그 땅을] 주의 처소를 삼으시려고"(출 15:17) 하셨고 그 땅이 하나님께서 "[그의] 이름을 두려고 택한 곳"(느 1:9)이라는 진술이다. 우리는 이것을 명제 19에서 더 자세히 논의할 것이지만, 지금으로서는 야웨의 이름이 정복 후까지도 그 땅에 거하지

8　Walton, "Genesis," 1:106-7.

않는다는 점에 주목할 것이다. "내 이름을 두려고 택한 곳"은 일반적으로 예루살렘 성전을 가리키지만 예루살렘 성전은 여호수아 시대에 존재하지 않는다. 따라서 그 땅에서 가나안인의 존재가 야웨의 이름을 욕되게 할 수 없다. 레위기 18:25에서 그 땅이 더러워졌다는 말이 무엇을 의미하는지에 대해서는 명제 11을 참조하라.

세 번째 잠재적 표지는 레위기 25:23에서 "토지(the land)는 다 내 것임이라"라고 하신 야웨의 말씀이다. 그러나 문맥상 이 구절은 특별히 언약 아래 있는 이스라엘의 봉신 지위를 가리킨다. "토지는 다 내 것임이니라. 너희는 거류민이요 동거하는 자로서 나와 함께 있느니라." 가나안 사람들은 야웨의 봉신이 아니므로 언약의 조항이 그들에게 적용되지 않는다. 시편 24:1은 "땅과 거기에 충만한 것과 세계와 그 가운데에 사는 자들은 다 여호와의 것이로다"라고 말한다. 하지만 이것은 야웨의 소유인 모든 것의 특별한 지위에 대한 주장이 아니라 명백히 신적 특권에 대한 호소다. 만약 그렇다면 논리적으로 그 땅의 거주민들뿐만 아니라 온 땅이 불법 침입(trespassing)에 대해 "헤렘"의 대상이 되어야 한다고 요구될 것이다. 그러므로 이스라엘 땅이 야웨의 특별한 재산이며 거기에 사는 사람들이 그 땅을 침범함으로 말미암아 특정한 범죄를 저질렀다는 본문상의 표지는 없다.

정복과 관련하여 오늘날 제기되는 비난은 야웨께서 야만적이고 부도덕한 방식으로 가나안 사람들의 권리를 침해하고 계신다는 점이다. 그러나 이러한 이의는 문맥상 본문과 아무런 관련이 없다(본문에는 인권이나 신적 도덕성[divine morality]과 같은 것이 없다). 문맥상 본문은 야웨는 누구든 자신이 원하는 자에게 땅을 분배하실 수 있기 때문에 그분이 원하는 자에게 땅을 분배하신다는 것을 나타낸다. 그러나 문맥상 이것은 신에 대한 정의의 일부이며(삿 11:24에서 그모스도 그것을 할 수 있음) 특별히 중요하지 않다. 본문은 야웨께서 이스라엘에게 땅을 **확실히 주셨다**는 점을 강조하지만 야웨께서 땅을 이스라엘에게 **주실 수 있었다**는(즉, 야웨께서 그것을 행하실 법적인 권리를 가지고 계신다는) 개념에 특별한 중요성을 두지 않는다.

반면에 본문의 불가해한 신적 특권은 일반적으로 변증가들이 야웨가 그 땅의 정당한 소유자라고 말할 때 그들이 의미하고자 하는 것이 아니다. 만약 그 주제에 대한 논쟁이 불가피하다면 적절한 비유는 재산권에 대한 호소가 아니라 오히려 수용권(eminent domain)이다. 수용권은 정부가 법적 권리를 갖고 있는 무언가다. 하지만 그 권리를 행사하는 것이 공무(civil service)인지 폭정인지의 여부는 그것이 사용되는 맥락에 달려 있다. 정부가 단순히 법적 권리를 보유하고 있다고 해서 반드시 정당화되는 것은 아니다. 행동의 관찰자들(또는 희생자들)이 그 행동에 대해 만족해하지 않는다고 해서 정부가 반드시 비난받는 것도 아니다. 공적인 사용을 위해 재산을 수용하는 것의 옳고 그름은 재산을 수용하는 특정 행위와는 아무 관련이 없고 그 재산이 사용되는 목적과 관련이 있다. 정복은 같은 방식으로 작용한다. 행동의 가치는 그 행동의 세부 사항에 의해 결정되지 않고 그 행동이 성취하려는 목적에 의해 결정된다. 그러므로 정복은 관련된 당사자들의 법적 권리가 아니라 그것이 수행된 목적에 기초하여 (긍정적으로든 부정적으로든) 평가되어야 한다. 그 땅에 대한 소유권이나 그것에 대한 권리는 여기서 쟁점이 아니다. 그리고 본문이 그것들을 강조하지 않기 때문에 변증가들도 그것들을 강조해서는 안 된다.

가나안 사람들은
하나님의 율법을 어기는 죄를 범한 것으로
묘사되지 않는다

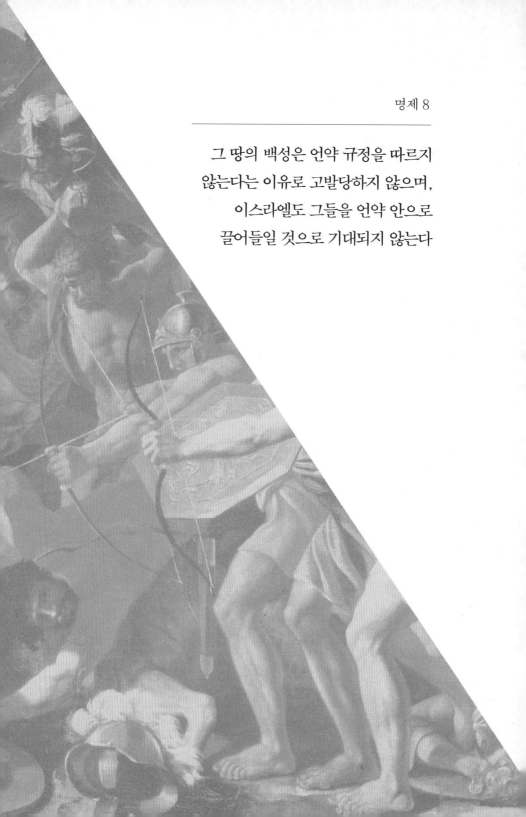

그 땅의 백성은 언약 규정을 따르지
않는다는 이유로 고발당하지 않으며,
이스라엘도 그들을 언약 안으로
끌어들일 것으로 기대되지 않는다

언약을 하나님이 정하신 보편적 도덕률의 개요로 잘못 해석할 때 발생하는 더 주목할 만한 결과 중 하나는 옛 언약의 목적이 심하게 오해된다는 점이다. 많은 해석가가 이 보편적 도덕률을 범한 죄로 온 세상이 정죄 아래 놓였지만 하나님이 모세를 통하여 주신 모든 규례를 지키면 구원받을 수 있다고 믿는다. 결과적으로 정복은 가나안 사람들에게 구원과 심판 사이에서 선택을 제공하는 선교적 노력으로 해석된다. 구원은 라합의 개종에 의해 예시되고 심판은 "헤렘"(herem)에 의해 수행된다.[1] 이 해석에 의하면, 결국 이스라엘은 온 세상이 언약 아래 들어올 때까지 모든 곳에서 모든 사람을 개종시켜야(또는 묵시적으로 멸망시켜야) 했다. 앞으로 살펴보겠지만 이 해석의 모든 측면은 잘못된 것이다. 다음 몇 가지 명제에 걸쳐 논하겠지만, 정복이 실제로 언약을 세우는 것에 관한 것이었고 가나안 민족들의 멸망이 본질적으로 그들이 언약에 포함되지 않은 것과 관련이 있었지만, 그 개념들이 서로 어떻게 관련되는지에 대한 논리는 일반적으로 추정되는 것과 다르다. 이 문제를 명확히 하기 위해 구약에서 선교의 주제로 종종 언급되는 것에 잠시 주의를 기울이는 것이 중요하다.

구약에서 선교를 위한 정당화와 그것의 결점들

성서신학의 맥락에서 해석자가 선교에 대한 용법을 자신의 목적에 맞게 만들어내기 때문에 선교는 유연한 경향이 있는 다소 모호한 개념이다. 선

---

1   라합에게 일어나는 일에 대한 더 나은 이해는 명제 18을 참조하라.

교에 대한 정의들은 복음전도(evangelism)에서 교회일치 운동(ecumenism), 다문화주의(multiculturalism)에 이르기까지 다양한 주제를 포괄한다. 그러나 우리는 특히 이스라엘이 (개인적으로 또는 집단적으로) 비이스라엘인들을 언약에 참여하도록 격려하거나 위협하거나 다소 다른 방식으로 모집할 것으로 기대되었다는 생각에 관심이 있다.

이 옛 언약의 목적으로서의 선교 개념은 부분적으로 명제 3에서 논의된 현대의 진보 개념에서 파생된 것이다. 구체적으로 말하면 이 개념은 옛 언약이 법과 전쟁을 통하여 새 언약의 죄 용서와 가서 제자 삼으라는 명령과 동일한 목적을 성취하려고 했다는 것이다. 결과적으로 앞서 논의된 바와 같이 우리는 이러한 옛 언약 방법론들을 열등하거나 심지어 멸시할 만한 것으로 보는 경향이 있다. 그러나 진보에 대한 가정은 또한 우리로 하여금 구약 자체의 범주들을 자체의 방식으로 검토하는 대신에—"선교사들"이나 "죄인들"과 같은—신약의 똑같이 넓고 개념적인 범주들을 구약의 내러티브 위에 놓도록 이끈다.

다시 말하거니와 절차 개념이 진보의 개념에 대한 대안적인 접근 방식이 될 수 있는데 우리는 케이크 굽기의 은유를 다시 한번 사용할 수 있다. 각 단계가 어떤 식으로든 케이크에 기여할지라도 우리는 모든 단계가 동일한 방식으로 동일한 것에 기여할 것이라고 기대하지 않는다. 우리는 "말린 재료들을 혼합하라"의 단계가 재료들 사이에 마찰을 일으킴으로써 "30분 동안 구워라"의 단계가 오븐에서 하는 일과 똑같은 일을 한다고 상상하지 않을 것이다. 그러나 우리가 모든 성경 언약이 동일한 목적을 성취하려 했다고 가정할 때 우리는 본질적으로 이런 일을 하고 있는 셈이다. 옛 언약의 목적은 명제 20에서 논의될 것이다. 지금으로서는 구약이 문맥상 가나안 민족들이 율법 아래서 정죄를 받은 것으로 묘사하지도 않고 이스라엘의 전쟁을 일종의 원시적인 옛 언약의 지상명령(Great Commission)으로 묘사하지도 않는다는 점을 인식하는 일이 중요하다. 구약 본문은 문맥상 그 자체의 개념적 범주들을 갖고 있으며 그 범주들은 신약의 범주들과 다르다. 우리는 이제 이것들을 검토할 것이다.

민족들에 대한 저주

하나님이 일종의 보편적 도덕률을 갖고 계시며 사람들이 그것을 범했기 때문에 모세의 언약에 순종함으로써 하나님의 진노에서 구원받아야 한다는 생각은 일반적으로 비이스라엘인들이 진노를 경험하는 예들을 살펴봄으로써도 뒷받침된다. 이 추정상의 형벌에 대해 가장 자주 인용되는 사건은 물론 정복이지만,[2] 민족들에 대한 다양한 심판 신탁도 인기가 있다. 그러나 이 본문들이 정말로 야웨의 율법을 범한 것에 대해 민족들을 고발하고 있는가?

민족들에 대한 심판 신탁과 관련하여 주목해야 할 가장 중요한 것은 직접적인 청중은 문제의 민족이 아니라는 점이다. 우리는 예언자가 메시지를 그가 말하는 통치자나 민족의 백성들에게 전달했다고 상상해서는 안 된다.[3] 신탁은 이스라엘에서 이스라엘 사람들에게 전달된다.[4] 이렇게

---

2   예를 들어 Christopher J. H. Wright, *The Mission of God* (Downers Grove, IL: IVP Academic, 2006), 457을 참조하라. 『하나님의 선교』(IVP 역간).

3   "[신탁들이] 언제나 지명된 수신자들에게 전달되었다는 증거는 없다." Philip S. Johnston, "Amos," in *ZIBBCOT*, 5:58.

4   "비록 이방 민족들을 향한 것들이지만 이 신탁들은 주로 이스라엘 사람들이 듣도록 의도된

한 이유는 언약에 대한 이스라엘의 불충실이 민족들을 모방하고자 하는 열망에 근거하기 때문이다. 예언자는 이스라엘 청중이 칭송하고 모방하는 민족들을 정죄함으로써 이스라엘도 정죄한다.

민족들에 대한 기소가 이스라엘의 언약에 충실함으로써 또는 심지어 어떤 보편적 원칙에 충실함으로써 교정된다고 여겨지는 죄와 통상적으로 일치하지 않는다는 점도 주목할 가치가 있다. 정죄 중 다수는 이스라엘에 대해 취한 (보통 군사적) 행동들 때문이다(예. 렘 49:1). 더욱이 레위기 18장에 기술되어 있는 종류의 성적 탈선 또는 자녀를 바치는 희생제사가 모든 레반트 지역 문화의 공통된 관행이었다는 일부 해석가들의 주장에도 불구하고 사실상 그런 관행들은 눈에 띄게 결여되어 있다.[5] 훨씬 더 놀라운 것은 어떤 종류이든 우상숭배에 대한 정죄가 없다는 점이다.[6] 그들은 확실히 우상숭배를 행했는데 그들이 이로 인해 정죄받지 않은 것과는 대조적으로 우상숭배는 이스라엘에 대한 가장 흔한 고발 사

것들이다." Steven Voth, "Jeremiah," in *ZIBBCOT*, 4:335.

5   예를 들어 "가나안 사람들의 숭배는 도덕적으로 부패했다. 그들의 종교적 관행은 인간의 삶과 경험을 타락시키고 손상시켰다. 이 농업의 신들은 다산을 촉진하기 위해 특정한 제식 행위를 요구했다.…가나안의 숭배는 사회적으로 파괴적이었다. 그것의 종교 행위는 음란하고 병적이며 아이들에게 심각한 해를 입히고 도덕적 행동에는 관심이 없는 신들이라는 인상을 주었다. 가나안의 숭배는 종교적 칭호를 사용함으로써 수간(bestiality)과 부패와 같은 타락한 행위들을 고귀하게 포장하려고 노력했다." Raymond Brown, *The Message of Deuteronomy* (Downers Grove, IL: InterVarsity Press, 1993), 145-46. 또한 Paul Copan, *Is God a Moral Monster? Making Sense of the Old Testament God* (Grand Rapids: Baker Books, 2011), 159-60을 참조하라. 그리고 정도는 덜하지만 Richard S. Hess, "Leviticus," in *Expositor's Bible Commentary*, ed. Frank E. Gaebelein (Grand Rapids: Zondervan, 1992), 1:737을 참조하라. 여기서 죄를 범하는 민족들 목록에 이집트가 포함된다(이집트는 정복의 초점이 아니다).

6   우상숭배를 모든 악과 죄의 뿌리로 묘사하는 많은 선교학적 해석가들의 주장에 비추어볼 때 특히 주목할 만하다.

항이었다. 민족들이 (고대 근동에서 개념이 이해되었던 대로) 빈번하게 질서를 유지하지 못한다는 비난을 받지만 이러한 범죄들은 어떤 고대 근동의 신에 의해서도 처벌받을 수 있었을 것이고 야웨 또는 구체적으로 야웨의 율법을 어기는 범죄를 나타내지는 않는다. 명제 3에서 논의된 바와 같이 질서에 대한 고대 세계의 이상을 선에 대한 하나님의 궁극적 이상과 혼합해서는 안 된다. 이러한 본문들은 야웨께서 고대 근동의 맥락에서 신의 적절한 기능을 수행하고 계신 것을 묘사하기 위해 고안된 것이지, 어느 때 어느 곳에서든 야웨의 진노를 가져올 범죄들을 묘사하기 위해 고안된 것이 아니다.

많은 해석과는 대조적으로 요나는 이것의 예외가 아니다. 실제로 이방 도시를 방문한다는 점에서 요나가 독특하지만,[7] 요나는 회개하라는 요청은 전하지 않고 단순히 멸망에 대한 선언만 전한다. 니느웨 사람들에게 구원을 위한 선택이 제공되지 않는다.[8] 심지어 그들이 집행 유예를 받았을 때에도 그들이 야웨 신앙(Yahwism)으로 개종함으로써 사면을 받았다는 증거는 없다.[9] 구약성서 어디에도 이스라엘의 총회에 참여하도록 적극적으로 설득당하거나(룻은 실제로 그렇게 하지 말라는 설득을 받는다. 룻 1:11, 15) 또는 그렇게 하지 않았거나 그렇게 하기를 거부한 것에 대해 벌을 받은 사람의 예는 없다.

---

7   Kevin J. Youngblood, *Jonah*, Hearing the Message of Scripture: A Commentary on the Old Testament (Grand Rapids: Zondervan, 2013), 53.

8   Jack M. Sasson, *Jonah*, AB (New York: Doubleday, 1990), 87.

9   John H. Walton, "Jonah," in *Expositor's Bible Commentary*, 8:452-90, 특히 457-58, 479-84.

정치적 범죄로서의 이스라엘의 우상숭배

많은 선교 신학자들은 우상숭배가 원칙적으로 특히 하나님께 가증한 것이라고 가정하기 위해 이스라엘의 우상숭배를 정죄한다. 크리스토퍼 라이트(Christopher Wright)에 따르면, "우상숭배는 하나님의 진노를 일으키는 것의 영역 안에 [있다].…그것은 악덕과 사악함의 범주 안에서 나타나며 인간 삶의 모든 측면을 오염시킨다."[10] 그러나 이 해석은 안셀무스(Anselm)의 속죄 모델(이 모델에서는 하나님께 합당한 영예를 드리지 않음으로써 초래되는 하나님의 진노를 달래기 위해서는 피의 희생이 요구된다)을 구약에 시대착오적으로 부과한 해석에 기초해 있으며 구약 자체의 내용을 통해 보증되거나 지지받을 수 없다. 이스라엘 이외의 어떤 민족도 다른 신들을 섬기는 것에 대해 질책을 받은 적이 없다. 비록 다른 민족의 신들이 그들을 보호할 수 없다는 것이 때때로 경멸적으로 언급될지라도 말이다(예를 들어 렘 48장). 그러나 문맥상 이것은 개종을 암시하는 요구로 해석되어서는 안 된다. 산헤립은 비슷한 방식으로 자신의 희생자들의 신들을 조롱하지만(왕하 18:33-35), 조롱의 목적은 아슈르(Aššur)의 제자를 만드는 것이 아니다. 의도된 반응은 두려움, 절망, 항복이다. 모압은 예레미야로부터 그모스에 대한 조롱을 받지도 않는다. 설령 그들이 조롱을 받는다고 하더라도 그들은 결과적으로 야웨께로 돌아설 것으로 기대되지 않는다. 모압 사람들은 특별히 이스라엘 총회에 들어오는 것이 금지되었다(신 23:3). 민족들에 대한 신탁의 목적은 야웨가 무기력해서 이스라엘을 보호하지 못하

---

10 Wright, *Mission of God* (2006), 179.

는 것이 아님을 이스라엘에게 상기시키는 것이다. 야웨는 이스라엘에 대한 범죄에 대해 이스라엘의 이웃들을 멸망시키고 계시고(예. 렘 48:27),[11] 그들의 부지런한 섬김에도 불구하고 그들의 신은 그들을 구원할 수 없다(렘 48:35).[12] 신탁의 목적은 모압 사람들에게 야웨께서 그모스에게 분향한 것에 대해 그들에게 진노하신다고 설명하는 것이 아니다. 그 목적은 비록 모압이 그모스에게 분향할지라도 그모스가 그들을 구원할 수 없다는 점을 **이스라엘 사람들에게** 설명하는 것이다. 이스라엘이 마찬가지로 그모스에게 분향하더라도 그모스는 그들도 구원할 수 없을 것이다. 그러나 만약 우상숭배가 본질적으로 부도덕한 것이 아니라면 왜 이스라엘은 우상숭배를 행한 것에 대해 그토록 가혹하게 벌을 받을까? 대답은 이스라엘에게 있어서 그 행위의 잘못은 그 행위 자체에 있는 것이 아니라 그것이 수행되는 맥락이라는 것이다. 예를 들어 어떤 사람과 데이트하는 관행에는 본질적으로 잘못된 것이 없다. 하지만 데이트가 결혼하지 않은 사람에게는 여전히 받아들여질 수 있는데도 당신이 결혼하게 되면 갑자기 데이트가 매우 잘못된 것이 된다. 결혼이 바로 성경이 언약에 대해 사용하는 은유라는 점에 주목할 가치가 있다. 만약 내가 이웃의 아내와 동침하면 그것은 간음으로 간주되고 그것은 잘못된 것이다. 하지만 이웃이 자기 아내와 동침하면 비록 같은 여자와 같은 행위를 한 것이라 하더라도 그것은 잘못이 아니다. 그 잘못의 근원은 행위의 본질이나 그 행위를 받는 사람 안에 있지 않고 참여자들 사이의 관계 안에 있다. 이스라엘에서

---

11 William L. Holladay, *Jeremiah 2*, Hermeneia (Minneapolis: Fortress, 1989), 360.

12 예를 들어 이방 신들의 무기력은 사 16:11-12; 21:9; 렘 50:38; 51:17-18, 52; 겔 30:13; 합 2:18-20; 나 1:14에서도 (종종 명시적으로) 언급된다.

그 관계는 언약에 의해 규정된다. 우상숭배의 죄는 하나님이 모든 인류에게 요구하시는 합당한 존경을 하나님께 드리는 데 실패하는 것이 아니다. 오히려 그것은 하나님이 이스라엘과 맺은 언약을 깨뜨린 것이다. 언약 밖에 있는 사람들은 깨뜨릴 언약이 없기 때문에 이 죄를 범할 수 없다.

고대 세계의 신들은 자신들의 숭배자들과 언약을 맺지 않는다. 언약은 일반적으로 왕과 그의 신하들 사이에서 이루어진다. 명제 19에서 더 자세히 살펴보겠지만 이스라엘의 언약은 종주(sovereign)와 봉신(vassal) 사이의 법적 조약의 형태를 취한다. 따라서 이스라엘은 (아시리아인들이 아슈르와 관계를 맺는 것처럼) 수호신(patron deity)으로서 야웨와 관계를 맺지만, 또한 (아시리아의 봉신이 아시리아 왕과 관계를 맺는 것처럼) 황제로서 야웨와 관계를 맺는다. 대다수의 해석가는 우상숭배의 죄가 본질적으로 신학적이거나 교리적이며 따라서 우상숭배의 죄는 신과의 부적절한 관계와 관련이 있다고 가정한다.[13] 그러나 사실상 우상숭배가 언약에 대한 위반이고 언약은 신이 아니라 왕과 맺는 것이기 때문에 이스라엘이 저지른 우상숭배는 그들의 하나님으로서 역할을 하는 야웨가 아니라 그들의 왕으로서 역할을 하는 야웨께 모욕적이라는 것이 더 논리적으로 보인다. 고대의 봉

---

13 일반적으로 이 가정은 성경이 우리가 유일신론(monotheism)이라고 부르는 이데올로기를 특별히 옹호한다는 생각에 기초하여 만들어진다. 예를 들어 Wright, *Mission of God*, 71, 126-35을 참조하라. 그러나 문맥 속에서 본문을 더 주의 깊게 읽으면 이것이 사실이 아님이 드러난다. 고대 이스라엘의 종교의 맥락에서의 유일신론과 이 단어에 대한 현대적 이해에 관한 논의는 Mark S. Smith, *The Origins of Biblical Monotheism* (New York: Oxford University Press, 2001), 10-14; Andreì Lemaire, *The Birth of Monotheism: The Rise and Disappearance of Yahwism* (Washington, DC: Biblical Archeological Society, 2007), 43-47을 참조하라.

신 조약을 검토할 때, "너는 너 위에 다른 어떤 권세도 바라지 말라",[14] "너 자신 위에 다른 왕이나 다른 군주를 두지 말며, 다른 왕이나 다른 군주에게 맹세하지 말라"와 같은 언어를 볼 수 있다.[15] 그러므로 우리는 이스라엘에서의 우상숭배는 종교적 배교―다른 하나님을 숭배하는 것―가 아니라 정치적인 반역이라고 결론지어야 한다. 특히 이것은 정확히 성경 자체가 언약적 불충실에 대해 제시하는 말이다(예. 렘 3:13). 그러나 야웨는 이스라엘 외에 다른 민족과는 봉신 조약을 맺지 않으셨다. 그러므로 다른 민족들은 반역할 수 없다.

민족들에 대한 빛

구약의 선교를 옹호하기 위해 인용된 더 일반적인 증거 본문 중 일부는 이스라엘이 "이방의 빛"(사 49:6)이라는 개념과 관련된 본문들이다.[16] 바울이 사도행전 13:47에서 자신의 목적을 위해 이 구절을 사용하지만 그것은 우리에게 이 구절이 이사야의 원래 청중에게 무엇을 의미했는지에 대해 아무것도 알려주지 않는다. 우리에게는 이것이 어떤 종류이든 (진보에 대한 우리의 가정을 제외하고는) 구약의 지상명령이었다고 가정할 이유가 없다. 그럼에도 그것이 의미가 없는 것도 아니다. 이방의 빛이 된다는 것이 의미하는 바의 본질이 스가랴 8:23에 요약되어 있다. "그날에는 말이

---

14 Gary Beckman, *Hittite Diplomatic Texts* (Atlanta: SBL, 1996), 72.

15 Simo Parpola and Kazuko Watanabe, *Neo-Assyrian Treaties and Loyalty Oaths* (Winona Lake, IN: Eisenbrauns, 2014), p. 31, 68-72행; 34, 129행; 41, 301행.

16 예를 들어 Walter C. Kaiser, *Mission in the Old Testament* (Grand Rapids: Baker, 2000), 57 를 참조하라. 『구약성경과 선교』(CLC 역간).

다른 이방 백성 열 명이 유다 사람 하나의 옷자락을 잡을 것이라. 곧 잡고 말하기를 '하나님이 너희와 함께하심을 들었나니 우리가 너희와 함께 가려 하노라' 하리라"(슥 8:23). 유대인들을 따르는 사람들은 이방인들이지 그 반대가 아님을 주목하라.[17] 이스라엘의 목적은 개종자를 만드는 것이 아니다. 그것은 사람들이 잠재적으로 개종할 수 있는 무언가, 즉 하나님이 함께하시는 민족과 나라를 만드는 것이다.

그렇지만 중요한 것은 그들이 언약을 지키고 형통하든 언약을 깨뜨리고 멸망을 당하든 하나님이 그들과 함께하신다는 점이다. 전자의 경우 이스라엘은 민족들의 선망의 대상이 된다. 후자의 경우 이스라엘은 웃음거리가 된다. 언약의 목적은 이스라엘(또는 다른 사람)을 축복하는 것—비록 언약이 이것을 성취할 수 있을지라도—이 아니다. 아브라함의 축복은 시내산 언약(이것은 아브라함에게 하신 야웨의 약속의 성취로 결코 인용되지 않는다)이 아니라 구체적으로 아브라함 가족이 그 땅을 소유하는 것을 의미한다. 에서(에돔), 암몬, 모압은 모두 이스라엘처럼 아브라함의 축복의 성취로 그들의 기업을 받는다(신 2:9-22). 그들 중 어느 누구도 언약을 받지 않고 거룩하다고 선언되지 않으며 야웨께서 그들 앞에서 쫓아내신 민족 중 어느 하나도 어떤 식으로든 저주를 받지 않을지라도 말이다(신 2:21-22). 이스라엘의 목적, 언약에의 참여, 거룩한 지위는 인류에 대한 하나님의 진노를 가라앉히거나 하나님이 미워하시는 것들을 세상에서 제거하는 것과 아무 관련이 없다. 그들은 하나님이 자신을 드러내시는 매개체가 됨으로써 이방의 빛이 될 것이다. 우리는 이것을 명제 16에서 더 검토할

---

17 또한 에 8:17도 참조하라.

것이다.

이사야서(예를 들어 사 2:2-4)와 몇몇 시편에서 발견되는 순례 모티프도 마찬가지다. 순례자들이 모든 나라**에서** 예루살렘**으로** 온다. 이스라엘이 가서 예루살렘을 열방에게로 가져가지 않는다. 예언자들로도 하지 않고(심지어 요나도 아무도 개종시키지 않는다), 선교사들로도 하지 않으며, 확실히 군대로도 하지 않는다. 암몬과 모압 출신이 아니라면, 이방인들은 원하면 이스라엘의 총회에 들어갈 수 있지만(신 23:3) 이들의 배제는 언약이 보편적이지 않음을 나타낸다. 이 사람들이 금지되는 이유가 죄에 대한 형벌이라고 주장할 수도 없다. 왜냐하면 고자들도 총회에 들어가지 못하지만(신 23:1) 고자가 되는 것은 죄가 아니기 때문이다. 그러나 이스라엘이 다른 민족들을 개종시켜 흡수하기로 되어 있던 것이 아니라는 가장 주목할 만한 증거는 그 땅 안에 있는 도시들에 대한 취급(신 20:16-18)과 그 땅 밖에 있는 도시들에 대한 취급(신 20:10-15)이 다르다는 것이다. 이스라엘 민족은 결코 그 땅 밖에서 적용되도록 의도되지 않은 방식으로 그 땅에 세워진다(세워져야 한다). 문화적으로(그리고 행동상으로) 단과 브엘세바 사이에 사는 민족들과 바로 이웃한 북쪽이나 남쪽에 사는 민족들 사이에는 차이가 없다. 그러나 이스라엘은 후자와 조약을 맺고 그들과 함께 행복하게 사는 것이 허용된다. 그 사람들이 (야웨의 축복 때문에) 이스라엘을 시기하여 이스라엘 사람이 되기를 원할 수 있지만 그들이 그렇게 할 것으로 기대되었다거나(또는 그렇게 하는 경향이 있었다거나) 그들이 그렇게 하지 않은 것에 대해 어떤 식으로든 처벌을 받을 것이라는 징후는 없다. 우리는 소위 구약의 선교학적 초점이 일반적으로 본문 자체에서는 발견되지 않지만 더 큰 정경적 관점(구약을 신약의 개념적 범주로 해석) 또는 메타내러티브

(metanarrative, 역사를 진보로 보는 우리의 현대적 개념)에 의해 본문에 부과된다고 제안했다. 이와 관련하여 우리는 구약이 우상숭배로 인해 열방을 고발하지도 정죄하지도 않는다는 점을 보여주었다. 우상은 무력하고 이스라엘이 우상을 섬기는 것은 언약 위반이지만, 열방은 언약 아래 있지 않으므로 그것을 어길 수 없다. 이방의 빛으로서 이스라엘의 역할은 그들에게 열방을 개종시키기 위해 열방으로 나가는 임무를 부여하지 않으며, 만약 그들이 하나님의 언약 백성으로서 잘 섬기면 열방이 그들에게로 올 것임을 암시한다. 결과적으로 우리는 이스라엘의 가나안 정복이 가나안 사람들의 우상숭배나 그들이 언약 백성에 합류하기를 거부한 것 때문에 그들을 멸절시키는 것으로 해석될 수 없다는 결론을 내릴 수 있다.

그러나 선교를 옛 언약의 목적으로 삼는 통상적인 이유는 선교를 새 언약의 목적으로 삼고 진보 이념에 입각하여 두 언약이 동일하다고 가정한 결과라는 점은 주목할 가치가 있다. 선교는 새 언약의 목적**이다.** 그리고 우리가 문맥 속에서 옛 언약을 해석하는 방법은 그 결론에 어떤 영향도 끼치지 않는다. 두 언약은 동일하지 않다. 새 언약은 선교와 관계가 있지만 옛 언약은 그렇지 않다. 신약의 가르침과 문맥 내에서의 구약 사이의 관계에 대한 논의는 명제 20과 명제 21을 참조하라.

추기: 구약에서의 귀신들과 우상숭배

우상이 어떻게든 하나님에 대한 악마적 적의를 나타낸다는 믿음이 우상숭배가 모든 악의 뿌리이며 이스라엘 언약의 확장에 의해 근절되어야 한다는 가정을 합리화하는 대중적인 요소다. "구약은 우상숭배를 악마적 존재들—즉 하나님께 반역한 하나님의 우주적 원수들—과 연결시킨다. 가나안의 우상과 거짓되고 부도덕한 숭배를 일소하라는 하나님의 명령은 야웨와 그분의 통치에 반대하는 어둠의 세력 사이에서 벌어지는 우주적 전쟁을 예시한다."[18] 이 해석은 시대착오적이며 구약 자체의 어떤 것으로부터도 파생될 수 없는 해석이다.

구약의 우상이 악마적이라는 주장의 가장 일반적인 출처는 고린도전서 10:20이다. "무릇 이방인이 제사하는 것은 귀신에게 하는 것이요 하나님께 제사하는 것이 아니니"(고전 10:20). 그러나 문맥상 바울은 우상이 모든 시대와 모든 장소에서 실제로 어떻게 일하는지에 대한 우주적 계시를 제공하고 있지 않고, 그리스-로마 종교가 스스로 주장하는 무언가에 관하여 소견을 진술하고 있다. 바울과 동시대에 활동한 그리스 철학자 플루타르코스(Plutarch)는 "정령들"(demons)이 하늘에 있는 신들과 지상에서 일어난 인간의 종교 활동 사이에서 중재자 역할을 했다고 기록한다.[19] 그리고 플라톤(Plato)도 그보다 400년 앞서 거의 비슷한 말을 했다.[20] 그러나 그리스-로마 종교가 (우리 현대인들이 일반적으로 이 용어를 이

---

18 Copan, *Is God a Moral Monster?*, 167.

19 "신이…의식에 참석하여 그것을 진행하는 데 도움을 준다고 상상하지 말자. 이 문제들을 저 신의 성직자들에게 위임하자. 하인이나 서기에게처럼 그들에게 위임하는 것이 옳다. 그리고 반신반인들(demigods[*daimonas*, "정령들"])이 신들의 신성한 의식의 수호자이며 미스테리아(Mysteries) 의식에서 후견인들(prompters)임을 믿자." *Obsolescence of Oracles* 417. In *Plutarch: Moralia V*, trans. Frank Cole Babbitt, Loeb Classical Library 306 (Cambridge, MA: Harvard University Press, 1999), 389.

20 플라톤은 정령들에 대해 다음과 같이 말한다. "인간의 일을 신들에게 그리고 신들의 일을 인간에게 해석하고 전달한다. 아래로부터는 간청과 희생제물을, 위로부터는 법령과 보상을…[정령]을 통하여(*to daimonion*) 모든 점술과 희생제사와 의식과 주문에 관한 사제의 지략과 모든 복술과 마법이 전달된다." *Symposium* 202e. In *Plato: Lysis, Symposium, Gorgias*, trans. W. R. M. Lamb, Loeb Classical Library 166 (Cambridge, MA: Harvard

해하는 방식과는 달리 그 문화가 이 용어를 이해한 대로) 정령들을 제의 시스템(ritual system)의 운영에 포함시킨 반면 고대 근동은 그렇게 하지 않았다.

유대인에게 "다이모니온"(*daimonion*, "귀신")이란 단어는 그것이 플라톤주의자에게 의미한 것과는 다른 것을 의미했다. 그러나 바울이 어떤 의미를 의도하는지는 중요치 않다. 왜냐하면 그의 관찰은 우상의 형이상학이 아니라 공동 정체성(co-identity)에 관한 것이기 때문이다(이는 그가 고전 10:19-20에서 우상은 아무것도 아니라고 말하는 이유다). "너희가 주의 잔과 귀신의 잔을 겸하여 마시지 못하고 주의 식탁과 귀신의 식탁에 겸하여 참여하지 못하리라"(고전 10:21; 명제 16에서 공동 정체성 개념 참조). "식탁에 참여한다"는 것은 동일시(co-identification)와 공동체에 대한 관용구다.[21] 갈라디아서 2:12에서 이방인과 함께 먹는 것(또는 먹지 않는 것), 고린도전서 5:11에서 부도덕한 그리스도인들과는 함께 먹지도 말라는 권고와 비교하라. 다음 행에 등장하는 위협(고전 10:22, "우리가 주를 노여워하시게 하겠느냐"[개역개정])은 신명기 32:16-17을 상기시킨다. "그들이 다른 신으로 그의 질투를 일으키며 가증한 것[*tôʿēbâ*]으로 그의 진노를 격발하였도다. 그들은 하나님께 제사하지 아니하고 귀신들[*šēdîm*]에게 하였으니"(신 32:16-17). 70인역(신약 저자들이 사용한 구약의 헬라어 역본)에서 "쉐딤"(*šēdîm*)을 "귀신들"(demons, *daimoniois*)로 번역했음에도 불구하고 고대 근동에서 "귀신들"은 결코 희생제물을 받지 않았다. 그러므로 "쉐딤"(그것들이 무엇이든지)

University Press, 2001), 179.

21 "우상숭배는 그리스도의 연합(union of Christ)으로부터 사람을 배제시키는 참여적 연합 (participatory union)과 관련이 있다.…그리스도와의 연합과 귀신들과의 연합은 상호 배타적이다." E. P. Sanders, *Paul and Palestinian Judaism* (Minneapolis: Fortress, 1977), 455. 『바울과 팔레스타인 유대교』(알맹e 역간).

은 그것들의 숭배자들에게 귀신이 아니라 신으로 간주되었을 가능성이 더 높다. 따라서 바울의 관찰은 그들에게까지 확장되지 않았을 것이다. 그러나 강조점은 그들의 분류법이 아니라 "토에바"(tôʿēbâ, 공동체의 질서 밖; 명제 13 참조)로서 그리고 하나님이 아닌 것(not-God)으로서의 그들의 지위에 있다. 바울의 요점은 이스라엘이 언약 공동체 밖의 어떤 것과도 자신을 동일시해서는 안 되었던 것처럼 그리스도인들은 그것이 무엇이든 관계없이 기독교 공동체 밖의 어떤 것과도 자신을 동일시해서는 안 된다는 것이다. 그리스도인들에게 그것은 우상을 포함하지만 그것은 우상이나 귀신들과 아무 관련이 없는 다른 많은 것들도 포함한다(명제 21 참조).

신명기 32장의 맥락을 형성하는 고대 근동의 개념에서 귀신들은 제의 체계와 관련이 없다.[22] 그들은 인간이 충족시켜 주어야 할 요구가 없었고 우주 질서를 가져오기 위해 일하지 않았다. 그러므로 귀신과 인간은 서로에게 쓸모가 없다. 귀신들은 산과 광야와 같이 질서정연한 세계의 주변에 위치한 경계 영역(liminal areas)에 거주했고 기회를 따라 (신들이 보고 있지 않을 때) 또는 신들이 명령할 때 인간을 공격했다. 경계 세계의 거주자들에 대한 형이상학은 실제로 다소 흐릿하고, 귀신들은 야생 동물, 죽은 자의 영혼, 심지어 살아 있는 사람과 상호 교환적으로 분류된다. 이 사람들은 사회에서 추방된 자들일[23] 뿐만 아니라 "무적의 야만

---

22 이 부류의 피조물에 대해서 모든 것을 포함하는 범주 용어(즉 "귀신")는 없다. 그 범주는 기본적으로 신도 아니고 유령도 아닌 영적 존재를 포함한다(예를 들어 죽은 인간). John H. Walton, "Demons in Mesopotamia and Israel: Exploring the Category of Non-divine but Supernatural Entities," in *Windows to the Ancient World of the Hebrew Bible*, ed. Bill T. Arnold et al. (Winona Lake, IN: Eisenbrauns, 2014), 229-45.

23 Meir Malul, *Knowledge, Control, and Sex: Studies in Biblical Thought, Culture, and Worldview* (Tel Aviv: Archeological Center Publication, 2002), 274.

인들"(invincible barbarians)이다(명제 12 참조). 이사야 34:14은 야생 숫염소(NIV)가 사는 황량한 지역을 묘사하고, 비록 70인역이 그것을 "다이모니아"(*daimonia*, "귀신들")로 옮길지라도 "숫염소"를 뜻하는 통상적인 단어(*śā'îr*, 예를 들어 창 37:31; 레 4:23)를 사용한다. 이사야 34:14도 아카드의 귀신의 이름(*lilitu*)과 어원이 같은 "릴리트"(*lilit*, "올빼미")를 언급하지만, 이사야 34:13-15에서 언급된 다른 피조물들은 모두 평범한 동물들이다(승냥이, 타조, 뱀[개역개정 "부엉이"], 솔개). 경계 영역에 거주하는 피조물들의 범주에는 혼돈의 괴물들(즉, 히브리어 Leviathan, 우가리트어 Litan), 인격화된 바다(히브리어 Yamm, 아카드어 Tiamat), 그리고 아마도 심지어 인격화된 황무지(히브리어 Azazel)도 포함된다.

하나님(또는 신들)과 싸우는 악의 군대로서의 제2성전 시대의 귀신 개념은 구약이나 고대 근동의 다른 어느 곳에서도 알려져 있지 않다. 신들이 질서를 확립하거나 유지하기 위해 가끔 혼돈의 괴물들과 싸우는 반면에(명제 14 참조) 구약은 어떤 식으로든 우상을 혼돈의 괴물들과 연결시키려고 시도하지 않는다. 이사야 30:7과 에스겔 29:3, 32:2에서 이집트가 묘사된 바와 같이 인간의 적들이 혼돈의 피조물들로 묘사될 때조차도 그 괴물은 이집트의 신들이 아니라 파라오다. 더욱이 비록 하나님이 혼돈의 피조물들과 싸울지라도 그들은 결코 악으로 묘사되거나 하나님의 뜻과 목적에 반대되는 것으로 묘사되지 않는다. 야웨는 창세기 1:21에서 혼돈의 괴물(NIV "큰 바다 생물", 히브리어 *tannin*[타닌])을 지으시고 욥기 40:15에서는 베헤못을 지으시며("내가 너를 지은 것 같이 그것도 지었느니라"), 시편 104:26에서는 리워야단을 지으신다("주께서 지으신 리워야단이 그 속에서 노나이다"). 바다는 이집트 군대(출 15:10, 19)와 요나(욘 1:4)에게 야웨가 사용하시는 무기 역할을 하고, "테홈"(*těhôm*, "깊음", 창 1:2의 우주의 물 [cosmic waters])은 창세기 7:11에서 노아 홍수 이전의 인간에게 야웨가 사용하시는 무기다. 다른 악마적 존재들도 야웨의 대리인 역할을 한다. 주께서 보내신 악령이 사울을 괴롭히고(삼상 16:14-16) 아마도 아비멜렉도 괴롭힌다(삿 9:23; NIV "적개심"). 하나님은 영을 보내셔서 아합의 예언자들을 속여서 그를 죽음으로 몰아넣도록 하신다(왕상 22:20-22). 하나님은 사탄이 욥을 괴롭히도록 허락하신다(욥 1:20; 2:3). 에스겔 9:2에 나오는 일곱 명의 남자들이 예루살렘 백성을 학살하고 성전을 더럽힌다(겔 9:5-7). 그 남자들은 아마도 세베티(Sebetti)라고 불리는 바빌로니아의 크톤 신들(chthonic deities) 그룹에 대한 언급일 것이다.[24] 그리고 하나님이 요나를 따라가게 하시는 커다란 물고기는 아마도 일종의 혼돈의 피조물(chaos creature)일 것이다.[25] 심지어 "무적의 야만인들"도 이스라엘을 공격하도록 하나님이 소환하신다(겔 38:16-17).[26] 그러나 이방 신들은 결코 혼돈이나 경계 이미지를 사용하여 묘사되지 않는다. 따라서 구약에서 우상은 귀신 (즉 경계와 혼돈)과 연관되지 않고, 귀신은 (그것이 정말로 나타나는 곳에서) 하나님과 절대적으로 반대되는 것으로 묘사되지 않는다.

---

24 Daniel Bodi, *The Book of Ezekiel and the Poem of Erra*, Orbis Biblicus et Orientalis 104 (Freiburg: Universitätsverlag, 1991), 100.

25 John H. Walton, "Jonah," in *ZIBBCOT*, 5:104-5.

26 곡(Gog)의 무리에 대한 에스겔의 묘사가 쿠타의 전설에 나오는 적들에 대한 묘사를 기반으로 하는 것은 Daniel Bodi, "Ezekiel," in *ZIBBCOT*, 4:484-85을 참조하라.

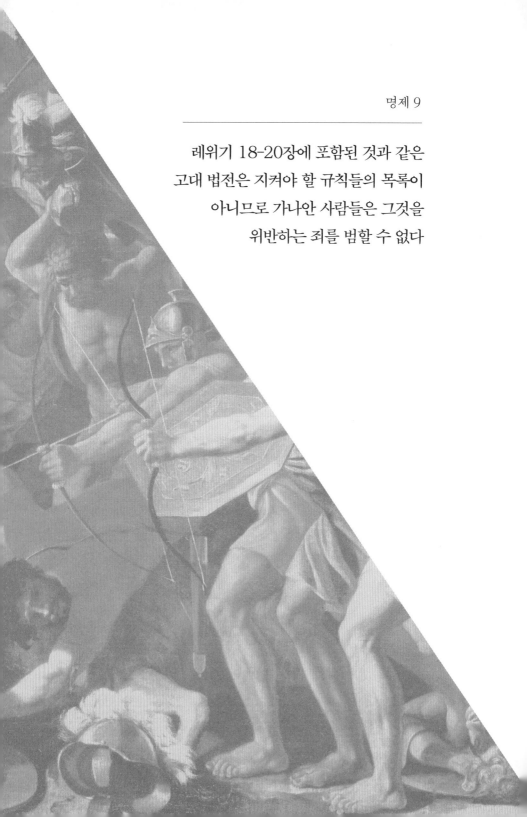

레위기 18-20장에 포함된 것과 같은
고대 법전은 지켜야 할 규칙들의 목록이
아니므로 가나안 사람들은 그것을
위반하는 죄를 범할 수 없다

레위기 18-20장을 포함하는 소위 성결법전(holiness code)은 종종 의무적인 도덕적 규범들을 구성하는 신적 요구들의 목록이라고 해석된다. 해석가에 따라 이 요구들은 (유대교에서 일반적으로 알려진) 인간의 도덕적 탁월성의 최고 수준을 나타내거나 (기독교에서 일반적으로 알려진) 그리스도에 의한 미래의 해방과 대조되도록 고안된 견딜 수 없는 부담을 나타낸다. 회의론자들은 명령 중 일부(예를 들어 레 19:19)를 성경의 도덕 체계의 본질적인 불합리성에 대한 증거로 인용한다. 이러한 해석들은 문맥상 본문이 도덕 지침들에 대한 장황한 설명으로 의도된 것이 아니기 때문에 잘못된 것이다. 대신에 그 본문은 법적 지혜(legal wisdom)로 불리는 고대 근동 지혜 문학의 한 장르에 속한다.

법전은 도덕적 명령들의 목록이 아니다

고대 근동의 법 문서들이 처음 발견되었을 때 사람들이 저지른 초기 실수 중 하나는 그것들을 법전으로 분류해서 법률로 간주했다는 점이다. 그러나 분석이 계속됨에 따라 그것들이 속한 문학적 맥락과 그것들이 포괄적이지 않다는 사실은 고대 문화와 문학적 장르에 대한 지식의 증가와 결합하여 점진적인 수정을 가져왔다. 학자들은 목록을 통해 특정한 지식 영역 안에 문학의 경계를 정하는 고대 전통이 그 영역과 관련된 지혜를 전달하는 수단이라는 것을 인식하게 되었다.[1] 예를 들어 증상 및 치료 목록들은

---

1 "고대인들은…'규범적인' 문서라고 칭할 수 있는 것을 우리에게 제시하지 [않는다]. 그들의

(그것이 고대 세계에서 이해되었던 방식으로) 의사에게 질병에 관한 지식을 제공하기 위해 수집되었다. 마찬가지로 점술 관찰 및 결과 예측 목록은 점술 전문가들에게 그들이 신들이 베푼 징조 속에 들어 있다고 믿었던 메시지에 관한 지혜를 제공하기 위해 수집되었다. 목록은 이러한 분야에 종사하는 전문가들이 고객에게 유능한 조언을 제공할 수 있도록 준비시키는 실용적인 목적에 사용되었다. 법 전통에서 함무라비 비문과 같은 문서에 있는 경구 목록은 비슷한 목적으로 사용된다. 법적인 상황들의 목록을 수집하고 사법적 대응을 식별함으로써 재판관들은 자신들의 판결에서 지혜롭고 공정한 것과 관련하여 왕의 지혜를 받는다.[2] 장르에 대한 이러한 이해는 고대 근동 문학의 모든 학자에 의해 잘 확립되고 지지를 받는다.

이 모든 것은 고대 법률 문서의 명제들이 규칙으로 읽히도록 의도되지 않았음을 나타낸다. 대신에 그것들은 교육적 기능을 한다. 집합적으로 그것들은 시민적·법적·제의적 질서의 경계를 정한다. 목록들은 질서를 유지하는 것이 임무인 전문가들(재판관, 제사장 등)에게 그들이 자신의 의무를 효과적으로 수행할 수 있도록 정확히 그들이 지지하고 있는 것의 본질에 대해 정보를 제공한다. 예를 들어 우리는 건강을 유지하고 해를 끼치지 않는 것이 임무인 의사를 상상해볼 수 있다. 그 의무들을 수행하기 위해서 의사는 먼저 무엇이 건강에 해당하고 무엇이 해로 간주되는지 알

기록된 견본들은 대부분 우리가 주장하고 싶은 요점에 부수적인 것들이었다." Meir Malul, *Knowledge, Control, and Sex: Studies in Biblical Thought, Culture, and Worldview* (TelAviv: Archeological Center Publication, 2002), 447.

2   Jean Bottéro, *Mesopotamia*, trans. Zainab Bahrani and Marc Van de Mieroop (Chicago: University of Chicago Press, 1992), 161-69; Marc Van de Mieroop, *Philosophy Before the Greeks* (Princeton, NJ: Princeton University Press, 2015), 175; John H. Walton, *Ancient Near Eastern Thought in the Old Testament* (Grand Rapids: Baker, 2006), 287-88.

아야 한다. 현대 의료 윤리는 건강과 해로움에 대한 개념을 정교한 정의를 통해 기술한다. 고대 근동에서 이상적인 건강 관리 전문가는 (일부는 실용적이고, 일부는 순전히 가설상의 것이며, 일부는 의도적으로 불합리한) 다양한 상황에서 해야 할 일과 하지 않을 일의 예에 관한 목록을 작성함으로써 건강과 해로움에 대한 개념을 기술했을 것이다.

우리 현대인들이 여전히 이런 식으로 경계를 정하는 하나의 분야가 예술이다. 예술과 비예술의 차이는 일반적으로 예술에 대한 고정된 정의에 따라 대상을 평가함으로써 또는 심지어 예술로 간주되기 위해서 대상이 충족시켜야 하는 기준들의 체크리스트를 작성함으로써 이해되지 않는다. 오히려 그 차이는 박물관과 갤러리를 방문하고 예술이라고(또는 예술이 아니라고) 알려진 것들을 연구함으로써 배워진다. 목적은 정의를 공식화하는 것이 아니라 장래의 예술가(또는 예술 학자)가 예술을 볼 때 그것을 알도록 그들을 훈련시키는 것이다. 이 직관적인 인식이 우리가 고대 문서는 지혜를 가르친다고 말할 때 의미하는 바다. 법률 문서는 누군가가 예술을 평가하기 위해 참조하거나 예술을 생산하기 위해 따를 수 있는 예술의 특성 체크리스트와는 다르다. 실제로 그러한 리스트를 **만드는 것**조차 그것의 목적에 어긋날 것이다. 예술은 지시를 따르는 기계적인 과정에 의해 생산될 수 없으며 지혜도 마찬가지다. 오히려 법률 문서는 **이 모든 것이 예술이다**(All of This Is Art)라는 제목의 그림책과 같다. 고대 문서에 포함된 법들은 누군가가 정의(justice)를 만들어내기 위해 따를 수 있는 중요 사항을 담은 목록이 아니다. 대신에 그 법들은 잠재적인 재판관에게 정의가 어떤 모습인지에 관해 가르쳐서 그가 정의를 볼 때 그것을 알 수 있게 한다.

고대 근동 목록의 목적은 일련의 (가상의) 예들을 통해 해당 주제의 기본 원리를 예시하는 것이다.[3] 수학을 가르치기 위해 서술형 문제를 사용하는 방식에서 비슷한 개념을 볼 수 있다. "한 건물의 그림자가 5m이고 태양의 각도가 45도이면 그 건물의 높이는 5m일 것이다." 이 진술의 목적은 삼각법의 기본 원리를 예시하는 것이다. 그것은 건물을 측정하거나 이상적인 건물의 높이와 배치를 지시하기 위해 사용해야 하는 적절한 기술을 학생에게 가르치는 것을 가정하지 않는다. 건물의 높이가 5m라는 것만 알고 수업을 마친 학생은 사실상 그 수업의 목적을 완전히 놓친 것이다. 이 연습의 진리—여기서 그것의 권위가 부여됨—는 그 실례의 세부 사항이 아니라 기본적인 이론에 있다. 수학 문제들의 해답 목록을 암기하는 학생은 실제로 수학을 배운 것이 아니다. 그 학생은 시속 96km로 달리는 두 기차가 서로 160km 떨어져 있는 A역과 B역에서 각각 5시에 반대 방향으로 출발하면, 50분 후에 A역을 떠난 기차가 B역을 떠난 기차를 지나친다는 것을 안다. 또는 그 학생은 남자아이가 사과 네 개를 가지고 있고 여자아이는 남자아이가 가지고 있는 사과 수의 절반을 가지고 있는데 선생님은 그 여자아이보다 3배 많은 사과를 갖고 있다면 선생님이 사과 여섯 개를 갖고 있음을 안다. 그러니 이제 그 학생이 수학의 권위(authority of math)—서술형 문제들에 대한 해답 목록을 의미—를 철도 시간표와 식량 배급에 적용한다고 상상해보자. "수학이 기차들은 5시 50분에 지나쳐야만 하고 선생님들은 사과 여섯 개를 갖고 있어야 한다고 가르쳐요. 당신은 수학의 권위를 부정하지 않죠, 그렇죠?"

3　Malul, *Knowledge*, 447.

우리는 이 예를 레위기 19:19의 "네 가축을 다른 종류와 교미시키지 말며 네 밭에 두 종자를 섞어 뿌리지 말며 두 재료로 직조한 옷을 입지 말지며"에 있는 명제 목록과 비교한다. 수학 문제와 마찬가지로 명제 목록들은 예시적인 것이지 규범적인 것이 아니다. 이것들을 어떻게든 섬유, 농업 및 축산업 분야에서 실천 지침을 제공하는 것으로 읽는 것은 삼각법 문제를 어떻게든 토목 공학 분야에 대한 지침을 제공하는 것으로 읽는 것과 같다. 레위기 19:19에서 전달하고 있는 기본 원리는 혼합된 것은 신의 영역에 속한다는 고대 근동의 개념과 관련이 있다.[4] 신성한 생물들은 여러 종류의 동물의 합성물이며 두 종류의 실로 짠 천이 성막과 제사장의 의복에 사용된다. 이 경우에 기본 원리는 신성한 것은 통상적이고 세속적인 용도로 사용되어서는 안 된다는 것이다. 비록 기본 원리가 상황에 따라 변할지라도 레위기에 있는 모든 지시는 이러한 방식으로 읽혀야 한다. 그 지시들은 순종해야 할 명령이 아니라 추상적인 원리를 전달하기 위해서 고안된 가상의 예들이다.

기저의 원리들은 도덕적 명령도 아니다

그럼에도 우리는 기저의 원리들이 법 자체보다 더 규범적이라고 생각하는 실수를 범해서는 안 된다. 예를 들어 월터 카이저(Walter Kaiser)는 그가 해석학의 원리화 모델(principalizing model of hermeneutics)이라고 부르는 것을 제안한다. 이 모델에서 특정한 명령은 그것의 기저의 (도덕적) 원리를

---

4   Jacob Milgrom, *Leviticus 17–22*, AB (New York: Doubleday, 2000), 1659.

위해 분석되고, 그런 다음 이 원리는 시간을 초월하는 도덕적 진리로 추론되며, 그런 다음 주어진 환경에 구체적으로 적용될 수 있다.[5] 이 접근 방식의 방법론은 여러 가지 이유로 결함이 있다.

첫째, 원리화 과정은 원문을 문맥에서 떼어내 취할 것을 요구한다. 예를 들어 우리는 정결 음식법의 다양한 음식이 인체에 끼치는 영양상의 효과 측면에서 이상적인 식이 요법에 대한 규칙으로 하나님으로부터 주어졌다는 주장을 드물지 않게 듣는다(또한 겔 4:9; 단 1:8-16 참조). 신이 처방한 이상적인 식이 요법이라는 개념에는 본질적으로 불합리한 것이 없고 고대 세계가 그러한 것을 상상조차 할 수 없었을 것이라고 가정할 이유도 없지만, 그럼에도 우리는 모세 오경의 음식법이 건강의 영역과 전혀 관련이 없음을 이해한다. 만약 우리가 그 법이 건강과 관련이 있다고 정말로 생각한다면 신약이 무엇을 허용하든 상관없이 우리는 그 법을 계속해서 준수할 것이다. 이는 신약에서 우리가 먹을 수 없다고 말하지 않아도 우리가 아침 식사로 도넛 17개를 먹지 않는 것과 같은 이유다. 그러나 대신에 우리 대부분은 하나님의 이상적인 식이 요법 같은 것은 없으며 적어도 그것이 성경에서 파생될 수 없음을 깨닫는다. 하나님이 우리 몸이 특정한 음식을 특정한 방식으로 다루도록 만드셨고 우리가 먹는 것이 우리의 웰빙에 심오하게 영향을 끼칠 수 있다는 것은 사실이지만, 영양의

---

5 그가 사용하는 특별한 명령은 신 25:4 "곡식 떠는 소에게 망을 씌우지 말지니라"다. 기저의 (도덕적) 원리는 "동물들은 인류에게 주신 하나님의 선물이며 친절하게 대우받아야 한다"이다. 그리고 시대를 초월한 도덕적 진리는 "주는 것은 자신을 섬기는 자들—이들이 동물이든 사람이든—을 돌보고 보살필 수 있는 사람들 안에 온화함과 자비로움을 일으킨다"이다. Walter C. Kaiser, "A Principalizing Model," in *Four Views on Moving Beyond the Bible to Theology*, ed. Stanley N. Gundry and Gary T. Meadors (Grand Rapids: Zondervan 2009), 25.

세부 사항은 우리 스스로 발견해야 한다.

　성경 법률 문서의 맥락에서 도덕은 영양과 같다. 하나님의 도덕적 이상(moral ideals)을 도출해내려고 노력하는 것은 하나님의 식이 요법 이상을 도출해내려고 노력하는 것과 같으며 동일한 이유로 잘못 인도된다.

　문맥상 법률 문서의 본문이 식이 습관의 형성을 다루지 않는 것처럼 도덕 원칙의 형성을 다루지 않기 때문에 우리가 본문에서 도출해내는 **모든 도덕적 원칙은 맥락에서 벗어난 것이다.** 초콜릿 칩 쿠키 레시피에서 시간을 초월하는 도덕적 진리를 도출하려고 한다고 상상해보라. 이것이 이론적으로는 가능할 수 있지만("젖은 재료와 마른 재료 간의 혼합은 우리에게 우리 스스로 성취할 수 없는 목표를 달성하기 위하여 우리가 다른 사람들과 협력해야 한다는 것을 가르친다"), 만약 그것이 당신이 쿠키 레시피를 사용하는 목적의 전부라면 당신은 결코 어떤 쿠키도 만들지 않을 것이다. 이것은 심지어 처음에 그 레시피를 가진 목적에도 어긋난다. 구약의 법률 문서가 목적을 위해 존재하지만 그 목적은 도덕적 원칙을 형성하기 위한 것이 아니다. 그 목적은 잠재적으로 도덕적 원칙의 형성과 어느 정도 관계가 있지만 직접적인 인용문을 집어 올리는 형태로는 아니다(구약의 가르침을 원래의 맥락에서 벗어나 적용하는 것에 대한 논의는 명제 21을 참조하라).

　둘째, 원리화 과정은 본질적으로 (그리고 의도적으로) 세부 사항을 추상 관념으로 확장하는 것을 수반하기 때문에, 그 과정의 결과는 어떤 세부 사항이 강조되고 있는가에 따라 크게 달라진다. 그 (필연적인) 결과 과정의 중심에 있는 시간을 초월하는 진리들이 **본질적으로 자의적**(arbitrary)이며 가끔 매우 불합리할 수 있다. 예를 들어 윌리엄 컨트리맨(L. William Countryman)은 보수적인 로마 가족과 사회적 관습에 대한 선별된 신약의 비판(예를 들어 결혼생활에서 상호 의존을 옹호하는 구절들)에 기초하여 시간을 초월한 도덕적 진리는 교회가 원칙적으로 **모든 종류의** 가족이나 사회적 관습에 맞서 싸워야 한다는 것이라고 주장하고, 그런 다음 그것을 현대 문화의 보수적인 가족이나 사회적 관습을 약화시키기 위해 동성애, 난교, 외설물을 허용해야(그리고 장려해야) 하는 그리스도인의 도덕적 의무로 해석한다.[6] 더 나아가 우리의 현재 목적에 비추어볼 때 가나안 사람들을 "헤렘"(*herem*) 하라는 다양한 명령(예를 들어 신7:2)은 흔히 불신자 또는 죄인이 무자비하게 학살당해야 한다는 시간을 초월하는 도덕적 진리를 계시하도록 원칙화된다.

종종 해석가들은 시간을 초월하는 도덕적 진리로 추론될 수 없는 특별한 경우를 위한 명령과 모든 사람에게 적용되는 보편적인 명령 사이의 구별을 제안함으로써 이 문제들을 해결하려고 시도한다. "토라 전체가 전 인류를 구속할 의도인 것은 아니지만, **토라의 일부는 그런 의도를 갖고 있다.**…좋은 예가 이스라엘이 부정한 것으로 간주되는 특정 유형의 고기를 먹는 것을 금지하는 법과 성적 부도덕과 관련된 금지 사항들 사이의 대조에서 보인다."[7] 그러나 우리가 방금 논의한 바와 같이 이 추정상 좋은 예라고 하는 것조차도 결코 명확하지 않다. 여전히 성경 영양학자들은 음식법이 건강, 위생학 또는 예절에 대한 하나님의 이상을 반영하기 때문에 구속력이 있다고 말한다. 컨트리맨은 신약이 정결(purity)에 대한 모든 오

---

6   L. William Countryman, *Dirt, Greed, and Sex* (Philadelphia: Fortress, 1988), 특히 244-45, 264-65.

7   Paul Copan and Matthew Flannagan, *Did God Really Command Genocide? Coming to Terms with the Justice of God* (Grand Rapids: Baker Books, 2014), 54-55.

래된 유대교의 제한들을 동등하게 풀어놓았기 때문에 음식법이 구속력이 없는 것과 같은 이유로 성과 관련된 법도 구속력이 없다고 말한다.[8] 궁극적으로 어떤 명령이 보편적 명령이고 어떤 명령이 특별한 경우를 위한 명령인지에 대한 결정은 그 명령들 자체의 내용만큼이나 자의적이다.

특정화하는 모델의 세 번째 문제는 그것이 본질적으로 시대착오적이라는 점이다. 시간을 초월하는 도덕적 진리는 순전히 맥락 안에서 본문을 검토하는 것으로부터 도출될 수 없다. 만약 그것이 도출될 수 있다면 추정이나 추상화는 필요하지 않으며 우리는 단순히 그 명령을 문자 그대로 받아들일 수 있다. 그러나 일단 본문의 맥락을 넘어서면 우리는 우리가 그 과정 안으로 무엇을 끌어들이고 있는지 숙고해야 한다. 이것이 어떻게 작용하는지에 대한 좋은 예는 일치주의(concordism)라고 불리는, (도덕적 진리가 아니라) **과학적** 진리를 발견하는 (유사한) 해석학이다. 일치주의자들은 지구가 어떻게 만들어졌는지(우주생성론) 또는 지구의 구조가 무엇인지(우주지리학) 설명하는 본문들을 보고 현대 과학의 관찰과 일치하는 것으로 읽힐 수 있는 추상적인 원칙을 추정하려고 한다. 그러므로 예를 들어 창세기 1:7("하나님이 궁창을 만드사 궁창 아래의 물과 궁창 위의 물로 나뉘게 하시니 그대로 되니라")은 "하나님이 거기서 물이 나오는 공중에 그 물체를 만드셨다"라는 시간을 초월하는 원리로 요약되는데 이는 구체적으로 "하나님이 대기권을 만드셨다"를 의미하는 것으로 해석된다. 마찬가지로 욥기 26:7("그는…땅을 아무것도 없는 곳에 매다시며")은 "하나님이 떠받칠 것이 아무것도 없는 곳에 땅을 두셨다"로 요약되고, "하나님이 행

---

8   Countryman, *Dirt, Greed, and Sex*, 42-44.

성 지구의 구체를 우주의 진공 공간에 두셨다"를 의미하는 것으로 해석
된다.

일치주의적 해석학은 (의도적으로) 본문을 맥락의 의미에서 분리해서
해석하기 때문에 **자의적**이다. 그리고 본문에 주어진 의미가 본문의 맥락
이 아니라 해석자의 맥락을 기반으로 하기 때문에 이 해석학은 **시대착오
적**이다. 그리스도인들이 13세기에 아리스토텔레스의 우주론(Aristotelian
cosmology)을 채택했을 때 그들의 모든 일치주의적 해석학은 아리스토텔
레스의 천동설을 지지하는, 시간을 초월한 우주론적 진리를 인정했다.
19세기에 정상우주론(steady state cosmology)이 대중적이었을 때 모든 시간
을 초월한 우주론적 진리는 빅뱅 우주론 모델이 그것을 대체할 때까지 정
적인 우주(static universe)를 가리켰다. 그러나 빅뱅 우주론 모델이 대체할
시점에는 성경의 시간을 초월하는 우주론적 진리는 갑자기 빅뱅 이론을
지지했다. 이 모든 발전 과정에서 성경의 실제 내용은 하나도 변하지 않
았다. 변한 것은 **어떤** 구절이 특별한 경우를 위한 것으로 또는 시간을 초
월한 것으로 확인되었는지 또는 어떤 원칙이 그 구절로부터 추정되었는
지였다. 이러한 변화는 결국 시대의 요구에 의해 촉발되었다. 성경이 무
엇을 말했는지 또는 무엇을 말하지 않았는지를 결정하는 것은 성경 본문
이 아니라 **과학**이었다. 해석자들이 성경을 옹호하려고 했든 비방하려고
했든 이것은 사실이었다. 변증가들은 성경의 과학적 가르침이 당시의 합
의를 지지했다고 주장한 반면 비판가들은 (종종 다른 구절들을 사용하면서)
성경이 터무니없는 거짓을 가르쳤다고 주장했다.

동일한 자의성(arbitrariness)과 시대착오가 원리화 모델에서 발견
된다. 이 모델은 아마도 도덕적 일치주의(moral concordism)라고 불려야 할

것이다. 도덕적 일치주의를 실천하는 (변증적이든 비판적이든) 도덕 신학자들은 해석자의 인지 환경과 (의식적이든 무의식적이든) 개인적 성향의 조합이 나타내는 바에 따라 성경의 시간을 초월하는 도덕적 가르침을 확인한다. 컨트리맨의 경우 그는 신약이 개인의 행복, 개인의 자율성, 자기 표현의 자유 그리고 만인의 보편적 평등의 최고로 중요함을 가르칠 것으로 기대하므로 그에 따라 구절과 시간을 초월하는 원칙들을 선택한다. 이러한 것들이 가치가 있는지의 여부가 요점이 아니다. 요점은 이 가치들이 본문의 1세기의 헬라화된 유대교가 아니라 현대 인본주의에서 파생된다는 것이다. 빅뱅 우주론의 존재와 마찬가지로 성경에서 그 가치들의 존재는 전적으로 (현대) 해석가들의 필요에서 비롯된 것이지 결코 본문에 있는 어떤 것에서 비롯된 것이 아니다. 명제 3에서 논의한 바와 같이 맥락 속에서 본문을 읽고 싶다면 그것이 우리의 가치들을 긍정할 것이라는 가정하에 그렇게 할 수는 없다. 왜냐하면 우리의 가치들은 우리의 (현대) 인지 환경에서 비롯되었고 반드시 본문의 관심사와 관련이 있는 것은 아니기 때문이다.

어쨌든 우리가 성경을 도덕적 지식을 위해 사용할 수 있는가?

명제 3에서 논의된 바와 같이 경전—즉 신적 영감을 받은 권위 있는 하나님의 말씀—으로서의 성경은 우리에게 도덕적 지식을 제공하지 않는다. 왜냐하면 우리에게 그것을 제공하심에 있어서 하나님의 목적에는 도덕적인 사람이 되는 방법을 우리에게 가르치는 것이 포함되지 않기 때문이다. 또한 우리는 문맥상으로도 법률 문서의 진술들이 심지어 원래 청중에게도 명령으로 이해되지 않았을 것임을 보았다. 그러나 성경 전체가 법률 문서의 장르에 속하지 않는다. 여호수아가 이스라엘에게 "너희는 온전히 바치고 그 바친 것 중에서 어떤 것이든지 취하여 너희가 이스라엘 진영으로 바치는 것이 되게 하여 고통을 당하게 되지 아니하도록 오직 너희는 그 바친 물건에 손대지 말라"(수 6:18)라고 말할 때, 그는 추상적인 원리를 설명하고 있지 않다. 그는 실제로 자신의 청중이 순종할 것을 의도한다. 잠언서는 (본질적으로) 윤리적 지침으로 의도되었다. 잠언 말씀도 명령은 아니지만 잠언서의 말씀에 의해 제한된 기본 원칙들은 레위기에 기술된 거룩(holiness)과는 대조적으로 우리가 윤리라고 부르는 것과 유사한 것을 기술한다(명제 10 참조). 마지막으로 비록 문맥상 법이 명령을 내리고 있지는 않을지라도 다양한 진술(특히 십계명)이 지지하는 원칙들은 실제로 그들 사회의 기본적인 도덕적 지식을 나타낸다. 더 나아가 하나님이 성경을 통해 우리에게 도덕적 지식을 제공하고 계신 것이 아니라고 할지라도 우리는 여전히 도덕적 지식을 가지고 있으며, 이는 결국 우리가 어딘가에서 그것을 얻어야 한다는 것을 의미한다. 왜 그 어딘가가 성경이어서는 안 되는가?

지금까지 성경이 무엇인가에 대한 논의에서 우리는 신적 영감을 받은 권위 있는 하나님의 말씀으로서의 성경의 지위에 초점을 맞추었다. 그것이 바로 성경이기는 하지만 그것이 성경의 **전부**는 아니다. 성경은 완전히 신성하면서도 완전히 인간적이다. 구약은 특히 2천 년 인류 문화의 축적된 지식을 보존하는 문학의 걸작이다. 그렇게 성경은 문학이 사용될 수 있는 모든 것에 사용될 수 있고 사용되어왔다. 성경의 내용은 위대한 예술, 음악, 철학에 영감을 주었고 인류학자와 역사가에게 자료를 제

제3부 가나안 사람들은 하나님의 율법을 어기는 죄를 범한 것으로 묘사되지 않는다

공했다. 성경은 미학적 가치가 있다. 산문과 시(특히 시편에 수록된 시)는 그 자체로 예술 작품이다. 재판에서 증인의 선서 때나 미국 대통령의 취임식에서 사용될 때처럼 성경은 상징적 가치가 있다. 동방 정교회에서 성경은 아이콘 역할을 할 수 있다. 성경은 심지어 책의 기본적 기능을 할 수도 있다. 교화나 즐거움을 위해 읽히거나 커피 테이블을 장식할 수도 있다. 그러나 성경이 **또한** 영감을 받은 권위 있는 하나님의 말씀이라는 사실이 이 같은 인간적 기능들의 측면에 있어서 그것의 세속적인 대응물들보다 성경을 더욱 돋보이게 만들지는 않는다. 성경에 나오는 장면들에 기초한 예술은 단순히 그것이 성경에 기초한다는 이유로 셰익스피어나 호메로스의 작품에 나오는 장면에 기초한 예술보다 낫지 않다. 마찬가지로 성경에서 발견되는 말씀에 기초한 도덕 철학은 단순히 그것이 성경에 기초한다는 이유로 다른 곳에서 발견되는 말에 기초한 도덕 철학보다 낫지 않다. 도덕 철학으로서 성경의 가치는 그러한 것들을 결정하기 위해 어떤 과정이 사용되든 그것에 의해 결정되어야 할 것이다.

성경이 우리에게 도덕적인 사람이 되는 방법을 가르치기 위해서 기록되지 않았다고 말하는 것은 우리가 도덕적 지식을 전혀 가질 수 없다고 말하는 것과 같지 않다. 성경은 우리에게 영양에 관해 가르치거나 과학에 관해 가르치기 위해 기록되지 않았지만 우리는 여전히 그것들에 대해 완벽하게 기능적인 지식을 가질 수 있다. 그것이 반드시 우리의 도덕적 지식이 궁극적으로 하나님에게서 유래하지 않는다는 점을 의미하는 것은 아니다. 소위 윤리 신명론(divine command theory of ethics)의 일부 지지자들은 성경을 이용하지도 않고 오히려 하나님이 도덕의 기준을 설정하시지만 특정한 도덕적 원칙에 대한 우리의 지식은 양심에 의해 제공된다고 단언한다. "신명론자들은 원칙상 행동의 옳고 그름이 하나님의 명령 및 금지와 동일하고 그것들에 의해 구성되지만 무엇이 옳고 그른지는 우리의 양심을 통하여 아는 것이지 성경처럼 기록된 계시라고 알려진 것으로부터 아는 것이 아니라고 주장할 수 있을 것이다."[9] 문헌을 통해 보존된 고대 문화의 지혜가 우리의 도덕적 지혜의 훌륭한 원천일 수도 있다. 그러나 그것은 신학자들이 아니라 철학자들을 위한 결정이다. 더 나아가 만일 그렇다면 성경은 (그 기능에 있어서) 고대 문학의 다른 어떤 작품과도 질적으로 다르지 않을 것이다. 우리는 **경전**으로서 성경의 지위 및 기능을 **문학**으로서 성경의 지위 및 기능과 혼합해서는 안 된다.[10] 우리에게 도덕적 지식을 제공하는 것은 **경전**으로서의 성경의 목적이 아니다. 결과적으로 우리가 성경에서 얻을 수 있는 모든 도덕적 지식은 경전의 **권위**가 아니라 인간 지혜의 권위만을 지닌다. 만약 성경을 도덕적 지식의 원천으로 사용하기 원한다면 그것은 인간 문화의 축적된 지혜의 광범위한 표본의 일부로서이거나(예를 들어 『인간 폐지』[*The Abolition of Man*]에서 C. S. 루이스가 한 것처럼) 또는 아마도 우리가 고대 이스라엘의 문화가 특히 영감을 불러일으킨다는 것을 알아차리기 때문이어야 할 것이다(예를 들어 18세기 유럽의 신고전주의자들이 고대 그리스를 발견한 것처럼 말이다). 아마도 둘 중 하나에 대한 주장이 제기될 수도 있지만, 요점은 설령 성경을 도덕적 지식의 원천으로 사용하기 원한다고 하더라도 우리가 그것이 **경전**이라는 이유로 그

---

9 Copan and Flanagan, *Did God Really Command Genocide?*, 154.

10 신학적 언어로부터 은유를 사용하기 위해 우리가 성경 본문과 관련하여 영지주의적일(즉, 성경 본문이 어떤 인간적 측면을 가지고 있음을 부인할) 필요는 없지만, (인간적 측면과 신적인 측면을 병합시킨) 유티케스주의자(Eutychian)가 될 필요도 없다.

렇게 할 수 없다는 것이다. 왜냐하면 우리에게 도덕적 지식을 제공하는 것은 경전의 목적이 아니기 때문이다.

성경의 법률 문서에 있는 진술 목록에 의해 정의된 원칙들이 실제로 무엇이었는지(위에서 설명한 혼합된 것들과 마찬가지로) 재구성하는 것이 이론적으로는 가능할 수 있다. 그러나 심지어 이것도 실제로 본문의 요점이 아니다. 법률 문서는 (또는 그 문제에 관해서는 다른 성경 문서도) 단순히 그 기록 내용을 보존하기 위해 정경화되지 않았다. 예를 들어 비록 누가 무엇을 했는가를 기록하는 것이 내러티브 장르의 목적일지라도 우리는 역사 내러티브를 단지 누가 무엇을 했는가에 대한 기록으로 읽지 않는다. 역사서가 후세가 정확한 기록물을 만들 수 있게 할 목적으로 경전으로서 보존되지 않은 것처럼 모세 오경의 법률 지혜(legal wisdom)도 후세가 이스라엘 사회의 통치 원리를 재건할 수 있게 할 목적으로 경전으로서 보존되지 않았다. 우리는 이러한 의미에서 법 본문을 게임이나 스포츠의 공식 규칙과 비교할 수 있다. 선수들은 규칙을 읽고 준수하며 직접적으로 적용한다. 그들은 주요 청중이다. 이 비유에서 선수들은 고대 이스라엘 사람들을 나타낸다. 스포츠의 팬과 관중도 이 규칙을 읽는다. 하지만 그들이 규칙을 읽는 것은 규칙을 따르기 위한 것이 아니고 또한 단순히 규칙의 내용에 관한 사소한 것들을 그대로 되뇌기 위한 것이 아니라 그들이 게임을 볼 때 무슨 일이 일어나고 있는지 이해하기 위한 것이다. 이 비유에서 팬은 성경이 말하는 것을 진지하게 받아들이는 데 관심이 있는 그리스도인들을 나타낸다. 그러나 우리는 게임 상황에서는 선수들에게 페널티가 주어질지라도, 팬이 게임 규칙에 따라 행동하지 않는다고 해서 심판이 팬의 집에 나타나 페널티를 줄 것이라고는 전혀 기대하지 않을 것이다.

마찬가지로 우리는 개인이나 기관이 이스라엘을 위해 세워진 원칙들에 따라 행동하지 않았기 때문에 하나님이 나타나셔서 그들에게 심판을 내리실 것으로 기대해서는 안 된다. 그 원칙들은 우리가 아니라 이스라엘에게 쓰인 것이다. 그것들이 정말로 우리에게 어떤 의미가 있는지에 대한 논의는 명제 21을 참조하라.

맥락상으로 구약의 법률 지혜 문학이 실제로 이스라엘 사회를 형성해야 하지만, 어떤 장소 또는 시대에 누구든지 하나님의 이상적인 사회를 건설할 수 있는 일련의 지침들을 제공해야 하는 것은 아니다. 이에 대해서는 명제 20에서 더 논의될 것이다. 마찬가지로 고대 근동 법전들의 기본 원칙들을 모세 오경의 기본 원칙들과 (도출될 수 있는 최대한으로) 비교하고 이스라엘의 원칙들이 더 이상적이라는 점을 철저히 검토함으로써 성경이 상정하는 도덕적 우월성을 옹호하는 것도 유익하지 않다.[11] 명제 3에서 논의된 바와 같이 그러한 논쟁에서 이스라엘이 그것에 더 부합할 것이라고 추정되는 이상은 결국 **해석자**가 이상적이라고 생각하는 것에 기초할 것이다. 이런 종류의 사고는 성경을 현대의 이상을 옹호하는 데 유용한 많은 책 중 하나에 불과한 것으로 축소시킨다.

레위기 18장과 신명기 12장 같은 구절들의 목적은 (그리스도인이든 비그리스도인이든) 현대 인본주의자들의 감성과 일치하는, 시간을 초월하는 도덕 원칙들을 범한 죄에 대해 하나님이 악한 가나안 사람들을 벌하신다는 것을 가르치는 것이 아니다. 또한 현대 인본주의자들이 인정하는 종류

---

11 예를 들어 Paul Copan, "Are Old Testament Laws Evil?," in *God Is Great, God Is Good*, ed. William Lane Craig and Chad Meister (Downers Grove, IL: IVP Academic, 2009), 138-44을 참조하라.

에 더 가까운 사회를 만들기 위해 희생이 치러져야 한다고 가르치는 것도 아니다. 더 나은 인본주의자가 되는 방법을 이스라엘 사람들에게 가르치는 것도 확실히 아니다. 반대로 그것은 인본주의자들에게 더 나은 이스라엘 사람이 되는 방법을 가르치는 것도 아니다. 법률 문서는 어떤 종류의 도덕적 명령이나 도덕적 위반도 문서화하지 않는다. 그럼에도 그 구절들은 존재하는 이유가 있고, 문서화되고 보존되는 이유가 있다. 그 이유가 무엇인지와 이 구절들이 어떤 목적에 도움이 되는지는 다음 명제에서 살펴볼 것이다.

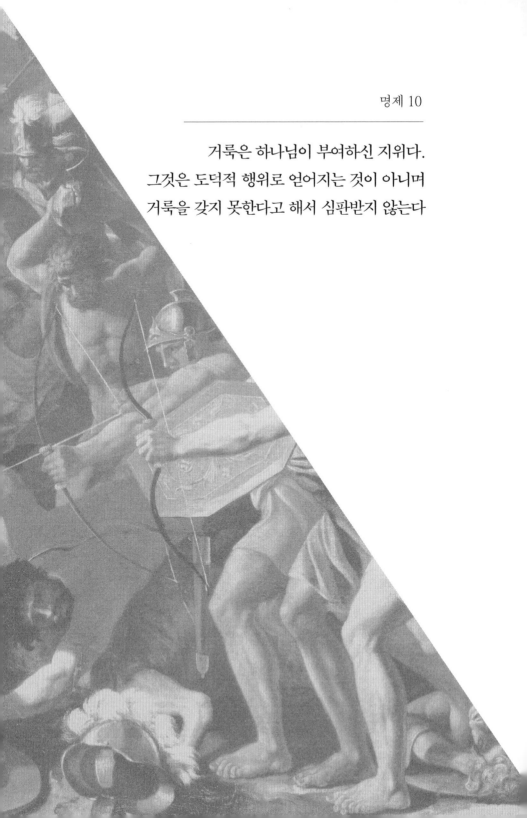

명제 10

거룩은 하나님이 부여하신 지위다.
그것은 도덕적 행위로 얻어지는 것이 아니며
거룩을 갖지 못한다고 해서 심판받지 않는다

사람들이 가나안 사람들과 정복에 관하여 읽고 가나안 사람들이 거룩하지 않았기 때문에 벌을 받고 있다고 결론을 내리는 것은 드문 일이 아니다. 우리는 앞의 몇몇 명제들에서 가나안 사람들이 벌을 받고 있는 것이 아니라고 주장하고 가나안 사람들이 율법의 도덕적 원칙들을 위반한 것으로 간주될 수 없다고 제안해왔다. 바로 앞 명제의 끝부분쯤에서 우리는 이스라엘의 법률 문학(legal literature)에 그들이 어떻게 행동해야 하는지 또는 그들이 사회를 어떻게 구성해야 하는지에 대한 하나님의 요구를 지시하는 규칙 목록이 포함되어 있지 않다고 주장했다. 대신에 우리는 법률 문서가 기본 원칙을 정하기 위해 편집된 예시 목록이라고 제안했다. 만약 그것이 사실이라면 법률 문학은 가나안 사람들은 고사하고 심지어 이스라엘에게도 도덕적 원칙을 제공하지 않는다. 이스라엘 백성이 토라에 불충실할 때 그들은 하나님의 보편적인 도덕법을 어기는 것이 아니라 언약을 깨뜨리고 있는 것이다. 명제 8에서 논의된 바와 같이 가나안 족속은 그들이 야웨와 언약 관계에 있지 않기 때문에 언약을 깨뜨릴 수 없다.

이제 우리는 우리의 관심을 거룩의 문제로 옮길 것이다. 고대 세계의 다른 곳에서 우리가 발견하는 것과는 달리 레위기의 경우에 (주로 의식에 관한) 이 법률 문서 안에 있는 기저의 원칙은 거룩이다. 이스라엘은 거룩하고 가나안 사람들은 (대조적으로) 거룩하지 않다. 그러나 구약의 인지 환경의 맥락에서 거룩하다는 것은 무엇을 의미하는가? 가나안 사람들이 거룩하지 않은 것에 대해 책임을 져야 하는지 이해하려면 그 질문이 꼭 필요하다.

우리는 레위기 19:2에 나오는 야웨의 유명한 말씀을 잘 알고 있다.

"너희는 거룩하라! 이는 나 여호와 너희 하나님이 거룩함이니라." 베드로전서 1:15-16에서 베드로가 이 구절을 사용한 모범을 따라 이 구절은 종종 "내가 도덕적이니 너희도 도덕적이 되라"로 해석되어 **하나님 닮기**(*imitatio Dei*)로 불리는 윤리 이론의 기초로서 언급된다. **하나님 닮기**에서 선하다는 것은 하나님과 같은 인격이 되는 것과 하나님이 하실 일이나 그런 종류의 일을 하는 것으로 구성된다. 종종 성결 법전(holiness code)이라고 불리는 레위기 19-20장에서 이어지는 내용은 일반적으로 하나님의 요구를 지시하는 명령 목록으로 해석되며, 이것은 보통 모든 요구 사항을 충족시키면 사람의 성품이 하나님의 성품과 일치할 것임을 시사한다.

그러나 이것은 레위기에서 실제로 일어나고 있는 일이 아니다. 인간은 인간이고 하나님은 하나님이시다. 한편에 적합하고 어울리는 것이 다른 편에게는 적합하지 않고 어울리지 않을 수 있다. 인간은 하나님의 형상이지만 인간은 하나님과 **같지** 않고 또 같아서도 안 된다. 즉 인간은 하나님이 행동하시는 것처럼 행동하고 하나님이 하시는 것처럼 하지 않는다. 이것이 실제로 창세기 3장의 전체 요점이다. 뱀이 아담과 하와에게 하나님과 같이 될 것이라고 약속한다(창 3:5). 그들은 열매를 먹고 실제로 하나님과 같이 된다(창 3:22). 그리고 그것이 더할 나위 없는 문제다. 하나님처럼 되고 하나님이 하시는 것처럼 하는 것은 오직 하나님만이 갖고 계신 특권이다. 그러한 특권은 우리의 손안에 있지 않다.

그것은 부모가 저녁에 외출하면서 첫째 자녀에게 책임을 맡기는 것에 비유할 수 있다. 그 자녀에게 어느 정도의 책임과 권한—말하자면 집을 다스리고 순종시킬 책임과 권한—이 주어진다. 그러나 동시에 그 자녀가 은행 계좌를 완전히 장악하고 어린 형제들을 훈육하는 등 완전히 부모의 역할을 떠맡는 것은 부적절한 행동일 것이다. 부모가 부모이기 때문에 이런 일들을 하는 것은 타당하다(참으로 필요하다). 그러나 그 자녀는 아무리 많은 (일시적인) 권한을 가질지라도 형제자매로 남는다. 그리고 적절한 행동을 지시하는 것은 그 관계와 지위의 특성이지 행동 자체에 내재하는 어떤 것이 아니다.

대다수 해석가들은 신의 행위와 인간의 행위의 (양 방향 모두의) 완전한 동일화의 잠재적 불합리성을 알고 있으며(레 18:18을 예로 들어 "하나님은 그의 아내의 자매와 동침하지 않는다"라고 말하는 것은 무의미하다), 그것에 기초해 거룩이 하나님의 행위에 동기를 부여하는 일종의 본질적 특성을 반영한다고 추정한다. 다시 말해, 그들은 그 문서가 "이 목록은 만약 하나님이 인간이라면 그가 무엇을 하실지를 기술한다"라고 말하는 것으로 해석한다. 그 사고방식에서 거룩은 근본적으로 성품적 특성이 되며 구체적으로는 특정한 도덕적 성품을 가리킨다. 따라서 레위기 19:2의 명확한 해석은 "너의 도덕적 성품은 나의 도덕적 성품과 같아야 한다"이며, "만약 그렇지 않으면 가나안 사람들의 도덕적 성품이 나의 기준에 미치지 못하기 때문에 내가 가나안 사람들을 벌하고 있는 것과 같이 너희도 벌을 받을 것이다"의 의미가 함축되어 있다(레 18:24에서 추론됨).

이 특정한 해석이 갖고 있는 문제는 "거룩한"으로 옮겨진 단어(히브리어 어근 qdš)가 도저히 "어떤 도덕적 성품을 가지는 것"이란 의미를 가질 수 없다는 점이다.[1] 거룩한 것으로 지정된 것들 대다수는 법궤, 제단, 성막

---

1   일반적으로 평행본문으로 언급될지라도 마 5:48에서 "온전한"로 번역된 "텔리오스"(telios)라는 그리스어 단어는 70인역에서 결코 qdš를 번역하기 위해서 사용되지 않는다.

의 등잔대와 같은 무생물이다. 또한 이 단어는 장소(시내산, 성막 내부), 시간(안식일), 지정학적인 추상 개념(땅, 국가), 동물(봉헌되거나 희생제물로 바쳐진 동물)에게도 적용된다. 이것 중 어느 것도 어떤 종류의 성품이나 도덕적인 작용(moral agency)을 갖지 않는다. 거룩한 것으로 지정된 유일한 사람들(잠재적 도덕적 행위자들)은 제사장들이지만, 이것은 결코 제사장들이 나머지 회중보다 더 도덕적이거나 다른 도덕적 성품을 가지고 있다는 의미로 해석되지 않는다. (국가나 민족이 거룩한 것으로 적시될 때, 그것은 거기에 참여하는 모든 특정한 개인을 가리키는 것이 아니라 공동체적 추상 개념을 가리킨다. 그렇지 않다면 제사장을 개별적으로 거룩한 자로 지정하는 것은 불필요할 것이다. 이것이 바로 민수기 16:3에서 고라와 다단과 아비람이 "회중이 다 각각 거룩하고"라며 주장할 때 그들이 범한 실수다. 거룩이라는 사회적 추상 개념은 그것의 모든 구성원에게 확장되지 않는다. 개인으로서 오직 제사장들만 거룩하다. 명제 11을 참조하라.)

마찬가지로, **거룩함**은 깨끗함이나 제의적 정결(ritual purity)의 최고의 상태를 나타낼 수 없다. 이 잠재적인 해석은 때때로 아카드어 동족어인 "카슈두/카슈둠"(qašdu[m])에 기초한다. "카슈두/카슈둠"은 (동사 형태로) 제의용의 정화(cleansing)의 의미뿐만 아니라 세속적인 의미, 즉 세탁의 의미로 씻음(washing)을 의미한다.[2] 물리적인 오물의 제거는 때때로 부정을 제거하는 것으로 추상화되고, 더 나아가 부정은 주어진 상황을 설명하는 것으로 추정된다. 예를 들어

거룩의 경험은 정결(purity)과 깨끗함(cleanliness)이라는 인간의 반응을 요

---

2   Jackie A. Naudé, "קדש", in *NIDOTTE*, 3:878.

구한다. 따라서 제사장 전통은 올바른 제의의 깨끗함과 분리의 유지를 요구한다. 예언 전통은 사회적 정의의 깨끗함을 요구하고 지혜 전통은 내면의 온전성(integrity)과 개인의 도덕적 행위의 깨끗함을 강조한다.[3]

이것의 문제는 히브리어에 이미 "깨끗한"에 해당하는 단어(*ṭāhôr*[타호르])가 있는데 이 단어가 "카다쉬"(*qdš*)와 의미가 같지 않다는 점이다.[4] 더러운 것에서 깨끗한 것으로 전환시키는 동일한 과정을 좀 더 엄격하게 적용시킨다고 해서 깨끗한 것이 거룩하게 되지 않는다. 더러운 것의 깨끗한 것으로의 전환과 일반적인 것에서 거룩한 것으로의 전환은 사실 별개의 과정으로서 전자는 인간에 의해 수행되고 후자는 하나님에 의해 수행된다.[5] 깨끗함의 개념은 제사 의식에 사용하거나 참여하는 것에 대한 적합성과 연결되어 있다. "거룩한"(*qdš*)이 "도덕적인"을 의미할 수 없는 것과 같은 이유로 "깨끗한"(*ṭāhôr*)은 "도덕적인"을 의미할 수 없다. 많은 부정한 행위(월경, 장례식 참여)는 죄가 아니며 많은 부정한 것들(동물, 곰팡이, 장소)에게는 도덕적인 작용(moral agency)이 없다. (부도덕으로서의) 죄가 가능한 하나의 가능한 제의적 오염물이라는 의미에서 깨끗함은 부도덕과 미세하게 관련되어 있지만 불결(*ṭūmʾâ*[투므아])과 부도덕(예를 들어 *ḥaṭṭāʾt*[하타트])은 결코 상호 교환할 수 없다.[6] 사람은 스스로를 정결하

---

3   Ibid., 3:882-83.

4   Philip Peter Jenson, *Graded Holiness: A Key to the Priestly Conception of the World*, Journal for the Study of the Old Testament: Supplement Series 106 (Sheffield, UK: JSOT Press, 1992), 44.

5   Ibid., 47-48.

6   엄밀히 말하면, "하타트"(*ḥaṭṭāʾt*)는 개인을 "타메"(*ṭāmēʾ*, *ṭhr*가 필요함)하게 되도록 만들고 또한 개인이 참여하는 거룩한 공동체로 하여금 "할랄"(*ḥālāl*, *kpr*가 필요함)하게 만든

게 하거나 부정하게 만들 수 있지만, 거룩은 하나님에 의해 부여되는 지위다.[7] 거룩은 행위를 통해 얻거나 습득될(또는 잃을) 수 없다.

레위기 19:2의 실제 표현이 이것을 증명한다. 대부분의 영어 번역은 그 진술을 명령형으로 옮기거나("내가 거룩하니 너희 자신을 거룩하게 하라") 또는 적어도 권고로 옮긴다("내가 거룩하니 너희는 거룩해야 한다"). 그러나 만약 거룩이 부여된 지위라면 이 번역들은 오해의 소지가 있다. 다행히도 히브리어는 단순히 "내가 거룩하니 너희는 거룩할 것이다"라고 말한다. 이 문법 구조가 명령의 분위기(예를 들어 왕하 11:8, "왕이 출입할 때에 시

다. "하타트"가 아닌 "투므아"(*ṭūm'â*)(월경, 시체 접촉)는 개인이 부정한 동안 계속해서 공동체에 참여하지 않는 한 공동체를 "할랄"(*ḥālal*)하지 않는다(즉 진영 밖으로 보내지 않는다). 레 16:16에는 "하타트"(*ḥaṭṭā't*)와 "투므아"(*ṭūm'â*) 모두에 대한 *kpr*가 있다. 이 둘이 같은 것을 의미한다면 이것들은 과다한 것이 될 것이다.

7 히브리어 본문을 읽는 독자들은 어근 *qdš*의 동사형이 종종 인간 주어를 취한다는 것에 주목할 것이다(일반적으로 "봉헌하다"로 번역됨). 그러나 동사 *qdš*는 사물이 형용사 "카도쉬"(*qādôš*)에 의해 표현되는 지위를 획득하는 과정을 묘사하지 않는다. 예를 들어 제사장은 성별되고 또한 거룩하다. 그러나 사람은 거룩해지거나 제사장이 되지 않고도 성별될 수 있다(예. 삼상 16:5). 성전에서 사용하기 위해 제사 물품을 성별하는 행위(예. 출 30:29)는 실제로 두 단계 과정을 설명한다. 그것을 성별하라, (그러면) 그것이 거룩할 것이다. NIV는 연결 불변화사를 "~하도록"(so that)으로 오역하여 두 과정을 한 과정으로 축약시킨다. 욘 1:12에서 유사한 두 단계 과정을 볼 수 있다. "나를 들어 바다에 던지라, 그리하면 바다가 너희를 위하여 잔잔하리라." 두 사건은 관련되어 있지만, 하나가 기계적으로 다른 것을 유발하지 않는다. 인간이 첫 번째 일을 하고 하나님께서 두 번째 일을 하신다. 이것은 신성한 물건들의 건축이 고대 근동 전역에서 작동한 방식과 유사하다. 최종 이미지는 인간과 신들 모두의 산물이다. 인간은 상(statue)을 만들고 그것을 "성별했다"(수메르어 KU₃, 히브리어 동사 *qdš*와 유사한 범위의 대상을 가진 형용사; E. Jan Wilson, *"Holiness" and "Purity" in Mesopotamia*, Alter Orient und Altes Testament 237 [Neukirchen-Vluyn: Verlag Butzon & Bercker Kevelaer, 1994], 13-35에서의 논의를 참조하라). 그러나 탄생 은유에 의해 묘사되는 그것이 거룩하게 되는 과정(수메르어 DINGIR)은 신들에 의해 수행되는 다른 과정이다. Christopher Walker and Michael B. Dick, "The Mesopotamian *mis pi* Ritual," in *Born in Heaven, Made on Earth*, ed. Michael B. Dick (Winona Lake, IN: Eisenbrauns, 1999), 55-122, 특히 114-17을 참조하라.

위할지니라", NIV "가까이 머물라")를 전달할 수 있지만 반드시 그런 것은 아니다. 신명기 7:14에서는 동일한 구조가 "너희는 복을 받을 것이다"라고 말하기 위해 사용되는데 이것은 분명 "너 자신을 복 받게 만들라"를 의미하지는 않는다.[8] 70인역(신약 저자들이 사용한 구약의 그리스어 역본)도 마찬가지로 동사의 명령형이 아니라 직설법 형태(*esesthe*)를 사용한다. 베드로전서는 다른 단어(*ginesthe*)를 사용한다.[9] 레위기 19:2은 지위가 곧 부여될 것이라는 선언이다. 이스라엘은 사실 거룩할 것이다.

qdš 하다는 것은 무엇을 의미하는가?

고대 세계의 맥락에서 거룩은 개념적으로 신성의 본질, 즉 "하나님의 존재 또는 활동의 영역에 속하는 것"을 의미한다.[10] 같은 어족인 셈족 언어에 신성의 본질을 가리키기도 하고 히브리어 *qdš*의 의미론적 범위와도 상당히 겹치는 용어가 있다. 그것은 의미 한정사(determinative) "딘기

---

8   출 19:6("너희가 내게 대하여 제사장 나라가 되며"), 레 26:12("너희는 내 백성이 될 것이니라"), 삼상 8:17("너희가 그의 종이 될 것이라")에서도 마찬가지다. 이 구절들은 사람들이 각각 자신을 제사장, 하나님의 백성 또는 종으로 만들어야 한다고 말하고 있는 것이 아니다.

9   70인역의 형태는 "에이미"(*eimi*, "~이다")의 직설법 미래형이다. 벧전 1:15-16("오직 너희를 부르신 거룩한 이처럼 너희도 모든 행실에 **거룩한 자가 되라**! 기록되었으되 내가 거룩하니 너희도 거룩할지어다[*ginesthe*] 하셨느니라")에 등장하는 형태는 "기노마이"(*ginomai*, "존재하게 되다")의 현재 명령형이다. 비록 "에세스테"(*esesthe*)가 더 잘 입증될지라도 벧전 1:16에서 "기네스테"[*ginesthe*]를 다시 사용한 것은 흔히 있는 변형이다. 그러나 "에세스테"(*esesthe*)는 명령형으로 번역될 수 없다. 어느 경우든 베드로는 새로운 목적을 위해 70인역을 수정하고 있는 것이며 레위기의 원래 히브리어 본문이 문맥에서 무엇을 의미했는지 설명하기 위해 70인역을 인용하는 것이 아니다.

10 Jenson, *Graded Holiness*, 48; 또한 Wilson, "Holiness" and "Purity" in Mesopotamia, 87을 참조하라.

르"(DINGIR, 아카드어 *ilu*)다.[11] 의미 한정사는 연관된 단어가 속하는 범주를 나타내는 문법적 요소다. 예를 들어, 영어에서 $ 기호는 그것이 붙은 숫자가 (미국) 화폐 금액의 범주에 속한다는 것을 나타냄으로써 의미 한정사로서 기능할 수 있다. 수메르어와 아카드어에서 "딘기르"는 연관된 단어가 신의 범주에 속한다는 것을 나타낸다. "딘기르화된" 요소들(딘기르 의미 한정사를 동반하는 단어들)은 예상되는 바와 같이 신들과 제의 물건들을 포함하지만 때때로 지리적 위치, 시간, 사람들, 추상 개념들을 포함한다.

표 2. 히브리어 *qdš*와 그것의 동족 언어들과 비교한 DINGIR/*ilu*의 용법

용법	DINGIR/*ilu*[12]	히브리어 *qdš*	우가리트어 *qdš*[13]	아카드어 *qašdu(m)*[14]
신의 칭호 또는 속성	정의(definition) 상	"거룩하신 이" (예, 사 1:4); "거룩하신 하나님"(예, 수 24:19)	칭호로서 엘과 아티랏을 위해 사용되거나 일반 신들에 대한 칭호로 사용됨	신들을 가리킴

---

11 수메르어 기호는 종종 로고그램(logogram)—단어 전체를 나타내는 기호—으로 사용된다. 음역할 때 로고그램은 관습적으로 작은 대문자를 사용하여 표시된다. 아카드어에서 일부 로고그램은 사물들이 속한 부류를 그래픽으로 나타내기 위해 의미 한정사로 사용된다. "딘기르"는 이러한 방식으로 사용되고 음역에서는 그것이 분류하는 단어 앞에 위첨자 *d*로 표시된다. 예를 들면, [d]Marduk. 수메르어 기호 "안"(an)은 아카드어 단어 "샤무"(*šamû* = 하늘)와 같은 로고그램 "안"(AN) 또는 아카드어 단어 "일룸"(*ilum* = 신)과 같은 로고그램 "딘기르"일 수 있다.

12 *CAD* 7:91-97.

13 Gregorio del Olmo Lete and Joaquín Sanmartín, *A Dictionary of the Ugaritic Languages in the Alphabetic Tradition* (Leiden: Brill, 2004), 695-97.

14 *CAD* 13:146b-147a.

제의 장소 또는 물건	지구라트, 신전 및 신전 일부,[15] 제의 물건들	법궤, 제단 그리고 거룩한 장소 등	성소	신전
신으로는 숭배되지 않으면서 신의 영역에 속한 생물들	혼돈의 생물들 (Anzu, Tiamat), 정령들(dlemnu) 등[16]	천상 회의(divine council)(욥 5:1; 15:15; 시 89:5-7; 단 8:13)	입증되지 않음	입증되지 않음
장소	산, 강[17]	시온, 예루살렘	바알의 산	강
시간	신들에게 봉헌된 달들(months)[18]	안식일(사 8:3), 희년(레 25:12)	입증되지 않음	입증되지 않음
사람 (개인)	왕[19]	제사장들(레 21:7)	제의 집행자들	입증되지 않음
추상 개념	직업, 광물, 추상 개념들[20]	나라(출 19:6) 땅(슥 2:12)	입증되지 않음	입증되지 않음

히브리어는 영어처럼 의미 한정사를 사용하지 않지만, 의미 한정사가 표현하는 (범주의) 개념은 여전히 의미 한정사를 사용하지 않는 언어들에 의해 표현될 수 있다. 예를 들어 영어에서 수메르어 의미 한정사 MI의 의미론적 등가물은 형용사(*female*[여성의]), 명사(*woman*[여자]; 또한 예를 들어 인간

---

15 Michael B. Hundley, "Here a God, There a God: An Examination of the Divine in Ancient Mesopotamia," *Altorientalische Forschungen* 40 (2013): 68-107; Barbara Porter, "Feeding Dinner to a Bed," *State Archives of Assyria Bulletin* 15 (2006): 320, 322.

16 *CAD* 7:101b.

17 Hundley, "Here a God," 73, 77.

18 일부 달들(months)은 신들의 이름을 따서 명명되고, 그것들이 관련된 신의 별자리의 일부를 형성한다. 예를 들어, Daniel E. Fleming, *Time at Emar* (Winona Lake, IN: Eisenbrauns, 2000), 161-73을 참조하라.

19 Peter Machinist, "Kingship and Divinity in Imperial Assyria," in *Text, Artifact, and Image*, ed. Gary M. Beckman and Theodore J. Lewis, BJS 346 (Providence, RI: Brown University Press, 2006), 163-64.

20 Hundley, "Here a God," 73-77.

이 아닌 *mare*[암말]이나 *ewe*[암양]), 대명사(*she*[그녀]), 상태 동사(*feminized*[여성화된]) 또는 복합 명사(congresswoman[여성 국회 의원])에 의해 다양하게 표현될 수 있다.[21] 그렇다면 어휘적인 차이에도 불구하고, 히브리어 *qdš*가 DINGIR/*ilu*와 의미적으로 상당히 중복된다고 제안하는 것은 불합리해 보이지 않는다. 따라서 이스라엘의 전반적인 신학이 일반적으로 고대 근동의 신학과 다르다는 점을 인정하면서도, 우리는 여전히 사물을 거룩한 것으로 분류함으로써 표현되는 개념이 무엇인지 더 잘 이해하기 위해 다양한 요소들의 딘기르화를 통해 표현되는 개념을 검토할 수 있다.

고대 세계의 신성 개념

(명사 또는 의미 한정사로서) 딘기르(DINGIR)는 신들과 그들의 개별적 정체성을 구성하는 다양한 요소와 관련이 있다. 마이클 헌들리(Michael Hundley)는 다음과 같이 자세히 설명한다.

대다수의 주요한 신들은 신인동형론에 입각하여 신성하다고 생각되는 사람, 상, 숫자, 준보석, 광물, 동물, 상징(emblem), 별, 별자리나 기타 천체 그리고 다양한 특성들과 동일시된다. 특히 이쉬타르(Ishtar)는 동시에 하늘에 거하는 신적 인격체(divine person)이면서, 다양한 지상 신전(아르벨라

---

21 흥미롭게도 divine이라는 영어에 필적하는 히브리어 형용사가 없다. "신"(god)에 대한 히브리어 단어('*elōhîm*[엘로힘])의 형용사 형태는 "신의 본질적 속성을 가지고 있는"을 의미하지 않고, "위대한" 또는 "큰"을 의미한다(창 30:8; 아마도 또한 삼상 14:15). 이는 마치 영어의 cyclopian도 (우연히) "외눈박이의 속성을 가지고 있는"(즉, 오직 한쪽 눈만 있는)을 의미하지 않고 "거대한"을 의미하는 것과 같다.

[Arbela]와 니느웨[Nineveh]가 가장 두드러짐), 금성, 숫자 15, 준보석 청금석(lapis- lazuli), 광물 납에서 국지화되는 것으로 적시되었고 사랑과 전쟁 같은 특성들의 구현으로 이해되었다. 많은 별개의 요소들로 구성된 이러한 상호 연결된 신성한 네트워크들 각각은 신적 집합체(divine constellation)로 보일 수 있다. 이 집합체에서 다양한 요소가 다소 통합된 실체(entity)와 연결되고 그것의 정체성을 공유한다. 다시 말해서, 각각의 주요 신은 측면들의 집합체로 구성되고 그 측면들은 (반)독립적으로 작용하고 취급된다. 대다수의 신적 집합체들은 여러 가지가 연결된 신격화된 측면들로 구성되는데, 항상 신격화되는 의인화된 핵심부와 기타 천체, 추상적 특성, 금속과 같이 가끔 신격화되는 요소들이 있다.[22]

고대 근동의 대부분의 물건처럼 신성한 인물들은 본질적인 정의에 의해 기술되지 않고 목록에 의해 제한되었다(명제 9에서 목록에 대한 논의를 참조하라). 목록—헌들리가 신적 집합체라고 부르는 것—의 목적은 특히 동일한 신의 개별적 측면들(예를 들어, 아르벨라의 이쉬타르 대 니느웨의 이쉬타르) 및 만신전의 다른 구성원들과 구별하여 신적 정체성을 확립하는 것이다. 정체성은 이어서 천상의 관료 체계에서 신의 위치를 확립하고 그들의 책임이 무엇이며 따라서 그들의 숭배자들이 언제 그리고 어떻게 그들과 관계를 맺어야 하는지를 나타낸다. 일부 메소포타미아의 더 작은 딘기르들(예를 들어, 더 큰 신의 숭배에 사용되고 그 신과 동일시되는 물건들)은 때때

---

22 Hundley, "Here a God," *Altorientalische Forschungen* 40 (2013): 68-107, 80-81에서 인용함.

로 그 자체로 신으로 취급되었다. 즉 그것들은 제의의 대상이었고 그것들에게 예물이 바쳐졌다.[23] 문헌에는 전차, 기구, 무기, 침대 같은 다양한 물건에 제물을 바쳤다는 기록이 나와 있다.[24] 아시리아의 한 편지에서 한 관리는 침대(위대한 신에게 바치는 선물로 의도된 것으로 추정됨)의 운반을 기록하고 침대에 직접적으로 제물이 바쳐졌다고 말한다. "왕과 그의 신하들이 실제로 두려워한 것이 그 침대를 소유한 신적 소유자의 진노였다는 암시는 없다. 세심하게 호위를 받고 그것 자체의 제물로 달래지는 것은 침대 자체다. 그것을 소유한 것으로 추정되는 신적 소유자는 결코 언급되지 않는다."[25] 이스라엘의 사고를 엿볼 수 있는 유사한 에피소드가 사무엘하 6장에 나온다. 다윗이 언약궤(하나님의 보좌 또는 발등상, 거룩한 물건/더 작은 딘기르)를 옮기려고 한다. 물건이 잘못 취급되고 수행원 중 한 명이 죽임을 당한다. 정통 신학의 목소리를 대변하는 서술자는 웃사를 치신 분이 궤가 아니라 하나님이었다는 점에 주의를 기울이지만(삼하 6:7), 다윗 자신은 이런 식으로 이해하지 않았음을 암시할 수도 있다. 그리고 그의 반응은 그 사건에 대한 그의 생각에 대한 통찰력을 제공한다. 궤를 다시 옮겨 오려고 할 때 그는 궤가 여섯 걸음을 옮길 때마다 희생제물을 바친다(삼하 6:13). 민수기 4:4-20에서 하나님이 궤의 운반에 대한 지시를 내리실 때 희생제물에 대한 언급은 없다. 이는 다윗이 무엇을 하고 있든 그렇

---

23 "메소포타미아에서 단어에 의미 한정사 DINGIR를 붙여 분류했다는 것은 그것이 수반하는 모든 것과 더불어 그것이 DINGIR로 이해되었다는 점을 의미했다." Barbara Porter, *What Is a God? Anthropomorphic and Non-anthropomorphic Aspects of Deity in Ancient Mesopotamia* (Winona Lake, IN: Eisenbrauns, 2009), 163-64.

24 Ibid., 172-93.

25 Ibid., 193.

게 하는 것에 대한 그의 영감이 이스라엘의 정통적 행위(orthopraxy)가 아니라 그의 인지 환경에서 온다는 것을 나타낸다.[26] 어떤 관찰자에게나 다윗의 제사 행위는 위에 기술된 아시리아 관리들의 제사 행위와 매우 유사하다. 그들은 신성한 침대를 운반할 때 그 침대에 "정규적인 양 제물"을 바친다.[27] 다윗의 희생제물은 야웨께 드리는 규정된 제물 중 어느 것과도 일치하지 않는다. 그러므로 다윗이 다른 사람 누구도 일격을 당하지 않도록 궤가 이동하는 동안 그것을 달래기 위해 궤에 희생제물을 바치고 있을 가능성이 매우 높다(아시리아인들이 신성한 침대에 희생제물을 바쳤던 것과 동일한 방식으로 말이다). 이것은 차례로 이스라엘이 무언가를 거룩한 것으로 분류하는 것이 메소포타미아인이 물건에 의미 한정사 딘기르를 붙여 분류한 것과 거의 같은 일을 의미한다는 생각을 지지할 것이다. 정통파 신앙의 대변인인 전달자는 다윗의 제사를 칭찬하지도 비난하지도 않는다. 다윗의 제사는 그것이 무엇이든 간에 종교 체계들의 혼합인 혼합주의(syncretism)의 행위를 나타낸다. 희생제사가 단순히 보도된다.[28] 내러티브

---

26 McCarter는 희생제사가 신상을 새로운 수도로 가지고 오는 표준적인 고대 근동 취임 의식을 나타낸다고 제안한다. P. Kyle McCarter, "The Ritual Dedication of the City in 2 Samuel 6," in *The Word of the Lord Shall Go Forth*, ed. Carol L. Meyers and M. O'Connor (Winona Lake, IN: Eisenbrauns, 1983), 273-78. 그렇지만 만일 이것이 사실이라면 바알레 유다에서 나곤의 타작마당에 이르기까지 내내 희생제사가 드려졌어야 했다(삼하 6:1, 5). 삼하 6:5의 축하 행사와 악기들은 계속되는 것으로 추정되지만 희생제사는 새로운 것이다. 따라서 이는 희생제사가 웃사의 사건에서 영감을 받은 것임을 시사한다.

27 Simo Parpola, *The Correspondence of Sargon II: Letters from Assyria and the West*, State Archives of Assyria 1 (Helsinki: Helsinki University Press, 1987), letter 55, pp. 51-52. 또한 Porter, *What Is a God*, 193을 참조하라.

28 그 이유는 궤가 야웨의 집합체의 일부로서 엄밀히 말하면 야웨와 다른 신이 아니기 때문일 수 있다. 뚜렷이 구별되는 자신들의 집합체를 가지고 있는 바알이나 그모스 같은 것과는 대조적이다. 덧붙여 말하자면, 단과 벧엘의 송아지 제단(그리고 시내산의 금송아지도)도 아마도 야웨의 측면들(aspects)이 되도록 의도되었을 것이다. 이 경우들에 있어서 차이

의 초점은 신에 대한 다윗의 존경과 경의에 있는 것이지(명시적으로는 삼하 6:20-23에서 사울과 대조를 이루고 암시적으로는 삼상 4장과 8장의 홉니, 비느하스, 장로들과 대조를 이룸),[29] 신격(divinity)에 대한 정의의 뉘앙스들에 대한 그의 이해에 있는 것이 아니다.

그러나 이스라엘의 정통 신앙은 신학적 혁신을 표현하면서도 메소포타미아의 정의(definition)들과 일치한다. 예를 들어 메소포타미아에서 천상회의를 구성하는 딘기르들은 그 자체로 숭배의 대상이 될 수 있다. 이스라엘에서 야웨의 회의(Yahweh's council)는 거룩하지만 경배를 받지 않는다. 신적 정체성을 소유하거나 그것에 참여하지만 그럼에도 숭배되지 않는 천상 영역의 것들(즉, 딘기르들)은 메소포타미아에도 존재하는 범주다.[30] 정통 이스라엘은 숭배되지 않는 딘기르들/거룩한 것들의 범위를 확장하여 야웨 이외의 신적 영역의 모든 요소를 포함하지만[31] DINGIR/

점은 야웨와 그를 따르는 정통 이스라엘이 이것들의 합법성을 인정하지 않는다는 것이다. 즉, 야웨께서 궤에 대하여 하신 것처럼 그것들을 거룩하다고 선언하지 않으신다. 유사하게 (야웨의) 새긴 우상을 만들지 말라는 명령(출 20:4)이 주어진다. 왜냐하면 형상들(images)이 신적 정체성을 개별적인 측면들로 분열시키기 때문이다. 이 개별적인 측면들은 여전히 동일한 신을 나타내면서도 심지어 서로 싸울 수 있을 만큼 충분히 뚜렷이 구별된다. 아르벨라가 니느웨와 전쟁을 하면 이쉬타르가 이쉬타르와 싸울 것이다. 이스라엘의 정통 신앙은 야웨의 정체성이 이런 식으로 분열되는 것을 허용하지 않을 것이다. "예루살렘의 야웨"와 "사마리아의 야웨"가 있을 수 없다. 이것이 바로 (예루살렘에) 오직 하나의 공인된 성전이 있고 하나의 공인된 형상(궤)이 있으며 다른 형상이나 제의 중심지가 용납될 수 없는 이유다(신 12장 참조).

29 Jonathan H. Walton, "A King Like the Nations," *Biblica* 96 (2015): 200을 참조하라.

30 ᵈ*Lemnu*("정령들"), 혼돈의 생물들. John H. Walton, "Demons in Mesopotamia and Israel: Exploring the Category of Non-divine but Supernatural Entities," in *Windows to the Ancient World of the Hebrew Bible*, ed. Bill T. Arnold et al. (Winona Lake, IN: Eisenbrauns, 2014), 233을 참조하라.

31 Ibid., 231을 참조하라.

*qdš*가 실제로 의미하는 것에 대한 개념을 변경하지는 않았다.

마찬가지로 이스라엘이 장소를 거룩하게 하는 것은 메소포타미아의 개념과 비슷하다. 메소포타미아의 딘기르화된 지리(일반적으로 산이나 강) 는 그 지형의 신적 후원자(divine patron)의 집합체 안에 있으며 그 신적 후원자는 그것의 이름을 공유한다. 물리적인 암석이나 물은 문학적 맥락이 그것의 후원자와의 공동 동일시(co-identification)를 얼마나 강하게 강조하기 원하느냐에 따라 때로는 딘기르화되고 때로는 그렇게 되지 않는다.[32] 그럼에도 딘기르화될 때조차도 암석과 물은 물리적으로 신적 영역으로 옮겨진 것으로 여겨지지 않는다. 그것들은 인간이 조심스럽게 밟아야 하고 그렇지 않으면 죽어야만 하는 거룩한 땅이 아니다. 이러한 의미에서 그것들은 이스라엘의 거룩한 땅과 더 많은 공통점을 가지고 있다. 이스라엘의 거룩한 땅은 물리적 물체들, 물, 암석이 아니라 영토라는 추상 개념의 신성화를 수반한다. 우리는 명제 11에서 이에 대해 더 논의할 것이다. 메소포타미아는 딘기르화된 지구라트, 신전 그리고 문간, 파이프, 신상의 받침대 같은 신전의 건축 구성 요소들의 형태로 이스라엘의 거룩한 땅에 상응하는 더 직접적인 대응물(그리고 우가리트의 신성한 산악 거주지)을 갖고 있다. 이 중에서 신전의 건축 구성 요소들은 이스라엘의 거룩한 장소의 대응물이 될 수 있다.[33] DINGIR/*qdš*는 신적 동일시(divine co-identification)를 강조하므로 여기서 지정(designation)이 그 지역을 신성한 영토로 표시한다. 왜냐하면 신이 지금 그곳에 존재하고 그곳을 통해 증

---

32   Hundley, "Here a God," 77; Porter, *What Is a God*, 161-62, 169-71.
33   Porter, *What Is a God*, 164, 189; Hundley, "Here a God," 79을 참조하라.

명되기 때문이다.[34] 대사관이 그 건물과 그것이 세워진 대지를 그것의 후원 국가와 동일시하여 비록 그것이 다른 나라의 물리적인 흙 위에 위치할지라도 그것의 주권 국가의 확장으로 간주되는 것과 마찬가지로 공간(또는 건물, 제사 물품)을 신과 동일시하면 그 공간은 신성한 영역으로 통합된다.

유사점은 딘기르화된/거룩하게 된 개인들(메소포타미아의 왕들, 이스라엘의 제사장들)에 대한 개념에서 계속된다. 이 신격화된 개인은 만신전의 지위로 승격되지 않는다. 딘기르화된 왕이 희생제물을 받았다는 기록은 없다.[35] "신격화된 직업(profession)이나 직무(office)가…단순히 지배 엘리트의 지위를 확보하거나 사회 구조를 안정시키기 위해 고안된 의도적이고 계획적인 성화 과정(process of sanctification)을 반영하는 것은 아니다. 이 항목들은 신성한 영역과의 현존하는 원형적 관계(prototypical relation) 때문에 신들의 계층에 포함될 수 있을 뿐이다."[36] 다시 말해서 개인은 그들이 맡고 있는 (신성한) 직무의 화신이다. 직무가 개인을 거룩하게 하는 것이지 그 반대는 아니다.[37] 직무의 신성함은 결국 그것의 기원이 신적 영역

---

34 이는 지위는 밀접한 관계에 의해 발생된다고 주장하는 Hundley 및 Porter와 대조된다. Porter, *What Is a God*, 191; Hundley, "Here a God," 11-12을 참조하라.

35 Peter Machinist는 신격화된 아시리아 왕(의 형상)이 숭배나 제물을 받지 않는다고 지적한다. Peter Machinist, "Kingship and Divinity in Imperial Assyria," in Beckman and Lewis, *Text, Artifact, and Image*, BJS 346, 179-80.

36 Gebhard J. Selz, "The Divine Prototypes," in *Religion and Power: Divine Kingship in the Ancient World and Beyond*, ed. Nicole Brisch, The University of Chicago Oriental Institute Seminar 4 (Chicago: University of Chicago Press, 2008), 13-31, 18에서 인용.

37 Ibid., 19. "그러므로 통치자의 지위 개념은 주로 규(scepter)나 왕관과 같은 물건, '직분' 그리고 더 약한 정도로만 그 직분을 차지하고 있는 사람과 연결되어 있다."

에 있음을 나타낸다. "왕권은 하늘에서 지상으로 내려졌다."[38] 그러나 단순한 기원(origin)을 넘어 메소포타미아의 왕들은 실제로 신적 영역에 속하는 것으로 생각되었고[39] 신들과 백성 사이에서 중재자 역할을 했다.[40] 신적 직무와 동일시됨으로써 개인은 사실상 신적 영역에 통합되었다. 그런 다음 그들은 신적 영역과 동일시된 것으로서 의미 한정사 딘기르를 받았다. 그러나 혼돈의 생물들처럼 그들은 숭배(제물)를 받지 않으며, 따라서 결코 만신전의 실제 구성원으로 간주되지 않는다.

이스라엘에서 중재 역할을 하는 신적 직무는 왕이 아니라 제사장들이 차지했다. 역할의 세부 사항은 다르지만 비교의 요점은 이스라엘의 제사장이 메소포타미아의 왕과 동일하다고 말하는 것이 아니다. 요점은 DINGIR/*qdš*의 사용이 왕이든 제사장이든 개인을 신으로 지정하지 않았다는 것이다. 왕들과 마찬가지로 이스라엘 제사장들을 거룩하게 하는 것은 제사장직이 신적 기원을 가지고 있음을 나타냈다. 제사장직은 사람들이 아니라 야훼에 의해 제정되었다(출 28:1, 특히 삼상 8장에서 사람들에 의해 제정된 이스라엘 왕권과 대조됨; 일부 메소포타미아 왕들은 딘기르들이지만 이스라엘 왕들은 결코 거룩하지 않다). 그것은 또한 제사장들이 신적 영역의 일부였으며 이것이 그들로 하여금 (무엇보다도) 성소를 더럽히지 않고(또는 죽지 않고) 성소에 들어갈 수 있게 했음을 나타낸다. 따라서 *qdš*의 히브리

---

38 Ibid., 18.
39 Machinist, "Kingship," 184. "아시리아 왕은…단순히 지위가 높은 왕이 아니라, 신계 (divine world)에 자리를 차지한 사람이었다." 그는 계속해서 아시리아인들이 왕의 개인 이름보다는 왕의 "형상"(image)을 딘기르화함으로써 개인보다 직무를 강조했다는 점에 주목한다(185).
40 Ibid., 182.

어 용법은 그것이 DINGIR/*ilu*와 동일한 것을 의미한다는 것을 나타내는 것으로 보인다. 그것은 그렇게 지정된 요소가 특정한 신의 신적 집합체의 일부이거나 신적 직무에 참여한 자였다는 것을 의미한다.

마지막 몇 페이지의 모든 기술적 분석은 고대 세계와 관련된 거룩함에 대한 이해를 얻는 데 도움이 된다. 그것은 무언가를 신의 영역과 관련된 것으로 식별하는 것이다. 우리는 이제 어떻게 거룩이 이스라엘과 관련되는 반면 가나안 사람들과는 관련되지 않는지 고찰할 수 있다.

신성 대 도덕

레위기 19장에 대한 한 가지 만연한 해석은 하나님이 모든 백성에게 바라시는 것이 거룩이기 때문에 야웨께서 이스라엘에게 거룩하라고 명령하신다는 것이다. 이 해석에서 가나안 사람들은 이 거룩의 표준을 충족시키지 못했고, 그 결과 그 땅에서 쫓겨나고 있다. 그러나 위의 분석에 기초하여 우리는 이 해석이 지지받을 수 없다고 주장했다. 첫째, 하나님은 **누구로부터도** 거룩을 바라지 않으시고, 실제로 바라실 수 없다. 거룩은 일련의 행동이 아니라 지위다. 둘째, 거룩은 도덕적 지위가 아니다. 대부분의 거룩한 것들은 도덕적 행동(moral agency)을 하지 않는다. 제단과 등잔대는 하나님의 바람대로 살지 않는다. 셋째, 거룩한 지위는 얻어지는 것이 아니라 부여되는 것이다. 가나안 사람들은 거룩하지 않다. 그러나 그것은 그들이 행하거나 행하지 않은 어떤 것 때문이 아니다. 그것은 하나님이 하지 않으신 일 때문이다. 하나님은 그들이 거룩하다고 선언하지 않으셨다. 가나안 사람들에게 거룩한 지위가 없다는 것은 고발도 아니고 그것 자체가 형벌도 아니다(명백히 이스라엘은 자신의 의로 거룩하다고 선언될 권리를 **얻지** 않는다). 그것은 그들이 그 땅으로부터 추방당할 만했음을 나타내지도 않는다.

거룩한 지위는 사람이나 물건이 야웨와 맺는 정체성의 연관성을 의미한다. 그 지위의 중요성은 선함(윤리와 도덕)의 관점에서가 아니라 형이상학의 관점에서, 구체적으로 말하면 신성하다는 것이 무엇을 의미하는지에 대한 고대의 정의의 관점에서 파생되며 그 세부 사항은 신성화된 대상의 성격에 따라 다르다. 거룩하다고 선언된 덕분에 추상적 공동 구성체인 "이스라엘 민족"은 그의 신적 집합체로의 통합을 통하여 야웨의 신적 정체성(divine identity)과 연관된다.[41] 그것이 이스라엘에게 정확히 무엇을 의미하는지는 다음 명제에서 상세하게 검토될 것이다. 마지막으로, 요약하자면 거룩은 신과의 동일시를 의미하고 도덕이나 청결의 기준을 충족

---

41 그러나 이 정의들이 신약까지 이어지지 않는다는 점은 주목할 가치가 있다. "하기오스"(hagios)라는 그리스어는 70인역에서 qdš를 번역한다(또한 몇몇 다른 단어들도 번역하는데, 레 10:14에서 ṭāhôr[타호르, "깨끗한"], 삿 13:7에서 "나실인"을 옮긴 것이 가장 두드러진다). 이러한 해석적 선택은 "하기오스"라는 그리스어가 더 전문적인 qdš라는 히브리어보다 더 넓은 의미 범위를 가지고 있다는 것을 나타내지만, 제2성전 시대까지 신성과 형이상학 일반에 대한 정의가 본질적인 범주의 관점에서 재구상되었다. 범주 체계의 목적이 어느 한 사물이 무엇이며 그리고 그것이 무엇은 아닌지 사이에 엄격한 경계를 고정하는 것이었기 때문에 고대 근동과 구약에서 사용되었던 고대의 아리스토텔레스 이전의 분류 체계의 가변성(fluidity)의 일부가 상실되었다(Selz, "Prototypes," 16, 그리고 특히 Hundley, "Here a God," 70-72 참조). 따라서 qdš/hagios는 신약의 형이상학에서 신성과 신적 정체성의 본질(신학적 ousion[우시온])을 기술하지 않는다. 만약 고전주의 신학과 후기 고전주의 신학(postclassical theology)에서 사용된 "하기오스"라는 용어에 내재된 (qdš에 의해 기술된) 고대의 신적 가변성과 평행을 이루는 것이 있다면, 그것은 삼위일체(Trinity)가 아니라 "테오시스"(theosis)(신적 "활동"[energeia]에의 참여, 예를 들어, "하나님이 사람 되심은 사람이 하나님 되게 하려는 것이다"[Athanasius, On the Incarnation 8.54])와 같은 것이 될 것이다.

시키는 것과 동일시되어서는 안 되기 때문에 이스라엘 사람이나 가나안 사람을 막론하고 어느 누구도 거룩하지 않은 죄를 범할 수 없다. 거룩은 지위다. 그 땅의 정복은 분명히 이스라엘의 거룩한 지위와 관련이 있지만 가나안 사람들 편에서 거룩이 없는 것과는 아무런 관련이 없다.

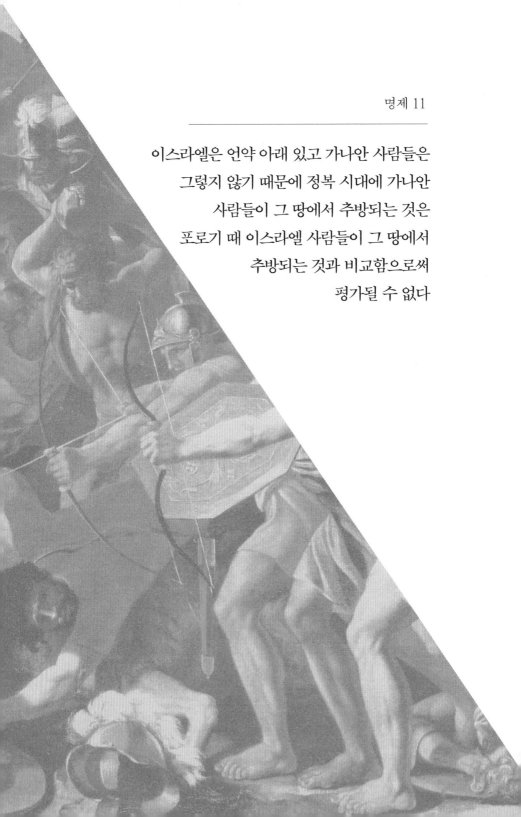

이스라엘은 언약 아래 있고 가나안 사람들은
그렇지 않기 때문에 정복 시대에 가나안
사람들이 그 땅에서 추방되는 것은
포로기 때 이스라엘 사람들이 그 땅에서
추방되는 것과 비교함으로써
평가될 수 없다

레위기 18:28("너희도 더럽히면 그 땅이 너희가 있기 전 주민을 토함 같이 너희를 토할까 하노라")과 같은 구절들은 일반적으로 포로기 때 이스라엘이 아시리아/바빌로니아에 의해 그 땅에서 추방당한 것이 가나안 사람들이 이스라엘에 의해 그 땅에서 추방당한 것과 대략 정확한 평행을 이룬다는 것을 암시하는 것으로 해석된다. 이스라엘의 범죄가 잘 문서화되어 있고 그 범죄는 대부분 제의적 위반과 사회적 부정 행위로 구성되기 때문에, 그 추정된 요약에 호소하여 그 동일한 범죄가 가나한 사람들에게 적용된다. 그리고 이는 이어서 이 행위들이 어떻게든 본질적으로 하나님께 모욕적이라는 생각을 낳는다. 그러나 이 추정상의 비교는 당연히 결정적으로 중요해야만 하는 요소, 즉 언약을 고려하지 않는다. 이스라엘은 언약을 갖고 있지만 가나안은 그렇지 않다. 언약은 이스라엘과 하나님 사이의 관계 및 이 둘 모두와 그 땅 사이의 관계를 정의한다. 그러므로 언약이 없는 사람은 당연히 야웨 및 그 땅과 이스라엘이 하는 방식과는 다르게 관계를 맺을 것으로 예상된다.

이스라엘의 정체성과 신적 집합체

레위기 19장에서 거룩하다고 선언되는 이스라엘 민족은 참여하는 모든 개인의 집합이 아니라 공동체적 추상 개념을 가리킨다. 제사장직과 달리 민족은 신성한 직분이 아니다. 그것은 신적 영역에서 비롯되는 것이 아니다(명시적으로 그렇다; 신 26:5; 겔 16:3 참조). 마찬가지로 야웨의 선언이 민족에 참여하는 모든 개인을 거룩하게 하지 않는다. 이것이 바로 고라와 그의 일당이 민수기 16장에서 범한 실수다. 그들은 비유적인 제사장 왕국(출 19:6)을 공동체의 모든 구성원이 **실제** 제사장으로서 섬길 자격이 있다는 의미로 오해한다. 추상 개념들인 "땅"(슥 2:12)과 "성"(도시[예를 들어 사 52:1])도 마찬가지다. 부동산은 문자 그대로 거룩한 땅이 되지 않는다(출 3:5와 비교). 추상 개념은 그것을 구성하는 요소들을 초월한다. 그리고 거룩한 것은 요소들이 아니라 추상 개념이다. 우리가 메소포타미아에서 사물을 딘기르화하는 것이 구약에서 사물을 거룩한(qādôš) 것으로 분류하는 것과 비슷하다는 점을 보았기 때문에, 메소포타미아에서 이러한 방식으로(DINGIR 사용) 다뤄진 추상 개념들에 대한 인식은 우리에게 이스라엘의 거룩의 본질을 이해하는 수단을 제공한다.

딘기르화된 추상 개념은 딘기르화된 물건과 달리 다신교 지역인 메소포타미아에서도 신으로 취급되지 않는다. 어느 누구도 전쟁이나 진리에 희생제물을 바치지 않는다. 대신에 추상 개념은 더 큰 신적 인격과 연관되고 집합적으로 그 신의 정체성을 정의하는 데 도움이 된다. 이스라엘에서 야웨는 홀로 만신전에 계신다. 하지만 그분은 메소포타미아에서처럼 거룩하게 된 추상 개념들을 포함하는 (집합체에 의해 범위가 한정된) 신적 정체성을 여전히 갖고 계신다. 그러므로 이쉬타르를 사랑과 전쟁의 신이라고 적시한다고 해서 그것이 사랑과 전쟁의 특정한 특성이 무엇인지 밝히지 않는 것과 같은 이유로 이스라엘 민족의 거룩한 지위는 이스라엘 민족의 특정한 특질이 무엇인지를 적시하지 않는다. 대신에 이쉬타르의 사랑과 전쟁과의 연관성이 여신으로서의 이쉬타르에 관해 무언가를 이야기해주는 것처럼 그 지위는 이스라엘이 야웨의 집합체 안으로 통합된 것으로 인해 **야웨**의 정체성을 나타낸다. 이것이 "너희는 내 백성이 되고 나는 네 하나님이 되리라"는 말씀의 완전한 의미다. 이것은 기능에 대한 진술이지만, 그보다 훨씬 더 그것은 정체성에 대한 선언이다. 언약의 비준을 통해 야웨는 이스라엘의 하나님이 되신다. 이 변화는 기념비적으로 중요하며 하나님이 성육신 때 인간이 되신 것과 비교할 만하다. 이 선언으로 이스라엘이 무엇이든 또는 이스라엘이 무엇을 하든 그것은 야웨가 무엇인지 또는 야웨께서 무엇을 하시는지를 돌이킬 수 없이 반영한다.

민족의 거룩함

명제 9에서 논의된 바와 같이 성결 법전의 목적은 질서를 정의하는 것이다. 그러나 더 정확하게 말하면, 그것의 목적은 야웨를 정의하는 민족을 구체적으로 정의하는 질서를 정의하는 것이다. 이것이 레위기 19-22장 전체에 걸쳐서 후렴구 "나는 야웨니라"가 반복되는 이유다. 많은 해석과 대조적으로 이 말씀은 "내가 하나님이니 그리고 내가 그렇게 말하니 이것을 하라"를 의미하지 않는다.[1] 그것은 권위에 대한 주장이 아니다. 그것은 정체성에 대한 선언이다. 고대 근동에서 법률 문서는 왕에 의해 작성되고 지혜롭고 공정한 통치자로서의 왕의 정체성에 대한 선언으로서 (신들에게) 제출되었다.[2] 야웨는 그 장르를 전용하고 자기 자신을 저

---

1   예를 들어 Erhard S. Gerstenberger, *Leviticus* , Old Testament Library (Louisville, KY: Westminster John Knox, 1993), 255을 참조하라.

2   "메소포타미아 왕들은 스스로를 공정한 통치자로 소개하려고 노력했다.…왕들은 정기적으로 그들의 비문에 자신들이 정의의 옹호자들이라고 밝혔다.…[함무라비 법전]은 정의와 좋은 질서를 그 땅에 가져오려는 함무라비의 노력을 알리기 위한 것이었다." Dale Launderville, *Piety and Politics: The Dynamics of Royal Authority in Homeric Greece, Biblical Israel, and Old Babylonian Mesopotamia* (Grand Rapids: Eerdmans, 2003), 280, 또한 Jack

자로 내세움으로써 자신을 위해 비슷한 정체성 선언을 하고 계신다.[3] 그분은 지혜와 규정된 원칙에 의해 정의된 민족을 자신의 집합체에 통합시킴으로써 자신을 (말하자면 바빌론의 신 샤마쉬[Shamash]와 동등하게) 지혜와 정의의 수호신일 뿐만 아니라 인간 군주와 동등하게 지혜와 정의의 집행자라고 밝히신다. 물론 이것은 야웨께서 인간이 모방할 경우 정의로 귀결될 행동의 본을 보이고 계신다는 의미가 아니다. 정의는 그런 식으로 작동하지 않는다. 재판관은 누군가를 처형받도록 할 수 있다. 당신은 그럴 수 없다. 그것은 또한 야웨께서 인간이 순종할 경우 정의로 귀결될 규칙 목록을 정하고 계신다는 의미도 아니다. 명제 9에서 논의된 바와 같이 법률 문서에 있는 율법은 복종해야 할 명령이 아니라 기본 원칙의 범위를 정하는 가상의 실례들이다. 그것은 고대 근동의 나머지 지역 도처의 신과 인간 사이의 관계에서 정상적이었던 이기주의와 편집증과는 대조적으로 야웨와 그의 백성 사이의 관계는 지혜와 정의의 원칙에 따라 작동할 것이라는 점을 의미한다.

이스라엘 민족은 야웨의 정체성에 대한 반영이다. 이는 야웨의 정체성이 그분과 이스라엘 민족 사이에 맺는 관계의 성격에 의해 증명될 것

M. Sasson, "King Hammurabi of Babylon," in *Civilizations of the Ancient Near East*, ed. Jack M. Sasson (New York: Scribner's, 1995), 907을 참조하라.

3   성경의 법률 문학을 고대 근동의 법전들, 특히 함무라비 법전과 비교하는 대부분의 경우 전형적으로 모세를 입법자(함무라비)로, 야웨를 초월적인 신적 후원자(샤마쉬)로 내세운다. 그러나 법전의 에필로그에 다음의 글이 등장한다. "지혜로운 왕 함무라비가 세운 정의의 법들. 의로운 법과 경건한 법령을 그가 그 땅에 가르친도다. 함무라비, 내가 수호하는 왕이다." 성경 본문에서 그러한 진술은 결코 모세에게 귀속되지 않는다. 율법은 야웨께서 제정하시고, 규례는 야웨의 것이며, "나는 야웨니라"라는 후렴구가 도처에 나온다. 야웨가 입법자이시다. 모세는 단지 필사자일 뿐이다.

임을 의미한다. 야웨께서 보호하시는 민족은 지혜와 정의로 다스려질 것이다. 그것이 야웨께서 자신을 위해 선포하신 정체성이다. 이 통치가 취하는 구체적인 형태는 이스라엘에 달려 있다. "보라, 내가 오늘 생명과 복과 사망과 화를 네 앞에 두었나니"(신 30:15). 만약 이스라엘이 (그들의 문화가 이해하는) 질서와 정의에 따라 산다면[4] 그들은 자신의 수호신을 호의적으로 반영할 것이며, 그 수호신은 차례로 자신의 은총을 보여주고 그들을 축복할 것이다. 야웨가 요구하시는 것은 바로 이 호의적인 반영이지 돌봄이나 애지중지하는 것이 아니다. "내가 번제물로 일 년 된 송아지를 가지고 그 앞에 나아갈까?…사람아, 주께서 선한 것이 무엇임을 네게 보이셨나니 여호와께서 네게 구하시는 것은 오직 정의를 행하며 인자를 사랑하며 겸손하게 네 하나님과 함께 행하는 것이 아니냐?"(미 6:6, 8) 그러나 하나님의 목적, 목표 및 이상은 인간의 행복을 가져오는 것에 기초하지 않기 때문에(명제 3 참조) 이 요구 사항은 **반영**(즉, 이스라엘이 자신의 하나님이 지혜와 정의와 동일시된다는 것을 반영하는 것)을 위한 것이지 정의와 자비의 수령인들 자체를 위한 것이 아니다. 하나님은 동물의 희생을 필요로 하시거나 그것이 부족하지 않으신 것처럼 가난한 사람들에 대한 돌봄을 필요로 하시거나 그것이 부족하지 않으시다. 일부 예언자들이 자신의 주장을 입증하기 위해 이 비유적 묘사를 사용하지만(예를 들어 호 6:6) 하나

---

4   요점은 신적 동일시이기 때문에 **정의**(justice)에 대한 정의(definition)는 관찰자들의 맥락과 관계가 있다. 하나님이 이스라엘에게 어떤 이상적인 형태의 정의를 명령하시는데 그들의 관념에서 그것의 교의가 부당하다면 그분은 그 목적을 무너뜨리실 것이다. 이것이 모세 율법이 보편적인 측면에서 이해될 수 없는 이유다. 모세 율법은 절대적인 신적 이상이 아니라 고대 근동의 이상을 나타낸다. 개개의 구성 요소들은 그 자체의 진가에 따라 평가되어야 한다. 이것은 우리 현대인들이 싫어하는 요소들(채무 노예)과 우리가 찬성하는 요소들(가난한 사람들에 대한 돌봄) 모두를 포함한다.

님이 어떤 식으로든 죽은 동물 대신 도덕(개인적 또는 사회적)을 요구한다고 생각해서는 안 된다. 야웨는 육체적이든 정신적이든 필요한 것이 전혀 없으시기 때문에 어떤 종류의 희생제물도 요구하지 않으신다. 제의 체계와 사법 시스템—둘 다 질서의 구성 요소임—이 (동일하게) 요구되는데, 이는 야웨를 기쁘시게 만들거나 창조에 대한 어떤 종류의 신적 이상을 수행하기 위해서가 아니라 고대 세계에서 질서가 신적 능력의 표시이기 때문이다. 명제 3에서 논의된 바와 같이 야웨는 이상적인 사회를 건설하려고 애쓰지 않으신다. 그분은 우연히 그 당시에 존재하는 사회의 맥락에서 자기 계시의 목적을 수행하고 계신다.

이스라엘은 정의(justice)에 대한 야웨의 헌신으로부터 확실히 이익을 얻는다. 맥락상 정의는 현대에 흔히 자비와 병치되는 것과는 대조적으로 변덕스러움(충동성과 예측 불가능성)과 병치되어야 한다. 고대 근동의 신들은 공정하지 않았다. 비록 그들이 (인간 세계 안에서의 질서가 인간들로 하여금 신들의 필요를 충족시키는 역할을 수행하도록 허용했기 때문에) 정의를 중요시했지만 그들 자신은 호의와 냉대를 베풂에 있어서 옹졸하고 보복적이며 독단적이었다. 이와 대조적으로 야웨의 정체성은 정의에 귀속되기 때문에 이스라엘이 (성경 법전에 의해 범위가 한정된) 정의에 대한 그 문화의 이해에 따라 행동한다면 축복을 받을 것이다. 다른 고대 세계의 신학에서와는 달리 이스라엘 정통 신학에서는 무작위적인 범죄나 알려지지 않은 범죄의 여지가 없었다. 그러나 야웨의 자비조차도 우리가 어떤 형태의 공감(empathy)으로 해석하려는 경향이 있는 것과는 대조적으로 표현과 반영(즉 행동이 관찰자들에 의해 어떻게 해석될 것인가)에 의해 동기가 부여되었다.[5] 예를 들어 에스겔 36:19-23은 다음과 같이 말한다. "그들을 그 행위대로 심판하여 각국에 흩으며 여러 나라에 헤쳤더니…곧 사람들이 그들을 가리켜 이르기를 '이들은 여호와의 백성이라도 여호와의 땅에서 떠난 자라' 하였음이라. 그러나…내 거룩한 이름을 내가 아꼈노라.…이스라엘 족속아, 내가 이렇게 행함[이스라엘을 그 땅으로 회복시키는 것]은 너희를 위함이 아니요.…나의 거룩한 이름을 위함이라.…내가 여호와인 줄을 여러 나라 사람이 알리라. 주 여호와의 말씀이니라"(겔 36:19-23). 출애굽기 32:12도 마찬가지다. "어찌하여 애굽 사람들이 이르기를 '여호와가 자기의 백성을 산에서 죽이고 지면에서 진멸하려는 악한 의도로 인도해 내었다'고 말하게 하시려 하나이까?"(출 32:12) 관심사는 이집트인들이 무엇을 말할 것인가에 관한 것이지 이스라엘 백성에게 무슨 일이 일어날 것인가에 관한 것이 아니다. 공감이 표현된다고 하더라도 그것은 계시의 행위와 언약의 수여에서 그렇게 되는 것이지 그것의 시행을 선택적으로 삼가는 것에서 그렇게 되는 것은 아니다. 시행을 삼가는 것은 사실 그 제지가 계시의 표현이기도 한 것이 아니라면, 목적에 어긋난다.

따라서 만약 이스라엘이 질서와 정의에 따라 살지 않으면 야웨는 이스라엘에게 정의를 행하심으로써 질서에 대한 자신의 헌신을 나타내실 것이다. "여호와께서 너희에게 선을 행하시고 너희를 번성하게 하시기를 기뻐하시던 것 같이 이제는 여호와께서 너희를 망하게 하시며 멸하시

---

5 이것은 하나님이 공감을 경험하실 수 있는지(즉, 일부 신학자들이 신의 무감각[divine impassibility]이라고 부르는 것)에 대한 질문과 관련이 없다. 하나님이 감정적 반응을 보이든 그렇지 않든 그 감정들이 하나님의 행동을 유발하는 것은 아니다.

기를 기뻐하시리니 너희가 들어가 차지할 땅에서 뽑힐 것이요"(신 28:63).
이것이 야웨와 시편 82편에서 고발되고 있는 신들 사이의 차이다. 이 신
들은 정의를 옹호하지 않는다(시 82:2-4). 이는 그들이 악하고 불의를 조
장하기를 원하기 때문이 아니라—고대 근동의 왕들은 자신들이 섬기는
신들이 정의를 요구했다고 증언한다—그들이 상호의존적이기 때문이다.
신들이 자신들이 벌해야 하는 대로 자기 백성을 벌한다면 그들은 더 이상
자신의 필요를 충족시킬 희생제물을 받지 못할 것이다(렘 7:9-10에 표현된
감정과 비교하라). 반대로 야웨와 그분의 백성의 관계는 상호의존이 아니라
정의에 의해 규정된다. 이스라엘의 행동은 어떤 신에게도 정죄받을 만한
것이었지만(겔 5:7, "너희 요란함이 너희를 둘러싸고 있는 이방인들보다 더하여…
너희를 둘러 있는 이방인들의 규례대로도 행하지 아니하였느니라"), 특히 이스라
엘이 벌을 받고 있는 것은 이스라엘이 야웨를 빈약하게 나타내기 때문
이다(겔 5:8, 13, "나 곧 내가 너를 치며 이방인의 목전에서 너에게 벌을 내리되…그
들을 향한 분이 풀려서 내 마음이 가라앉으리라"). 이스라엘의 행동은 야웨로 하
여금 열방 앞에서 자신을 예레미야 22:8-9에서처럼 사회뿐만 아니라 제
의에 있어서도 질서를 기꺼이 유지시킬 수 있는 하나님으
로서 밝히도록 만든다. "여러 민족들이 이 성읍으로 지나가며 서로 말하
기를 '여호와가 이 큰 성읍에 이같이 행함은 어찌 됨인고?' 하겠고 그들
이 대답하기는 '이는 그들이 자기 하나님 여호와의 언약을 버리고 다른
신들에게 절하고 그를 섬긴 까닭이라 하셨다' 할지니라"(렘 22:8-9). 질서
와 정의는 도덕으로 축소될 수 없다.

바리새인들이 이 점에 대한 실례가 될 것이다. 문제는 그들이 부도덕
하다거나 짐이 된다는 것이 아니었다. 왜냐하면 그들은 이 둘 중 어느 쪽

도 아니었기 때문이다. 그들의 의(righteousness)는 마태복음 5:20에서 칭찬받는다. 문제는 그들이 자신들이 **왜** 의로워야 했는지를 이해하지 못했다는 것이다. 따라서 그들의 의는 하나님을 지혜롭고 공정한 분으로 나타내는 대신에 그분을 하찮고 독단적이며 조작하기 쉬운 분으로 나타냈다. 요점은 결코 의가 아니었다. 요점은 항상 나타냄이었다. 그것이 바리새인들이 우상을 숭배하는 그들의 조상들과 반복적으로 동일시된 이유다. 의에 의한 그릇된 나타냄은 불의에 의한 그릇된 나타냄과 다르지 않다.

이 모든 것은 이스라엘 민족의 거룩함이 하나님과 동일시되어 하나님이 자신을 계시하시는 매개체 역할을 하는 민족으로서 이스라엘의 지위를 의미한다는 점을 보여준다. 그것은 이스라엘이 도덕적 수행을 통해서 얻은 지위가 아니며 다른 사람이 도덕적 수행으로 얻을 것으로 기대될 수 있는 지위도 아니다. 포로기 때 이스라엘에게 일어난 일은 하나님이 자신을 계시하시기 위해 이스라엘을 사용하시는 과정을 위한 것이었다. 하나님은 가나안 사람들을 통하여 자신을 계시하지 않으신다. 왜냐하면 가나안 사람들은 거룩하지 않고 하나님과 동일시되지 않기 때문이다. 그러므로 정복 때 가나안 사람들에게 일어나는 일은 포로기 때 이스라엘 백성에게 일어나는 일과 다르다.

그 땅의 거룩함

고대 근동에서 도시와 영토는 그것들의 수호신의 집합체의 일부였으며 따라서 신의 정체성을 알려주었다(예를 들어 **니느웨**의 이쉬타르). 그러나 도시나 영토의 실제 이름이 딘기르화된 적이 있는 경우 그것은 극히 드물게 나타난다. 이스라엘 땅을 거룩하다고 지칭하는 경우도 드물다. 그것은 단지 한 번만 나타난다(슥 2:12[MT, 2:16]; 시 78:54에 나오는 "거룩한 경계"[개역개정 "성소의 영역"]는 그렇게 지칭하는 경우에 가깝고 호 9:3에 나오는 "여호와의 땅"도 그렇지만 말이다).[6] 메소포타미아의 관습은 **임시** 딘기르들(occasional DINGIRs), 즉 특정한 경우에만 신적 의미 한정사를 받는 요소들을 확실히 입증한다. "천체들은 때때로…신적 의미 한정사와 함께 기재된다. 그러나 다른 때에는 신성에 대한 언급 없이 단순히 별들(MUL)로 언급된다.…또한 진리와 정의 같은 추상적인 특성은 오직 가끔씩만 신적 의미 한정사로 표시된다."[7] 임시 딘기르들은 신과의 특별한 친밀감을 강조하기 위해 신적 의미 한정사로 분류되었을 것이다(신적 집합체는 분류 체계보다는 정체성을 나타내기 때문에 강조는 형이상학보다는 맥락에 의해 좌우된다. 다시 말해 물체는 신성을 얻거나 잃지 않는다). 이런 식으로 이해되면, 특별한 경우에 그 땅을 거룩하게 하는 것은 본문의 특정한 맥락에서 야웨와 그의 땅 사이의 밀접한 관계를 표현하기 위해 고안된 것이며 이는 스가랴 2장(그리고 또한 거의 틀림없이 시 78편과 호 9장)의 실제 맥락에서 실증되고 있는 개념이다. 메소포타미아에서 이러한 친밀한 관계는 지리적 특성을 수호신과 동일시하기 위해 그 특성을 (가끔) 딘기르화하는 것에 의해 입증된다. 만약 메소포타미아의 도시와 국가가 결코 딘기르화되지 않는다면

---

6   예를 들어 Carol L. Meyers and Eric M. Meyers, *Haggai, Zechariah 1–8*, AB (New York: Doubleday, 1987), 170을 참고하라.

7   Michael B. Hundley, "Here a God, There a God: An Examination of the Divine in Ancient Mesopotamia," *Altorientalische Forschungen 40* (2013): 68–107, 75에서 인용함.

그것은 신들이 결코 야웨만큼 친밀하게 자신들을 그들이 후원하는 요소들과 동일시하지 않는다는 점을 의미한다.

이스라엘을 거룩한 땅(Holy Land)으로 언급한 경우는 단 한 번뿐이지만, 예루살렘을 거룩한 성(holy city)으로 언급한 경우는 많다. 여기서도 이 것은 물리적인 땅과 건물이 아니라 추상적인 영역이다. 어느 누구도 예루살렘에 들어가기 위해 신을 벗을 필요가 없고 성벽을 통과하기 위해 중 재자가 필요하지도 않다. 그리고 이것은 거룩한 산(실제 부지가 신성한 영역의 일부인 성전 산)이 도시 전체를 나타내는 비유적 표현으로 사용될 때에도 마찬가지다.[8] 이 밀접한 관계에 대한 이유가 명시적으로 주어진다. 예루살렘은 야웨께서 자신의 이름을 두려고 선택하신 곳이다(신 12:5; 왕상 11:36; 대하 6:6). 이 개념은 구체적으로 스가랴 2:12에 나오는 그 땅의 거룩함과 연결되어 있다. "여호와께서…다시 예루살렘을 택하시리니"(슥 2:12).

영구적인 신적 지위와 임시적인 신적 지위 사이의 구별에 대한 더 분명한 예는 이스라엘의 제사장과 예언자의 차이를 검토하는 것에서 나온다. 명제 10에서 설명된 바와 같이 제사장들은 "카도쉬"(qādôš)하다. 그들은 신적 영역으로 이식되어 마찬가지로 신적 영역으로 이식된 공간에서 그들의 임무를 수행한다. 다른 한편, 예언자들은 "카도쉬"(qādôš)라고 불리는 경우가 거의 없다(단 한 번 불린다[왕하 4:9]). 그들은 필요할 때 (가끔은 가상적으로만) 신적 영역으로 들어갈 수 있지만(출 19:20; 왕상 22:19;

---

8   또는 아마도 전체 땅도 그럴 것이다. 예를 들어 출 15:13, 17; 이는 출 19:12와 대조된다. "너는 백성을 위하여 [산] 주위에 경계를 정하고[그리고 그것을 거룩한 것으로 구별하라, 출 19:23]…산을 침범하는 자는 반드시 죽임을 당할 것이라"; 또한 레 16:2.

사 6:1) 인간 영역에서 그들의 의무를 수행한다. 그러나 그들이 성소에서 봉사하지 않을지라도 그들은 제사장들이 그래야 하는 것처럼 신적 사용 (divine use)을 위해 상징적으로 준비되어야 한다. 이사야는 부정한 사람이 며(사 6:5) 적합한 도구가 되기 위해서는 (불로) 깨끗해져야 한다(사 6:6).

야웨께서 자신의 모든 도구를 반드시 준비하실 필요는 없다. 그분에게 기름 부음 받은 종 고레스(사 45:1)는 제의상으로(ritually) 깨끗해지지 않으며 심지어 가나안 사람들도 사사기 2:22에서 도구로 사용된다. 그러나 그 땅을 향한 야웨의 의도는 단순한 유용성을 뛰어넘는다. 창세기 23장에서 특별한 용도를 위한 특정한 요구 사항이라는 개념과의 비교를 찾을 수 있다. 거기서 아브라함은 단순히 무덤을 사용하는 것이 아니라 무덤을 구입해야 한다. 밭과 굴(창 23:11)을 사용할 수 있는 것만으로는 충분치 않다. 밭이 사용되기에 적합하기 전에 밭의 지위가 변경되어야 한다. 창세기에서 밭의 지위는 그 소유지가 아브라함에게 양도됨으로써 변경된다(창 23:18). 그것은 에브론의 밭이 아니라 아브라함의 밭이 된다. 이는 아브라함이 실제로 어떤 식으로든 정복을 시작하거나 심지어 예표하고 있다고 말하는 것이 아니다(아브라함이 그의 밭을 가지고 하려는 것은 야웨께서 가나안을 가지고 하시려는 것과 전혀 다르다). 요점은 단순히 이용 가능한 무언가를 사용할 수 있는 것과 무언가가 사용하기에 적합하기 전에 그것의 지위를 상징적으로 변경하도록 요구하는 것 사이의 구별을 예증하는 것이다.[9] 아브라함은 그 매장지가 자신의 땅이 될 때까지 사라를 매장

---

[9] 아브라함의 경우 "매장지에 적합한"은 그 부지가 그의 가족에게 남아 있어야 함을 의미한다. 그것은 결코 에브론의 가족에 의해 법적으로 회수될 수 없다. 문제는 가족과 땅의 관계가 아니라 가족 내 산 자와 죽은 자 사이의 관계다(John Walton, "Genesis," in *ZIBBCOT*,

할 수 없다. 마찬가지로 여호수아서, 사무엘서, 열왕기에서 야웨는 그 땅이 야웨의 땅이 될 때까지 그 땅에서 하고자 하시는 일(자신의 이름을 거기에 두는 것)을 하실 수 없다. 야웨는 자신이 의도하는 목적에 맞게 그 땅을 사용하기 위해 그 땅을 자신의 소유로 만드셔야만 한다. 특별한 신적 사용을 위한 준비라는 개념은 레위기 18:25-28에서 그 땅에 무슨 일이 일어나고 있는지 우리가 이해할 수 있게 해준다.

신적 사용을 위한 준비

레위기 18:25에는 "그 땅도 더러워졌으므로(*ṭmʾ*) 내가 그 악(*ʾāwōn*)으로 말미암아 벌하고(*pqd*) 그 땅도 스스로 그 주민을 토하여 내느니라"라고 쓰여 있다. 전형적으로 그 땅에 대한 이 묘사는 비록 그 땅 자체만 언급되어 있을지라도 그곳에 사는 모든 민족을 표현하는 제유법(synecdoche)으로 해석된다(즉 "그 백성 모두가 스스로를 더럽혔으므로, 내가 [인격화된] 땅이 그들을 토해내게 함으로써 그들의 악을 벌하였다"). 결과적으로 "아본"(*ʾāwōn*)은 "더럽히는 행위들"의 동의어로 읽히고, "파카드"(*pqd*)는 그 둘로 인하여 그 백성에게 내린 징벌 조치로 읽힌다. 그러나 이 해석에는 몇 가지 어려움이 있다.

첫째, "타메"(*ṭāmēʾ*, "더러운", "더럽힌")는 "악"을 의미하지 않는다. 그것은 도덕적 분류가 아니라 제의적 분류다. 에스라 9:11은 "너희가 가서 소유하려 하는 땅은 그것의 민족들의 부패(*niddâ*)로 더럽혀진 땅이다. 그

1:99-100).

들의 가증한 관행들(*tôʿēbâ*)로 그들이 그것을 이 끝에서 저 끝까지 더러움으로 채웠다"(NIV 번역)라고 말한다. **더러움**은 레위기 18:24가 "더럽히다"(*ṭāmēʾ* [타메], "불결하게 하다")로 읽는 단어의 명사형이며 다른 곳에서 그것은 유출병(레 15장)과 금지된 음식(삿 13:7)을 가리킨다. 그것은 제의적 더러움(impurity, 비질서[nonorder]의 한 형태)을 가리키며 오직 은유적 확장에 의해서 우리가 부도덕(비질서의 또 다른 형태)이라고 부르는 것에 적용된다. 마찬가지로 부패도 제의적 더러움(보통 월경)을 가리키며 결코 부도덕을 가리키지 않는다. 우리가 보게 되겠지만, "토에바"(*tôʿēbâ*)는 특히 확립된 질서의 허용되는 한계를 벗어난 관행들을 가리킨다(명제 13 참조). 이 모든 것은 그 땅이 더럽혀졌다고 해서 부도덕이 관련되었다는 의미가 아님을 강력하게 암시한다. 그것은 오직 가나안 사람들이 그 땅을 정결하게 하기 위해 어떤 특별한 예방 조치도 취하지 않았음을 의미한다. 그들은 또한 이렇게 하리라고 기대되지도 않았을 것이다. 왜냐하면 정결은 성취하고 유지해야 하는 부자연스런 상태이기 때문이다. 깨끗함은 땅의 기본 상태(default state)가 아니다. 일상적인 사용은 자연적으로 더러움을 초래한다.[10] 우리는 가나안 사람들이 그 땅에 이르기 전에 그 땅이 깨끗했다고 생각해서는 안 된다. 출애굽기 19장에서 이스라엘 백성은 자신들의 모든 의복을 빨고 모든 성관계를 삼감으로써 스스로를 정결케 해야 하는데 이것은 일상생활의 오랜 기간 동안 유지될 수 있는 상태가 아니다. 그

---

10 땅의 더러운 자연적 상태는 성전 건축 과정에 의해 입증된다. 성전 건축 과정에서 성전이 건축되는 부지는 깨끗하게 만들어져야 하고 깨끗하게 유지되어야 한다(예를 들어 왕상 6:7을 참조하라. 성전의 신성을 보장하기 위해서 성전 부지에서는 그 어떤 철 연장 소리도 들리지 않았다).

럼에도 창세기 17장에서 에브론에게 속한 땅으로서의 그 밭의 지위가 아브라함이 그것을 의도한 대로 사용하는 것에 장애가 되었던 것처럼 "타메"(*ṭāmē'*)한 것으로서의 그 땅의 지위는 야웨께서 그것을 의도하신 대로 사용하시는 것에 장애가 된다. 더러움이 여전히 존재하며 야웨께서 그 땅을 자신의 소유물에 추가하실 경우 그 더러움이 처리되어야 한다.

강조점이 사람들이 아니라 그 땅에 있다는 것은 가나안 사람들의 행동을 묘사하는 능동 동사의 결여에 의해 가장 두드러지게 입증된다.[11] 레위기 18:24-25에서 "내가 너희 앞에서 쫓아내는 족속들이 이 모든 일로 말미암아 **더러워졌고**(became defiled) 그 땅도 **더러워졌으므로**(was defiled)"("그들은 스스로를 더럽혔고 그 땅을 더럽혔다"는 능동 구문과 대조됨)라고 말한다. 강조점이 그 땅 주민의 행위가 아니라 그 땅과 그것의 상태에 있다. 가장 의미심장하게도 **그 땅의 "아본"**(*'āwōn*)이 레위기 18:25에서 다뤄진다. 이 구절은 "그 땅도 더러워졌으므로 내가…[그것을] 벌하고"라고 말한다. "**그들이** 그 땅을 더럽혔으므로 내가 **그들을** 벌했다"라고 말하지 않는다. 이와 대조적으로 이스라엘이 주어일 때, 그것은 "너희도 [그것을] 더럽히면"(레 18:28)이라고 말한다. 강조점이 (이스라엘) 주민들의 행동에 있다. [언약 질서에 어긋남] → [더럽힘] → [추방]의 순서는 두 경우 모두 동일하지만, 내러티브의 초점은 먼저 그 땅에 무슨 일이 일어나는지 강조하고 그다음에 이스라엘이 그것이 다시 일어나게 하면 이스라엘에게 무슨 일이 일어날지 강조한다. 강조점은 첫째로 땅에, 둘째로

---

11 레 18:24b-25에서 동사들은 수동 동사와 상태 동사다. 이와 대조적으로 레 18:24a, 28에서 이스라엘이 작위 동사(factitive)의 주어다.

이스라엘에, 그리고 약간 스칠 정도로만 가나안 사람들에게 있다.

둘째, 문구 "'아본'('āwōn)을 '파카드'(pqd)하다"는 엄밀히 "죄를 벌하다"를 의미하지 않는다. 예를 들어 이것은 출애굽기 20:5에 나오는 문구 "아버지의 죄['āwōn]를 자녀에게 씌운다[pqd]"(ESV)에 등장하는 것과 동일한 구조다. 명제 6에서 논의된 바와 같이 "파카드"는 더 정확하게는 "운명을 결정하다"를 의미하고 "아본"은 "재앙의 운명"을 가리킨다. 그러므로 문구 "'아본'을 '파카드'하다"는 "그것/그것들에 재앙의 운명을 정하다(또는 가져오다)"를 의미한다. 의미심장하게도 명제 6에서 논의된 바와 같이 "아본"은 당신이 하는 무언가가 아니다. 그것은 당신에게 행해지는 무언가다. 레위기에서 그 단어가 등장하는 대부분의 경우 그 단어는 **"당신이 한 일 때문에** 당신에게 일어나는 일"[12]을 의미하지만 이 경우에 그 대상은 땅이다. 심지어 (토할 수 있는 행위자로서) 의인화되었어도 땅이 무엇을 했어야 하는지 이해하기 어렵다. 그러므로 이 경우에 강조점이 다른 곳에 있는 것 같다. 구체적으로 말하면 우리는 원인보다는 재앙의 결과를 살펴보아야 한다.

(악행으로 얻은 것이든 아니든) "아본"은 "재앙의 운명"을 의미한다. 재앙을 경험하는 것은 불쾌하기 때문에 그것은 전형적으로 "벌 받는"으로 번역된다(예를 들어 창 19:15). 그러나 심지어 "아본"이 분명히 징벌적일 때에도(예를 들어 소돔의 경우와 같이) 그것의 주요 목적이 고통을 주는 것이라는 점은 분명하지 않다. 이스라엘의 제의 문헌에서 죄는 주로 범죄라기

---

12   "그 언급은 가해자들을 짓누르는 짐에 대한 것이다.…그러한 파멸은 불가피하게 중대한 죄를 동반한다." Klaus Koch, "פקד" in *TDOT*, 10:559.

보다는 불결(impurity)의 측면에서 생각된다. 따라서 불결을 제거하는 것 (*kpr*라는 용어의 기술적 의미, "속죄")[13]은 적어도 범죄자를 처벌하는 것만큼 중요하다. 실제로 범죄자가 처벌을 받을 때조차도 처벌의 실제 목적은 불결을 제거하는 목적을 위한 수단으로 보인다. 예를 들어 신명기 13:5과 17:7, 12("그 사람을 죽여…너희 중에서 악을 제하여 버리라")에서 강조점은 "그들이 벌을 받을 만하다"에 있지 않고 "악을 제하라"에 있다. 소돔은 "불과 유황"으로 파괴되지만 이것들은 엄밀히 말하면 **세정제**다.[14] 그 땅에 대한 "아본"의 목적은 그 땅을 벌하는 것이 아니다. 무생물을 벌하는 것은 의미가 없다. 그러므로 우리는 그 의도가 땅을 정화하는 것이라고 결론을 내려야 한다.

증거가 시사하는 바에 의하면 땅은 사람과 같은 방식으로 정화를 경험하지 않는다. 우리는 인간이 동일한 과정으로부터 경험하는 것에 비교되는 것으로 금속 물질이 "불을 지나는" 경험을 상상할 수 있다(예를 들어 민 31:23). 레위기 26:33-35은 그 땅이 황무하게 되고 황폐하게 될 것이라고 약속한다. 이 용어들은 일반적으로 바람직하지 않은 상태를 가리키기 위해 사용된다(예를 들어 사 49:19; 렘 12:11; 비교. 애 5:18. 여기서는 상태가 애도의 원인이다). 그러나 그 구절은 즉시 계속해서 "그 땅이 황무할 동안에는

---

13   Michael B. Hundley, *Keeping Heaven on Earth*, Forschungen zum Alten Testament 2, Reihe 50 (Tübingen: Mohr Siebeck, 2011), 81-85. "청소는 (과거의) 오염 물질을 단번에 제거하여 사람들이 야웨께 적절하게 접근할 수 있도록 한다"(85). 마찬가지로, "[속죄제물은]…죄로 인해 생긴 무형의 얼룩을 개인과 성막으로부터 성공적으로 제거하여 개인이 용서받고, 성소가 적절하게 깨끗해지며, 인간과 신이 하나가 되고, 세계 질서가 회복되게 한다"(ibid. 201-2).

14   유황은 아카드어 텍스트(*CAD* 8:333b-34a)에서 훈증 소독과 의약용으로 사용된다. 『오디세이아』에서 유황은 신전을 정화하는 데 사용된다(22.480-95).

쉬게 되리라"고 말한다. 쉼은 보편적으로 긍정적인 경험이다. 그 땅의 사람들이 재앙(레 18:25의 'āwōn)으로 경험하고 있는 것이 실제로 그 땅에 **유익이 되는 것** 같다(레 26:35의 "안식"). 따라서 그것은 "그 땅의 'āwōn을 pqd 하는 것"은 부정적 경험을 나타내지 않으므로 punish(벌하다)라는 영어 단어와 의미론적으로 일치하지 않는 것 같다(NIV, "I punished [the land]). 그 땅은 정화되고 있다. 다시 말해 성전이 지어지는 땅의 지위가 변경되어 신성한 봉사를 위해 준비되는 것과 같은 방식으로 신적 용도에 적합하도록 그 땅의 지위가 변경되고 있는 것이다. 말하자면 가나안 사람들은 그 땅의 "아본"에 사로잡혀 있다.

다른 한편 우리는 "아본"의 목적이 어떻게든 가나안 사람들의 오염의 압제로부터 그 땅을 구제하는 것이라고 생각해서는 안 된다. **"토하다"** 는 본질적으로 감정적 혐오감이나 내적 손상을 의미하지 않는다(비록 그럴 수도 있지만 말이다. 욥 20:15). 이 단어는 격렬한 방출을 나타낸다. 물고기가 요나를 토해낸 것은(욘 2:10, 동일한 단어) 물고기가 요나의 존재로 인해 고통을 당하거나 요나로부터 구제가 필요했기 때문이 아니라 하나님의 목적을 위해 요나가 물고기로부터 방출될 필요가 있었기 때문이다. 땅에 대한 구제의 이미지가 사용되는 레위기 26장에서 토하는 이미지가 사용되지 않는 점은 주목할 가치가 있다. 정복의 형태를 취하는 "아본"의 목적은 하나님의 특별한 사용에 대비하여 땅의 지위를 변경하는 것이다. 그것은 형벌이 아니며 확실히 해방도 아니다. 강조점은 항상 그렇듯이 목적에 있고 관련된 사람들(또는 의인화된 물건들)에 대한 부수적인 이익이나 결과에 있지 않다.

요약하면 그 땅은 이스라엘 민족처럼 야웨와 동일시되고 그곳에서 일어나는 일에 입각하여 야웨 자신을 드러내는 매개체 역할을 한다. 하지만 그곳에서 일어나는 일은 물리적 경계나 지정학적 경계의 측면이 아니라 언약의 작용이란 측면에서 고려된다. 결과적으로 언약이 확립되기 전에 그 땅에서 일어나고 있는 일은 언약이 시행되고 있는 동안에 그곳에서 일어나고 있는 일과 다르다.

정복과 추방

이스라엘의 독특한 거룩한 지위 때문에 이스라엘은 가나안 사람들을 포함하여 지상의 그 누구도 야웨와 동일시되지 않는 방식으로 야웨와 동일시된다. 야웨께서 그 백성과 언약을 통해 그 땅에서 하려고 하시는 일 때문에, 야웨와 그 땅 사이의 관계와 이스라엘과 그 땅 사이의 관계는 모두 이전의 거주자들과 그 땅 사이의 관계와 다르다. 야웨와 이스라엘이 그 땅과 맺는 관계는 모두 심지어 족장을 포함하여 이전 거주자들이 그 땅과 맺는 관계와 다르다. 야웨는 아브라함, 이삭 또는 야곱의 집안이 다스리는 지역 어디에도 자신의 이름을 두지 않으셨다. 포로기에 이스라엘이 받은 형벌은 이스라엘이 야웨를 잘못 나타내고 그 땅을 오용한 결과였다("그들이 나의 언약을 어겼다"는 반복된 비난에서 표현된다. 예. 렘 34:18). 그러나 이러한 특정한 범죄는 이스라엘 이외의 다른 사람에게는 결코 가능하지 않았다. 또는 달리 말하자면 언약의 저주는 따를 언약도 없고 깨뜨릴 언약도 없는 사람들에게는 결코 내려질 수 없다.

반복되는 문구인 "나는 그들에게 행하기로 생각한 것을 너희에게 행하리라"(예를 들어 민 33:56)는 이스라엘이 경험한 행동이 가나안 사람들이 경험한 행동과 표면적으로 유사할 것임을 의미한다. 그들은 외국 군대에 의해 공격당할 것이며 강제로 그 땅에서 추방될 것이다. 그러나 "공격당하다"와 "추방되다"라는 동사들의 유사성은 이 동사들이 동일한 이유로 나타나고 있음을 암시하지 않는다. 행동은 동일하지만(공격, 추방) 그 행동이 성취하고자 하는 것은 다르다. 정복 시대에 하나님은 자신이 사용하기에 적합하도록 땅을 준비시키기 위해 그 땅에서 가나안 사람들을 제거하신다. 포로기에 하나님은 자신과 동일시하셨던 질서를 시행하는 것에 대한 자신의 헌신을 입증하기 위해 그 땅에서 이스라엘을 제거하고 계신다. 그 사건들 사이에는 가능한 유사점이 없다. 그러므로 포로기 때 이스라엘에게 일어나는 일이 정복 시대에 가나안 사람들에게 일어나는 일과 같다고 주장하는 것은 정당하지 않다. 겉모습은 비슷할지 몰라도 사건의 본질은 비교될 수 없다. 결과적으로 이스라엘로 하여금 언약의 저주와 추방을 얻게 했던 것과 같은 일을 함으로써 가나안 사람들이 추방을 당했다고 주장하는 것은 정당하지 않다.

제4부

정복 이야기의 언어와 이미지에는
문학적·신학적 의미가 있다

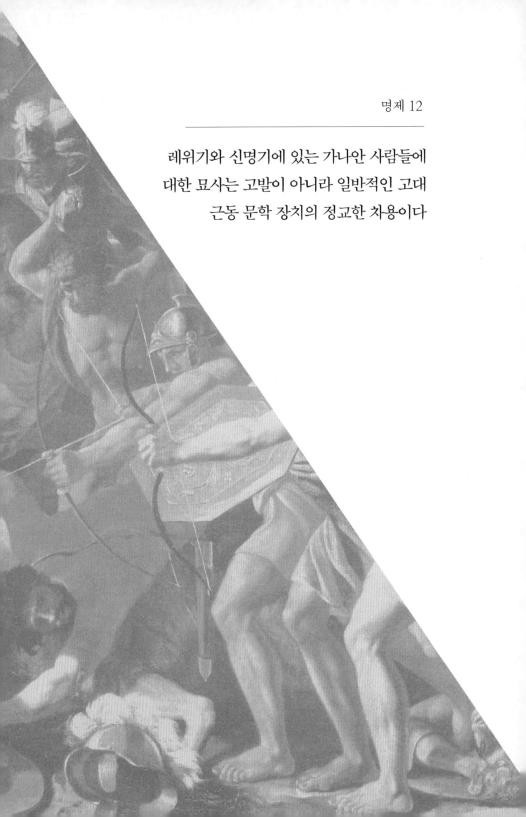

레위기와 신명기에 있는 가나안 사람들에
대한 묘사는 고발이 아니라 일반적인 고대
근동 문학 장치의 정교한 차용이다

레위기와 신명기에 있는 소수의 독립된 구절들은 정복이 가나안 사람들을 처벌하기 위해 의도된 것이라는 생각을 뒷받침하기 위해 가장 흔하게 인용되는 구절들에 포함되기 때문에 그 구절들을 주의 깊게 검토하는 일이 중요하다. 명제 9에서 논의된 바와 같이 레위기 18장은 고대 법률 문서의 장르에 속한다. 이는 그것의 문법적 명령형들이 명령이 아니라 언약 질서에 대한 기술이라는 것을 의미한다. 법률 문서의 명제들은 규칙이 아니다. 그것들은 이스라엘 언약의 조건하에서의 생존을 위한 전제 조건인 질서를 규정하는 원칙들의 실례다. 이는 토라를 위반하는 것(즉 토라가 금하는 행위 중 하나를 행하는 것)이 범죄를 저지르는 것과 동일하지 않음을 의미한다. 그것은 그 문서가 기술하는 질서와 반대되는 방식으로 살거나 행동하는 것을 의미한다. 레위기 18:27에서 "너희 전에 있던 그 땅 주민이 이 모든 가증한 일을 행하였고 그 땅도 더러워졌느니라"는 말은 가나안 사람들이 이스라엘의 법령과 법규, 즉 언약에 의해 묘사된 질서의 정의에 따라 살지 않았다는 것을 의미한다. 그들이 행한 일들은 범죄로 제시되지 않았기 때문에 그것은 기소가 아니다. 사실 그것은 "언약 밖에 있는 사람들이 언약을 지키지 않는다"를 뜻하는 장황한 진술에 불과하다. 독자로서 우리는 다음과 같이 질문해야 한다. 이스라엘 사람들이 이 진술들을 전쟁에 나가는 것에 대한 정당화(즉 "이 사람들이 무질서하게 행동하니 그들과 싸워라")로 이해했는가, 또는 그렇게 이해하도록 의도되었는가? 정복을 형벌로 보는 해석을 뒷받침하기 위해서는 그 질문에 대해 긍정적으로 대답해야 한다. 문학적 맥락에서 가나안 사람들에 대한 묘사를 검토하는 것은 이 질문에 답하는 데 도움이 될 것이다.

레위기 18장과 무적의 야만인들

질서의 경계 밖에 존재하는 사람들에 대한 개념은 고대 세계의 인지 환경의 일부다. 아시리아와 바빌로니아 문헌에서 그들을 묘사하기 위해 사용된 단어는 에린 만 다(*ERÍN-man-da*) 또는 움만 만다(Umman-manda)다. 바빌로니아의 나람 수엔의 쿠타의 전설에서 움만 만다는 혼돈의 괴물 티아마트(Tiamat)의 자손인 새 모양을 한 인간 이하의 괴물로 묘사된다.[1] 외모와 파괴적인 성향 외에 그들은 일탈적인 행동을 보이기도 한다. 움만 만다에 대한 아시리아의 묘사들에는 조약에 대한 경멸과 맹세를 어기는 습관이 포함된다.[2] 또한 「마르투의 결혼」(The Marriage of Martu)이라고 불리는 수메르 문서는 경계선상에 존재하는 사람들을 다음과 같이 묘사한다.

> 그들의 손은 파괴적이며 그들의 용모는 원숭이 용모다. 그는 난나(Nanna) [여신]가 금하는 것을 먹고 경의를 표하지 않는 자다. 그들은 결코 배회를 멈추지 않는다.…그들은 신들의 거처에 혐오스러운 대상이다. 그들의 생각은 혼란스럽고 그들은 소란을 일으킬 뿐이다. 그는 자루 가죽옷을 입고 있고,…바람과 비에 노출된 채 천막에 살며, 제대로 기도문을 낭송하지 못한다. 그는 산에 살며 신들의 장소를 무시하고, 산기슭에서 송로버섯을 캐며, 무릎을 굽힐 줄도 모르고 생고기를 먹는다. 그는 평생 집이 없으며, 죽을

---

1   Sellim Ferruh Adali, *The Scourge of God: The Umman-Manda and Its Significance in the First Millennium BC*, SAAS 20 (Helsinki: The Neo-Assyrian Text Corpus Project, 2011), 86.

2   Ibid., 115.

때 매장지로 옮겨지지 않을 것이다.[3]

여기서 우리는 제의상의 위반 행위와 모든 품위와 예의를 벗어난 기괴하고 충격적인 행동에 대한 묘사와 함께 거대한 신체적 특성과 파괴 성향에 대한 묘사를 본다. 이 특별한 경우에 요점은 야만인은 결혼에 적합하지 않다는 것을 증명하는 것이다. 우리는 그것을 에스라 9:12과 비교할 수 있다. 이 구절은 가나안 사람들의 무례한 특성을 경멸적인 말로 묘사한 후 "그런즉 너희 여자들을 그들의 아들들에게 주지 말고 그들의 딸들을 너희 아들들을 위하여 데려오지 말며"라고 덧붙인다.

비록 히브리어가 그 단어를 사용하지는 않지만 가나안 민족들에 대한 묘사가 움만 만다와 명백히 유사하다는 얼마간의 암시가 있다. 레위기 18장에서 묘사된 기괴하고 일반적으로 금기인 관행(예를 들어 수간)에 더하여 우리는 그 땅의 민족들이 비세속적인 존재로 묘사되는 것을 본다(민 13:33의 네피림과 신 2:11, 20; 3:11; 삼하 21:20의 르바임). 그들은 도깨비와 괴물에 적합한 용어로 묘사된다(또한 삼하 21:19, 22와 관련하여 삼상 17:4을 참조하라). 이런 종류의 묘사는 질서정연한 세계 밖에 사는 사람들에 대해서 예상될 것이다.

대부분의 고대 세계에서 질서 대 비질서의 대조는 도시에 거주하는 사람 대 유목 생활을 하는 외부인의 측면에서 정의되었다.[4] 이스라엘의

---

3 Marriage of Martu, lines 127-41. "The Marriage of Martu: Translation," in *The Electronic Text Corpus of Sumerian Literature*, Etcsl.orinst.ox.ac.uk/section1/tr171.htm(June 4, 2016 에 접속).

4 Beate Pongratz-Leisten, "The Other and the Enemy in the Mesopotamian Conception of the World," in *Mythology and Mythologies: Methodological Approaches to Intercultural*

경우 이 이분법은 역으로 된다(가나안의 외부인들은 도시인이고 이스라엘 사람들은 유목민이다). 그러나 이스라엘 사람들에게 있어서 질서는 도시가 아니라 언약의 측면에서 정의된다.[5] 따라서 "언약 밖에 사는 사람들"은 경멸적이고 비인간적인 용어로 묘사될 것이다. 문헌에서의 이러한 묘사 중 일부는 기술적으로 정확할 수도 있을 것이다. 마르투의 결혼에서 묘사된 유목민들("도시 밖에 사는 사람들")은 아마 실제로 천막에 살고 신전을 갖고 있지 않으며, 자신들의 식량(중 적어도 일부)을 캐낼 것이다. 그러나 좀 더 극단적인 관행들(생고기 먹기, 죽은 자를 존경하지 않음, 제의적 예법에 대한 개념이 없음, 부분적으로 원숭이임)에 대한 고발뿐만 아니라 이러한 활동들이 함축하고 있는 경멸적인 의미는 수사학적이며, 실제로 관찰된 행동[6]이 아니라 어떤 특성이든 저자가 싫어하는 특성을 묘사한다. "소유하고 싶지 않은 그 특성들을 속담에 나오는 '다른 사람'에게 투영함으로써 대조를 통해 정체성에 대한 의식이 나타난다."[7] 수사법의 요점은 객관적으로 행동을 기술하는 것이 아니라 확립된 질서를 이상적인 존재 상태로서 장려할 목적으로 확립된 질서 밖에서 사는 사람들에 대한 부정적인 특징을 생성하는 것이다. "특정 집단들을 사회적으로 무시함으로써 사회는 그것 자체의 정체성을 정의하는데, 이 정체성은 세계에 대한 특정한 개념에서

Influences, ed. R. Whiting, Melammu II (Helsinki: The Neo-Assyrian Text Corpus Project 2001), 195-231.

5 "메소포타미아인은 자신의 도시를 그 도시 없이는 존재할 수 없는 세계의 중심에 있는 것으로 상상했다." Marc Van de Mieroop, *The Ancient Mesopotamian City* (Oxford: Oxford University Press, 1997), 42. 또한 Pongratz-Leisten, "Other and the Enemy," 202을 보라.

6 Pongratz-Leisten, "Other and the Enemy," 207; Adali, *Scourge of God*, 109.

7 Kimberly B. Stratton, "Identity," in the *Cambridge Companion to Ancient Mediterranean Religions*, ed. Barbette Stanley Spaeth (New York: Cambridge University Press, 2013), 228.

도 표현된다."[8] 이것이 대부분의 고대 세계가 도시의 확립된 질서를 위해 했던 일이며, 이스라엘이 언약의 확립된 질서를 위해 하는 일이다.

고대 문서에서 움만 만다는 위험하고 파괴적이며 거칠고 일반적으로 인간 이하의 존재로 묘사되지만, 그럼에도 이것은 결코 그들을 근절하기 위해 군대를 보내는 구실로 사용되지 않는다. 사실 "쿠타의 전설 이야기에서 신의 뜻은 왕이 그의 난폭한 적들에 대해 수동적인 채로 있어야 한다는 것이다.…이 이야기는 평화주의와 경건을 연결한다. 왜냐하면 전자는 신에 대한 신뢰를 바탕으로 주장되기 때문이다. 그렇게 하는 데 대한 보상은 움만 만다의 몰락이다."[9] 이것은 적어도 전쟁에 대한 정당화는 확실히 아니다.[10] 다른 문서들이 움만 만다와의 실제 싸움을 묘사하기는 하지만, 그들과 교전하는 패턴은 비교적 일관되고 여호수아가 가나안 사람들을 다룰 때 따랐던 패턴과 유사하다. 그 유사점들은 4개의 광범위한 범주로 분류된다. 이제 우리는 그것들을 간단하게 검토할 것이다.

움만 만다는 그들의 적보다 더 강력하며 군사적으로 움만 만다를 물리칠 수 없다. 이 개념은 쿠타의 전설에 존재한다. 거기서 나람 수엔은 세 차례 적을 물리치는 데 실패한다. 이 개념은 또한 움만 만다와의 충돌을 묘사하는 다른 문서들에서도 발견된다.[11] 에훌훌 실린더(Ehulhul Cylinder)에 의하면, "나보니두스는 바빌로니아보다 더 강력한 적[메대 사람들,

---

8   Pongratz-Leisten, "Other and the Enemy," 197.

9   Adali, *Scourge of God*, 66. 더 나아가 이러한 입장은 원칙적으로 그리고 단순히 움만 만다를 포함하는 모든 적들에 대한 것이 아니라 구체적으로 움만 만다에 대해 옹호된다.

10 "적들을 죽이는 전통적인 메소포타미아 왕과의 극명한 대조가 명백하다." Ibid., 65-66. 또한 154-55도 참조하라.

11 Ibid., 64.

문서에서 움만 만다로 묘사됨]과 대면했지만 쿠타의 전설에서 딜바트 (Dilbat)가 나람 신(Naram-Sin)에게 확신시켰던 것처럼 신들이 적을 파괴할 것이라고 확신했다."[12] 기게스 이야기(Gyges Narrative)는 움만 만다를 연상시키는 표현을 사용하여 기게스가 아시리아의 봉신이 될 때까지 물리칠 수 없는 강력한 적(키메르족[Cimmerian])을 묘사한다.[13] 가드 역대기(Gadd Chronicle)는 움만 만다(메대 사람들)를 "바빌로니아 사람들이 건드릴 수 없는 가공할 세력"[14]으로 묘사한다. 우리는 이스라엘에서도 같은 것을 관찰한다. 가나안 사람들, 특히 아낙 족속은 너무 강력하여 이스라엘은 그들을 물리치기를 희망할 수 없다(민 13:31-33).

움만 만다와 싸우는 왕은 신들에게서 그렇게 하라는 말을 듣는다. 움만 만다는 신들에 의해 멸망당해야 할 운명이기 때문에 왕들이 그들과 교전하기 위해서는 (나람 수엔에게 시켰던 것처럼 지켜보고 기다리는 것과는 반대로) 특별한 승인이 필요하다. 나보니두스는 마르두크(Marduk)와 신(Sin)으로부터 환상을 받는다. 그들은 그에게 폐허가 된 에훌훌 신전을 탈환하고 재건하기 위해 아스티아게스(Astyages) 휘하에 있는 움만 만다를 물리치라고 명령한다.[15] 이와 유사하게 "키메르족에 대한 기게스의 최초의 군사적 승리는 [기게스의] 꿈에 나타나 그에게 아시리아에 굴복하라고 말한 아슈르(Ashur) 신의 명령에 그가 복종한 것에 돌려졌다."[16] 여호수아는 꿈에서 지시를 받지는 않지만 주도권은 여전히 일반적으로 반복되는 표

---

12 Ibid., 98.
13 Ibid., 118.
14 Ibid., 134.
15 Ibid., 98
16 Ibid., 121.

현 "여호와께서 그의 종 모세에게 명령하신 대로"(예. 수 11:15)의 형태로
야웨께로부터 오고 또한 여호수아 5:13-15에서는 "여호와의 군대 장관"
으로부터 온다(참조. 수 6:2, "여호와께서 여호수아에게 이르시되").

**왕이 오만해져서 신들의 힘보다 자신의 힘을 믿을 때, 그는 움만
만다에게 패한다.** 움만 만다의 정복 불능과 그들과 교전하기 위해 요구되
는 신들의 특정한 승인의 당연한 귀결은 왕이 신들의 도움을 의지하지(그
리고 결과적으로 신들이 말하는 것을 행하지) 않은 채 단독으로 움만 만다를 물
리칠 수 없다는 것이다. 나람 수엔은 수동적인 채로 있고 신들을 의지하
도록 요구된다. 그가 자신의 손으로 문제를 해결하고 자신의 힘에 의지
할 때 그는 지속적으로 움만 만다에게 패한다.[17] 기게스는 그가 아슈르 신
에게 복종하여 아시리아에 굴복하는 한 실제로 움만 만다(키메르족)와 싸
우는 것이 허용되고 그들을 물리칠 수 있다. 하지만 나중에 그가 그의 충
성 맹세를 어기자 그는 아슈르와 이쉬타르에 의해 저주를 받은 후 즉시
키메르족에게 패배를 당한다.[18] 이스라엘의 경우 여호수아의 군대는 바
쳐진 물건에 관한 야웨의 명령을 어기자 즉시 아이 성의 군대에게 패한다
(수 7:1-5). 마찬가지로 민수기 14장에서 이스라엘 백성은 그 땅을 차지
하라는 야웨의 명령에 불순종하고 즉시 아낙 족속에게 패한다. 더 나아가
사사기와 사무엘서는 특히 이스라엘이 가나안 족속에게 패하다가 그들
이 야웨께 순종하고 야웨께서 그들을 대신하여 싸우실 것을 신뢰하기 시
작할 때 상황이 역전되는 이야기들로 가득하다(특히 삿 7장의 기드온, 삼상

---

17   Ibid., 122.
18   Ibid.

17장의 다윗, 삼상 14장의 요나단을 참조하라).

움만 만다는 왕이 아니라 신들의 힘에 의해 패배한다. "쿠타의 전설에서 중요한 주제 중 하나는 움만 만다는 자신들이 얼마나 강력한지 그리고 메소포타미아 왕이 얼마나 그들을 물리칠 수 없는지와 관계없이 결국에는 신들이 멸망시킬 세력이라는 것이다. 그들의 붕괴는 어떤 [메소포타미아의] 간섭 없이도 신들이 계획한 그들의 도시의 대학살을 중심으로 기술된다."[19] 쿠타의 전설에 더하여 "나보니두스의 비문들은 고레스(Cyrus)가 아스티아게스를 물리친 것을 메대의 헤게모니를 제거하려는 신의 의지의 표현으로 기술한다."[20] 그리고 가드 역대기에서 메대(움마 만다로 묘사됨)의 몰락은 바빌로니아의 도움 없이 처리되었다.[21] 기게스가 실제로 키메르족과 싸우지만 그의 승리는 "아슈르와 마르두크의 힘"에서 기인한다. 아슈르바니팔(Assurbanipal)의 **이쉬타르 신전 비문**(Inscription from the Ishtar Temple)에서 "움만 만다의 왕"인 키메르 왕 투그담메(Tugdamme)는 신들이 그의 진영에 운석을 떨어뜨린 경우[22]를 포함하여 아시리아의 간섭 없이 신들에 의해 쓰러졌다.[23] 기게스처럼 이스라엘은 실제로 야만인들과 싸우고 기게스의 승리처럼 이스라엘의 승리는 그들의 신에게 돌려진다("내가 너희 앞에서 쫓아내는 족속들이", 레 18:24). 아슈르바니팔의 비문에서처럼 여호수아 10장에서 야웨는 아모리 족속을 치실 때 우박을 내리는 것을 포함하여 우주의 요소들을 사용하신다(수

---

19   Ibid., 136.
20   Ibid., 170.
21   Ibid., 137.
22   Ibid., 130.
23   Ibid., 131-32.

10:11-14). 특히 이 경우뿐 아니라 여호수아서의 전체 전투에 걸쳐 본문은 명시적으로 "여호와께서 이스라엘을 위하여 싸우셨음이니라"(수 10:14, 42)라고 주장한다.

이 모든 것은 레위기 18장이 신들에 의해 멸망당할 운명인 무적의 야만인들에 관한 잘 알려진 고대 근동의 수사적 표현의 관점에서 가나안 사람들을 묘사하고 있음을 나타낸다. 야만인들의 초상, 질서정연한 세계 밖에 사는 자들로서의 그들의 지위, 그들의 멸망할 운명에도 불구하고 그 수사적 표현은 결코 기분이 상한 신들을 대신하여 그들을 멸망시키는 (우리가 성전[holy war]이라고 부르는 것) 구실로 사용되지 않는다. 왜냐하면 신들 자신이 그들을 다룰 권리를 갖고 있기 때문이다. 또한 그것은 결코 야만인들을 공격하고 그들의 자원을 빼앗는 것(conquest[정복하다]라는 영어 단어에 의해 암시됨)을 정당화하기 위해서도 사용되지 않는다. 왜냐하면 야만인들을 군사적으로 공격하는 것은 자살행위이기 때문이다.[24] 보통 그 수사적 표현은 전투에서 지는 것(전투에서 승리하지 않는 것)과 적들을 피하는 것(그들을 공격하지 않는 것)을 합리화하기 위해 사용된다. 이것은 이스라엘이 전쟁에 나가는 것을 정당화하기 위해 그 수사적 표현을 사용하지 않았을 것임을 의미하며 만약 이스라엘이 그것을 사용하지 않았다면 이스라엘의 행위를 해석하는 사람도 그것을 사용할 수 없음을 의미한다.

---

24   고레스 실린더(Cyrus Cylinder)는 움만 만다에 대한 왕의 정복을 정당화하지만, 이 경우 고레스는 그 수사적 표현을 언급하지 않고 단지 그 단어를 사용하기만 한다. 고레스에게 메대 사람들은 무적의 야만인들이 아니다. 그는 단지 나보니두스가 그들을 움만 만다라고 불렀기 때문에 그들을 움만 만다라고 부른 것이다(Adali, *Scourge of God*, 162). 정복을 정당화하기 위해 계획된 선전이 의심의 여지 없이 존재하기는 하지만, 그것은 적을 신들의 저주를 받는 무적의 야만인들로서 정복되는 것으로 그리는 형태를 취하는 것으로 보이지 않는다.

마찬가지로 해석자는 가나안 사람들의 실제 행위에 대한 주장을 하기 위해 그 인용절을 사용할 수 없다. 왜냐하면 법률 문서(그리고 그것에 대한 위반)가 행동 자체를 기술하지 않고 무적의 야만인들에 대한 수사적 표현이 반드시 실제적인 관찰을 반영하는 것은 아니기 때문이다.

신명기 9:4-6에 나오는 야만인들의 악함

신명기 9장의 주요 수사학적 효력은 신명기 9:4에서 이스라엘이 스스로에게 할 수도 있는 말에 대한 경고로 시작된다. NIV는 다음과 같이 번역한다. "네 스스로에게 이르기를 '내 의로움 때문에 주께서 나를 이곳으로 데려와 이 땅을 차지하게 하셨다' 하지 말라. 아니다, 주께서 이 민족들을 네 앞에서 쫓아내려 하시는 것은 그들의 악함 때문이다." 그러나 더 나은 번역은 다음과 같을 것이다. "'주께서 우리를 이곳으로 데려와 이 땅을 차지하게 하신 것은 우리의 무죄함 때문이며 주께서 그 민족들을 너희 앞에서 쫓아내시는 것은 그들의 악함 때문이다'라고 생각하지 마라."[25] 이는 두 전치사구를 모두 이스라엘 사람들이 할 가상의 말에 배치한 것이다. 그런데 왜 이스라엘이 이런 말을 할 생각을 하겠는가? 여호수아 시대의 이스라엘 사람들은 실제로는 가나안 사람들을 만날 기회가 거의 없었다. 그렇다면 그들이 어떤 근거로 악함을 가정하겠는가?

---

25 J. G. McConville, *Deuteronomy*, Apollos Old Testament Commentary (Downers Grove, IL: InterVarsity Press, 2002), 174. 대부분의 번역은 전치사 *bə*를 원인의 어조를 지닌 역접 대명사(adversative pronoun[용어 해설: "아니, 실제 원인은 ~이다])로 번역하지만, *bə*는 결코 원인적 의미로 기능하지 않는다(ibid., 182). 또한 Moshe Weinfeld, *Deuteronomy 1–11*, AB (New York: Doubleday, 1991), 406을 참조하라.

우리는 신명기 9:1-3에서 이유를 듣는다. 이것이 곧바로 신명기 9:4에 나오는 경고로 바로 시작하는 대신에 이 구절들이 이 섹션의 시작 부분에 포함된 이유다. 이 세 구절은 움만 만다의 수사적 표현에 따라 가나안 사람들을 분류하면서 그들의 모든 모든 가나안 특성들을 빠르고 간결하게 요약한다. 그들은 이스라엘보다 더 크고 더 강하다(신 9:1). 그들은 아낙 자손, 거대한 네피림과 르바임 족속이다(신 9:2; 민 13:33; 신 2:11). 야웨는 군대보다 앞서 가셔서 그들을 멸하시는 분이다(신 9:3). 신명기 9:4-5은 수사적 표현의 네 번째 구성 요소를 나타낸다. 무적의 야만인들은 신들에 의해 멸망될 운명이다. 이 구절의 목적은 비록 가나안 사람들이 이스라엘의 수사법에서 이런 방식으로 묘사되고 그 수사법의 목적이 이스라엘 사람들에게 그들 자신에 대해 생각하는 방법을 가르쳐주는 것일지라도 그들의 자아 개념이 그들 자신의 의에 대한 어떤 망상도 포함해서는 안 된다고 이스라엘에게 경고하는 것이다. 무적의 야만인들의 파멸은 그들의 정복자들(이 경우 이스라엘)이 승리를 받을 만했기 때문이 아니라 신이 정한 그들의 운명의 결과로 그들에게 온다.

쿠타의 전설 및 기타 출처에서 움만 만다는 "악한 방식으로"(아카드어 *lemnis, lemnutu*의 부사형) 행동하는 것으로 묘사된다.[26] 따라서 이 악은 무적의 야만인들의 프로필의 일부이지만, 그 프로필의 다른 경멸적인 측면들과 같이 그것이 반드시 실제 관찰된 행동에 기초한 것은 아니다. "렘누투"(*lemnutu*)와 의미가 같은 히브리어 단어는 "리쉬아"(*riš'â*)로 신명

---

26 Adali, *Scourge of God*, 97. 또한, Adali는 표준 바빌로니아 사본의 전설에서 54행의 난해한 부분이 움만 만다에 대해 "더러운"(*lapatu*, "더럽혀진"; 레 18:24의 *ṭāmē'*와 비교하라) 것이라고 부르는 것으로 잠정적으로 해석한다. ibid., 48.

기 9:4-5에서 "악함"으로 번역되었다. 이 용어는 범죄에 대한 전과 기록을 가리키지 않는다. 그것은 정죄받는 상태다. 우리는 이것을 말라기 1:4에서 분명히 볼 수 있다. 거기서 에돔은 "'리쉬아'(*riš'â*)의 땅, 언제나 주의 진노 아래 있는 백성"으로 분류된다. 마찬가지로 신명기 25:2에서 누군가가 태형을 받아 마땅한 범죄를 저지른다면 그들은 그 범죄에 대한 선고(*riš'â*)가 요구하는 매질의 수에 따라 매질을 당해야 한다. 가나안 사람들이 이러한 지위를 가지고 있다는 것은 무적의 야만인들에 대한 수사적 표현으로서 그들을 묘사한 것의 일부다. 움만 만다의 악은 그들이 신들에 의해 멸망당하는 이유 중 하나다. 신명기 9장의 경우도 마찬가지다. "이 민족들이 악함(*riš'â*)으로 말미암아 여호와께서 그들을 네 앞에서 쫓아내심이니라"(신 9:4b).[27] 그러나 악은 어떤 보편적인 도덕법의 위반으로 간주될 수 없고 심지어 신들의 뜻에 반하는 행동으로도 간주될 수 없다. 악(*riš'â/lemnutu*)은 일련의 행동이 아니라 지위(status)다. 그리고 무적의 야만인들은 항상 신들의 통제를 받고 신들의 목적에 도움이 되기 때문에 악은 신들을 화나게 함으로써 얻어지는 것이 아니다.[28] 바빌로니아 문헌에서 움만 만다가 바빌로니아를 황폐화시키고 위대한 신들의 신전을 무

---

27 동일한 개념이 레 20:23에서는 "몹시 싫어했다"([*qwṣ*], 개역개정 "가증히 여기노라")로 번역된 단어에 의해 표현되는데 그것은 적대감을 나타낸다(즉 왕상 11:25, 여기서 그것은 "적대적인"으로 번역됨). 레 20:23은 하나님이 주어로 나타나는 유일한 곳이다. 그 단어 자체가 적대감에 대한 특별한 이유를 암시하지는 않는다. 문맥이 이것들 "때문에"라고 말하지만 적대감을 일으킨 이것들에 관하여 그것이 정확히 무엇이었는지는 명시하지 않는다. 레 18:24과의 평행은 그 진술이 가나안 사람들에 대한 묘사가 아니라 이스라엘에 대한 위협으로 읽혀야 한다는 것을 나타낸다(명제 11 참조).

28 "[쿠타의 전설]은 신들의 피조물인 어떤 야만인 무리에 의한 파괴적인 바빌로니아 침공에 관한 것이다." Joan Goodnick Westenholtz, *Legends of the Kings of Akkade* (Winona Lake, IN: Eisenbrauns, 1997), 266.

너뜨릴 때에도 "마르두크는 움만 만다의 배후에 있는 진정한 힘으로 여겨졌다."[29] 그리고 쿠두르 나훈테 서사시(Kudur- Nahhunte Epic)에서 벨(마르두크)은 움만 만다(엘람인들)의 왕을 자극하여 "바빌론에 대해 악을 꾀하고", 수메르를 공격하며, 에샤라(Ešarra) 신전을 약탈하게 한다.[30] 쿠타의 전설에서 움만-만다는 특히 나람 수엔을 시험하기 위해 신들에 의해 창조된다.[31] 흥미롭게도 야웨는 사사기 2:20-23에서 유사한 목적을 위해 가나안 민족들을 사용하신다. 이는 그들이 행하는 행동 자체가 본질적으로 불쾌감을 주는 것이 아니며 따라서 그들의 정죄받는 지위의 근원이 아님을 보여주는 추가 증거다.

야만인들의 악은 파괴적이고 인간 이하의 괴물로서의 그들의 본성의 결과로서 일어난다. 악은 야만성을 통해 획득되는 지위가 아니라 그들의 혼돈스런 기원의 일부로서 그들에게 내재되어 있다. 이스라엘의 제의 문학은 수사적 표현의 어떤 측면이 실제 관찰 가능한 행동에 해당하고 어떤 것이 경멸적인 수사법인지 분류하는 것에 관심이 없다. 왜냐하면 제의 문학은 인류학에 대한 논문이 아니기 때문이다. 가나안 사람들은 야웨에 의해 멸망당하고 있다. 그것이 항상 무적의 야만인들의 운명이기 때문이다. 그리고 이스라엘은 자신들의 조상들에게 주어진 약속으로 인해 이것으로부터 이익을 얻고 있다(신 9:5). 신명기 9:5에 있는 수사적 표현을 확증함으로써 본문은 가나안 사람들이 실제로 눈에 뜨일 정도로 인간 이하의 괴물이었다고 주장하지 않는 것처럼 가나안 사람들이 실제로 눈에

---

29   Adali, *Scourge of God*, 138.

30   Ibid., 165, 167.

31   Ibid., 56-57.

명제 12

205

뜨일 정도로 사악했다고도 주장하지 않는다. 그리고 우리가 명제 5에서 논의한 바와 같이 전달자들은 실제로 설명에서 결코 어떤 종류의 악함도 묘사하지 않는다. 신명기 9:5의 목적은 가나안 사람들에 관한 이스라엘의 경멸적인 수사법이 현실에 근거하고 있음을 이스라엘(또는 현대 해석가들)에게 확증하는 것이 아니다. 오히려 그것의 목적은 (다소 역설적이게도 그것의 해석의 역사를 고려할 때) 응보 원칙의 역 추론을 약화시키는 것이다. 이스라엘이 번영하고 있지만 그것이 이스라엘이 의롭다는 것을 의미하지는 않는다(응보 원칙과 그것의 불합리한 추론에 대한 논의는 명제 4를 참조하라).

추가: 무적의 야만인들과 르바임

르바임에 대한 묘사와 움만 만다에 대한 묘사 사이의 유사점은 레위기 18장과 신명기 9장에 국한되지 않는다. 신명기 2장에서 "이스라엘이 여호와께서 주신 기업의 땅에서 행한 것"과 같이(신 2:12) 르바임은 암몬과 모압 족속에 의해 그들의 땅에서 쫓겨난다. 그들의 거대한 용모가 신명기 2:10, 21에서 언급되고(민 13:32-33과 비교), 야웨의 손에 의한 그들의 멸망도 언급된다("여호와께서 암몬 족속 앞에서 그들을 멸하셨으므로", 신 2:21). 이 단어들의 어원은 이 세상의 것이 아닌 듯한 대적들의 자질들을 강조하는데 이는 쿠타의 전설의 거대한 조류 인간(bird-men)과 유사하다. 에밈(Emim, 신 2:10)은 "에마"('êmâ)라는 어근에서 유래한 것으로 추정되며 따라서 이것은 "무시무시한 자들"(terrible ones)을 의미할 것이다.[32] 르바

---

32 Eugene E. Carpenter, "Deuteronomy," in *ZIBBCOT*, 1:432.

임은 죽은 자들의 그림자를 가리킨다.[33] 나람 수엔도 그의 적들이 영들 (spirits), 특히 지하 세계의 악마들이라고 생각했기 때문에 그들이 피를 흘릴 수 있는지 확인하기 위해 시험해야 했다.[34] 아시리아 문서들도 마찬가지로 움만 만다를 "티아마트의 자손"이라 부르며 나람 수엔의 적들을 직접 언급하고 그 묘사를 그들 자신의 적인 키메르족에게 적용한다.[35] 지하 세계를 함의하는 것 외에 움만 만다의 또 다른 특징은 그들이 고귀한 태생이라는 것인데, 이는 쿠타의 전설에서 "슈푸"(šūpû, "위대함")라는 단어로 표시된다. 이 단어는 "대부분 신, 영웅, 왕, 도시 그리고 심지어는 별에 대해 사용된다."[36] 이 동일한 개념은 그 용어의 일반적인 용법으로 이어져서 특정 민족 집단보다는 적의 군대와 고귀한 태생을 강조한다(심지어 그것이 메대 사람, 키메르족 또는 엘람 사람과 같은 민족 집단을 명시할 때도 말이다).[37] 르바임은 특히 죽은 왕들의 영혼과 가장 일반적으로 연관되어 있으며[38] 이는 (삼숨밈을 "강한 자들"로 옮긴 70인역의 번역처럼) 비슷한 뜻을 내포한다.[39] 그러므로 오랫동안 해석가들에게 혼동을 주는 "르바

---

33 H. Rouillard, "Rephaim," in *Dictionary of Deities and Demons in the Bible*, ed. Karel van der Toorn, Bob Becking, and Pieter W. van der Horst (Grand Rapids: Eerdmans, 1999), 695b-697a.

34 Adali, Scourge of God, 57. Giovanni B. Lanfranchi, "The Cimmerians at the Entrance to the Netherworld: Filtration of Assyrian Cultural and Ideological Elements into Archaic Greece," *Atti e Memorie dell'Academia Galileiana di Scienze, Lettre ed Arti Parte III: Memorie delle Classe di Scienze Morali, Lettre ed Arti* 94 (2002): 75-112, 특히 101-3을 인용. 피흘림 시험은 Joan Goodnick Westenholz, *Legends of the Kings of Akkade* (Winona Lake, IN: Eisenbrauns, 1997), 315(64-71행)을 참조하라.

35 Adali, *Scourge of God*, 85-86.

36 Ibid., 48.

37 Ibid., 81.

38 Roulliard, "Rephaim," 696a.

39 Carpenter, "Deuteronomy," 1:436.

임"(*rəpā'îm*)이라는 히브리어는 잠정적으로 "에린 만 다"(*ERÍN-man-da*)라는 아카드어와 의미론적으로 동일한 것으로 여겨질 수 있다. 에린 만 다는 지하 세계에서 유래한 강력하고 장엄한 반인간(demi-humans)을 가리키며 역사 문서에서 수사학적 목적을 위해 적에게 적용되는 용어다.[40]

무적의 야만인들에 대한 수사적 표현은 에스겔 38-39장에서 곡(Gog)의 군대를 묘사하기 위해 다시 사용된다.[41] 이번에는 (곡이 바빌론의 암호이기 때문에) 군대가 이스라엘을 공격하고 있지만 우리는 포로기 후 이스라엘의 회복(겔 39:25-29의 이 신탁에서 기술됨)이 포로기 이후 문학의 많은 부분에서, 아마도 가장 두드러지게는 에스겔 47-48장에서, 정복을 주제상으로 반복하고 있음을 주목해야 한다.[42] 이것이 사실이라면, 회복 이전에 하나님이 멸망시키는 적을 표현하기 위해 무적의 야만인에 대한 수사적 표현을 사용한 것은 (적어도 에스겔 시대에) 본래의 정복의 적들도 무적의 야만인들로 이해되었다는 최소한의 정황적 증거가 될 수 있다. 곡의 무리를 멸망시키는 목적이 명확히 그들을 벌하는 것이 아니라는(비록 그것도 관련되어 있기는 하지만 말이다. 명제 17을 참조하라) 점에 주목하는 것은

---

40 이것은 히브리 성경이 특히 쿠타의 전설에 문학적으로 의존한다거나 심지어 그것에 대한 지식을 가지고 있다고 말하는 것이 아니다. 어원적으로 관련이 없는 용어를 사용하는 것과 호전적인 침략자들에 직면해서 문서에 평화주의에 대한 특정한 주제가 없다는 것은 그렇지 않다는 점을 나타낸다. "움만 만다"라는 용어는 우가리트에서 서신 RS 17.286 (Adali, Scourge of God, 80-81)으로부터 알려져 있는데 이는 그 단어가 나타내는 개념이 레반트 지역의 인지 환경에 존재했을 것임을 나타낸다.

41 Daniel Bodi, "Ezekiel," in *ZIBBCOT*, 4:484-85: "[겔 38장과 쿠타의 전설 사이의] 이러한 유사점은 에스겔이 침략하는 무리를 명명하기 위해 고대 근동 문학의 상투적인 문구(cliche)를 사용하고 있음을 시사한다.

42 "회복 시대의 그림은…유서 깊은 역사적이고 문학적인 모델, 즉 출애굽과 그것을 뒤따르는 이스라엘 땅에서의 정복 및 정착 모델을 따른다." Sara Japhet, *From the Rivers of Babylon to the Highlands of Judah* (Winona Lake, IN: Eisenbrauns, 2006), 426.

한층 더 가치가 있다. 그 목적은 "내 거룩한 이름을 내 백성 이스라엘 가운데에 알게"(겔 39:7) 하는 것이다. 이것은 무적의 야만인들에 대한 수사적 표현과 완전히 일치한다. 정복의 경우와 마찬가지로 무적의 야만인들은 신들의 종들에게 특정한 요점을 보여주기 위해 신들에 의해 운명지어져 있다. 또한 정복을 재현하는 것은 그 땅을 정결케 하는 주제(즉, 땅의 지위를 변경하는 것; 겔 39:14-16; 레 18:25과 비교하라)이지만, 이번에 사용되는 단어는 "타하르"(*thr*)다(비록 그것이 예상되지만 말이다; 그 땅은 이미 하나님이 다스리고 계시기 때문에 정복 때 일어난 "헤렘"은 불필요하다; 명제 19를 참조하라).

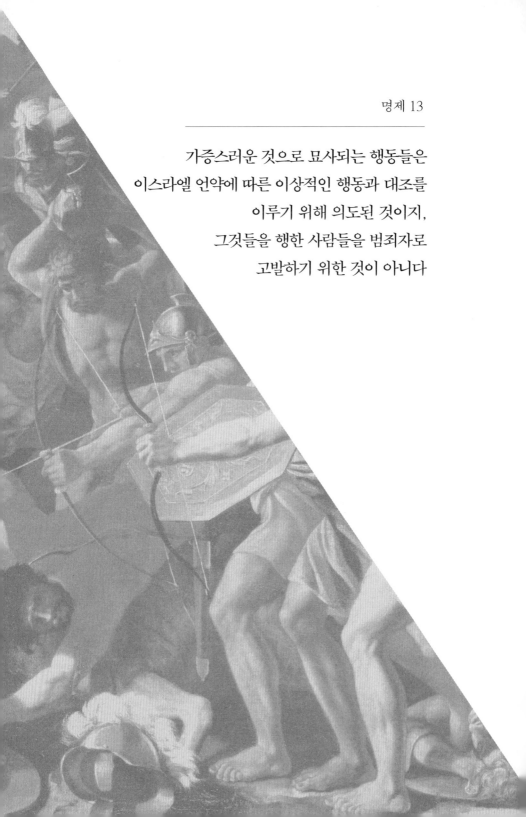

명제 13

가증스러운 것으로 묘사되는 행동들은
이스라엘 언약에 따른 이상적인 행동과 대조를
이루기 위해 의도된 것이지,
그것들을 행한 사람들을 범죄자로
고발하기 위한 것이 아니다

명제 8에서 논의한 바와 같이 우리에게는 이스라엘의 목적이 이방인들을 언약 안으로 데려옴으로써 그들을 하나님의 진노에서 구원하는 것이었다고 믿을 이유가 없다. 따라서 우리는 언약 밖의 사람들과 관행들을 묘사하기 위해 때때로 사용되는 언어, 즉 **미워하다**(śnʾ), **악**(raʿ) 또는 **가증한 일**(tôʿēbâ) 같은 단어들을 재검토해야 한다. 우리는 언약 패러다임이 구원받은 자와 저주받은 자의 이분법을 따르지 않기 때문에 그러한 단어들이 그것들의 대상을 진노의 대상으로 나타내지 않는다는 점을 안다. 그러나 다시 한번 말하지만 그것들이 의미가 없는 것은 아니다. 이 세 단어가 모두 가나안 사람들을 묘사하기 위해 사용되기 때문에 이것은 정복을 이해하는 데 특히 중요하다.

신명기 18:12, 20:18에서의 "토에바"

신명기 18:12은 가나안 사람들의 관행을 "토에바"(tôʿēbâ, NIV "detestable")라고 기술한다. "토에바"는 "질서에 반대되는 것"을 의미하며 가나안 사람들을 질서의 범위 밖에 있는 경계 지대의 야만인들로 분류하는 것과 일치한다.[1] 우리는 창세기 46:34에서 유사한 정서를 볼 수 있다. "애굽 사람은 다 목축을 가증히 여기나니"(창 46:34). 문제의 목자들은 이집트 문서에서 "샤수"(shasu)라고 불린다. 이집트 문서에서 목자들은 멸시받고 때때

---

1   H. D. Preuss, "תּוֹעֵבָה," in *TDOT*, 15:602.

로 두려운 외부인 그룹이다.[2] 아나스타시 1세 파피루스(Papyrus Anastasi I)는 그들을 괴물 같은 모습으로 묘사한다. 그들은 키가 4-5규빗(약 2m)이고 비우호적이며 사나운 얼굴을 하고 있다.[3] 이것은 멸시받는 외집단(outgroup)을 "토에바"로 묘사하는 당시의 경향을 보여주며 또한 그들을 폄하하기 위해 사용된 어휘의 종류가 이스라엘에게만 국한된 것이 아님을 입증한다. 그러나 "토에바"—확립된 질서에서 벗어나는 것—는 항상 문제의 질서에 대해 상대적이다. 따라서 이스라엘 문학에서 "토에바"(때때로 "야웨께"라고 명시됨)로 묘사된 관행은 이스라엘 언약을 위반하기 때문에 우리가 예상하는 바대로 이스라엘에서 용납될 수 없다. 그러나 우리는 가나안 사람들이 아마도 "나쁜 일을 하는 것은 나쁘다"는 의미에서 가증한 행위를 잘못된 것으로 간주할 테지만 그들 자신의 신을 숭배하는 것(성경의 서술자들이 그들이 종사하고 있는 것으로 묘사하는 행위, 명제 5 참조)은 그들이 이해하는 세계 질서에 위배되지 않기 때문에 그들이 자신들의 행위를 "토에바"로 분류하지 않을 수도 있음을 이해해야 한다. 야웨는 이스라엘이 봉신 조약(언약)의 의무 아래 있기 때문에 이스라엘이 이방 신들을 숭배하는지 여부에 관심을 기울이신다. 하지만 우리가 명제 8과 명제 11에서 살펴본 바와 같이 그 조건은 언약에 종속되지 않는 사람들에게는 적용되지 않는다.

신명기 20:10-11에서는 (신 20:18에서 "토에바"라고 불리는 그 땅 자체에

---

2   James K. Hoffmeier, *Ancient Israel in Sinai: The Evidence for the Authenticity of the Wilderness Tradition* (New York: Oxford University Press, 2005), 240.

3   Papyrus Anastasi I, in E. Wente, *Letters From Ancient Egypt*, SBL Writings from the Ancient World (Atlanta: SBL, 1990), 108.

살고 있는 사람들과 대조해서) 멀리 떨어져 사는 주민들을 살려두는 조건에 대한 지침이 주어진다. 비록 그들이 쫓겨날 사람들과 같은 행위에 종사한다 할지라도 말이다. 구별 요소는 행위가 아니라 지리(geography)다. 만약 가나안의 제의 행위가 원칙상 파괴를 당할 만한 것이라면 그것이 어디서 행해지든 그것은 파괴를 당할 만해야 한다. 이와 유사하게 사사기 2:20-3:4에서 야웨는 특별히 가나안 주민들을 살려두어 그들이 혼합주의로 이스라엘을 시험하게 하신다. 이는 원칙상 그 행위를 근절하고자 했던 사람에게는 이상한 책략이 될 것이다. 마지막으로, 우리는 이스라엘이 이방 신 숭배에 대해 관례적으로 기소당하더라도 예언 문학에 나오는 열방에 대한 신탁에서 열방이 이방 신을 숭배한 것에 대해 결코 기소되지 않는다는 점을 다시 관찰한다(명제 8 참조). 이것은 신명기에서 묘사된 "토에바"가 **이스라엘 백성이 그것을 행할 경우에** 가증한 행위가 된다는 점을 나타내지만 가나안 사람들이 토에바를 행할 때 그것이 가증하다는 것을 의미하지는 않는다. 수사법은 순전히 이스라엘의 관점에서 전달된다. 강조점은 이스라엘이 무엇을 해서는 안 되는가에 있는 것이지 가나안 사람들이 무엇을 한 것에 대해서 벌을 받아야 하는가(받았는가)에 있지 않다.

열왕기하 21:9-11에서의 "라"

신명기 18장은 만약 이스라엘이 가나안 사람들과 같은 "토에바"—언약 질서를 벗어난 행위—를 범하면 어떤 일이 일어날 것인지 기술한다. 열왕기하 21:9에서 서술자는 그 상황을 다음과 같이 기술한다. "악[ra']을 행한 것이 여호와께서 이스라엘 자손 앞에서 멸하신 여러 민족보다 더 심하였더라." 열왕기하 21:11에서는 한 인물에 대해 상세하게 기술된다. "유다 왕 므낫세가 이 가증한 일[*tô 'ēbâ*]과 악[*ra'*]을 행함이 그 전에 있던 아모리 사람들의 행위보다 더욱 심하였고 또 그들의 우상으로 유다를 범죄하게 하였도다." "라"(*ra'*)는 보편적 도덕의 척도가 아니다. "라"는 bad라는 영어 단어와 유사한 의미론적 범위를 가진다. 그러므로 "라"는 "토에바"와 같이 상대적인 용어다. 하나님은 "라"를 행하시거나 후원하실 수 있다.[4] 따라서 "므낫세가 아모리 사람들이 행한 것보다 야웨를 노엽게 만드는 더 보편적으로 부도덕한 일들을 행하였다"에서처럼, "라"는 본질적으로 "보편적으로 부도덕한 일들" 또는 "야웨를 노엽게 만드는 일들"을 의미할 수 없다. "나쁜"(*ra'*)이라는 가치 판단은 언약과 관련이 있다. 이 경우에 그것은 "므낫세가 언약에 의해 금지된 일들을 아모리 사람들이 행한 것보다 더 많이 행하였다"는 것을 의미한다. 우리는 가나안 족속들이 언약에 의해 금지된 일들을 행했음을 안다. 하지만 이러한 일들은 언약에 책임이 있는 사람들에게만 벌할 수 있는 범죄이며 가나안 사람들에게는 그렇지 않다. 다시 말하지만 가나안 사람들이 그들의 (반[anti]

4　"악한 영"(*rûaḥ ra'*)이 여러 차례 야웨로부터 보내진다(삿 9:23; 삼상 16:14-16; 19:9). 야웨께서 재앙(*ra'*)의 천사들을 이집트로 보내신다(시 78:49). 신 30:15("화", NIV "destruction")과 수 23:15에서 야웨는 "라"(*ra'*)로 이스라엘을 위협하신다. 그분은 "멸망하게 하는 기근의 독한[*ra'*] 화살"을 이스라엘에게 쏘신다(NIV "deadly", 겔 5:16). 하나님은 이집트에 "라"를 가져오신다(NIV "disaster", 사 31:2, 개역개정 "재앙"). 그분은 번영과 "라"를 모두 가져오신다("disaster", 사 45:7, 개역개정 "환난"). 야웨는 예루살렘에 중한(*ra'*) 심판을 보내신다(NIV "dreadful", 겔 14:21). 미가는 "재앙(*ra'*)이 여호와께로 말미암아 예루살렘 성문에 임함이니라"(NIV "disaster", 미 1:12)라고 주장한다. 그리고 욥은 하나님으로부터 복도 화(*ra'*)도 모두 받아들인다(NIV "trouble", 욥 2:10[참조. 전 7:14]).

언약적) 영향으로 이스라엘을 시험하도록 야웨에 의해 특별히 인가를 받았기 때문에 (삿 2:22) 우리는 이것을 안다. "토에바" 관행은 다른 경우에 야웨도 사용하신다. 사울에게 주신 야웨의 마지막 메시지는 금지된 영매 (medium)를 통해 전달된다(삼상 28:7-19). 야웨는 발람으로 하여금 금지된 신탁을 통해 이스라엘을 축복하게 하시고 (민 23-24장) 금지된 점을 통해 느부갓네살에게 예루살렘을 공격하도록 지시하신다(겔 21:21-23). 암몬과 모압은 각각 밀곰과 그모스를 숭배하지만 그들의 땅을 받는다(신 2:9, 19; 왕상 11:13과 비교하라). 그리고 다시 그들을 비난하는 신탁은 기소에 제의 행위를 포함하지 않는다. 열왕기의 서술자가 열방에 대한 정죄에도 포함되어 있는 어떤 것―무죄한 피를 흘리는 것(예, 욜 3:19-21)―으로 인해 므낫세를 고발할 때 그는 이 행위를 열방보다 더 많은 악을 이루는 제의 행위들과 구별하려고 주의한다(왕하 21:9). 마찬가지로 므낫세와 유다는 열왕기하 21:11, 16에서 "하타"(ḥāṭāʾ, 죄)를 범하지만, 열방과 아모리 족속은 "하타"가 아니라 "라"를 행할 뿐이다.[5]

신명기 12:31에서의 "주께서 미워하시는 '토에바'"

신명기 12:31은 "네 하나님 여호와께는 네가 그와 같이 행하지 못할 것이라. 그들(가나안 사람들)은 여호와께서 꺼리시며[śnʾ] 가증히 여기시는

---

5   흔히 볼 수 있는 문구 "여호와 보시기에 '라'를 행하여 여로보암의 '하타'를 따라가다"(왕상 16:19, 31; 왕하 13:2, 6, 11; 14:2; 15:9, 18, 24, 28)와 비교하고, 서술자가 므낫세가 "여호와 보시기에 '라'를 [행하고] 여호와께서 이스라엘 앞에서 쫓아내신 민족들의 '하타'를 [행하였다]"라고 말하지 않는 것에 주의하라. 만약 아모리 사람들과 다른 족속에 대한 고발이 의도된 것이라면 이렇게 말하는 것이 쉬웠을 것임에도 불구하고 말이다.

일[tôʿēbâ]을 그들의 신들에게 행하여 심지어 자기들의 자녀를 불살라 그들의 신들에게 드렸느니라"라고 말한다. 그러나 이 구절은 가나안 족속이 이스라엘 앞에서 쫓겨나는 이유로서 하나님의 증오를 제시하지 않는다(즉 이 구절은 "그들이 내가 싫어하는 일들을 행하였으므로 내가 너희 앞에서 그들을 멸할 것이다"라고 말하지 않는다). "사네"(śnʾ)라는 히브리어가 반드시 hate(미워하다)라는 영어 단어를 내포하는 본능적인 감정적 역겨움을 지니는 것은 아니다. 그것은 어느 정도의 혐오를 나타낼 수 있다.[6] 그러나 우리의 목적상 가장 중요한 것은 (정치적) 계약과 관련하여 고대 근동 전역에서 사랑과 증오의 언어가 사용된다는 점이다.[7] 한쪽 당사자의 다른 쪽에 대한 증오는 "불안정하거나 깨어진 계약에 대한 은유가 되거나 그것을 전달한다."[8] 물론 가나안 사람들은 파기할 언약이 없었기 때문에 아무런 언약도 파기하지 않았다. "라"와 "토에바"처럼 "사네"는 **만약 이스라엘이 행한다면** 언약을 위반하는 관행을 나타낸다. 그러나 그 단어들은 언약 밖에 있는 사람들에게는 아무런 의미가 없다. 신명기 12장에서

---

6   A. H. Konkel, "שׂנא," in *NIDOTTE*, 3:1257.

7   Andrew J. Riley, "*Zêru*, 'to Hate' as a Metaphor for Covenant Instability," in *Windows to the Ancient World of the Hebrew Bible*, ed. Bill T. Arnold et al. (Winona Lake, IN: Eisenbrauns, 2014), 175–85.

8   Ibid., 184. 모세 오경에서 하나님이 미워하시는 대상은 항상 제례 의식인데(신 12:31; 16:22) 이는 언약적 충실이란 주제와 일치한다. 신 1:27과 9:28에서 하나님의 (가상적) 미워하심은 이집트가 야웨 자체를 악한 분으로 생각할까 두려워하는 맥락에서 멸하시려는 하나님의 열망과 평행을 이룬다(출 32:12의 "악한 의도로"는 신 9:28의 "그들을 미워하기도 하사"와 평행을 이룬다. 신 1:27과 신 9:28은 둘 다 야웨께서 처음부터 그들을 죽이려고 은밀히 계획하셨고 그들을 계속 속여오셨다고 가정한다). 모세는 이집트 사람들이 이스라엘이 부도덕하고 백성이 그들의 하나님의 진노를 초래하는 방식으로 행동했다고 생각하지 않을까 걱정하지 않는다(참조. 신 29:25-27). 오히려 그들은 야웨께서 그분의 언약을 파기하셨다고 생각할 것이다.

금지된 관행은 구체적으로 가나안 사람들이 그들의 신을 숭배하기 위해 사용하는 것과 동일한 제의 관행을 사용하여 야웨를 숭배하는 것이다(신 12:2-4, 31). 야웨께서 자신을 위해 특정한 제의 관행은 받아들이시고 다른 것들은 거부하시는 이유는 결코 설명되지 않는다. 가나안의 방법들이 (고대 또는 현대의 기준에 의해) 본질적으로 부도덕하다(신 12:31에서 자녀를 희생제물로 바치는 것은 부도덕할 수 있지만 신 12:13에서 성소 밖에서 희생제사를 드리는 것은 부도덕하지 않다)는[9] 생각을 포함하여 모든 이론은 순전히 사변적이다.

열왕기상 18장에서 성경의 서술자는 가나안 사람들이 언약 규정에 어긋나는 행위들을 했음을 확증한다. 그들은 정말로 그런 행위들을 했다. 그리고 그 행위들은 정말로 언약에 어긋나는 것들이다. 그러나 그 행위들은 이스라엘 사람들이 그것들을 하지 않는 한 결코 처벌 가능한 범죄(ḥāṭāʾ)로 분류되지 않는다(명제 5를 참조하라). 만약 "라"와 "토에바"가 가나안 사람들이 그것들을 행할 때 처벌 가능한 범죄라는 것을 증명하고 싶으면 언약을 받아들인 적도 들어본 적도 없는 사람들에게도 언약이 (그것은 순환적이기 때문에 순전한 정복 사건 밖에서) 보편적으로 구속력이 있음을 증명해야 할 것이다. 히브리 성경 어디에도 이것이 사실이라는 표시는 없다. 언약도 율법도 가나안 사람들에게 계시되지 않았다. 언약은 그것의 축복에 있어서든 그것의 저주에 있어서든 결코 그들에게 적용되지 않는다. 그러므로 그들은 그것을 따르지 않는다는 점에 근거하여 고발당할

---

9   예를 들어 Jeffrey H. Tigay, *Deuteronomy*, JPS (Philadelphia: Jewish Publication Society, 1996), 127, 464-65을 참조하라.

수 없다. 그러나 그들은 언약 질서의 이상의 부정적인 본보기이자 그 이상을 돋보이게 하는 존재로 제시될 수 있다. 레위기와 신명기에서 가나안 사람들을 묘사하기 위해 사용되는 언어는 고발이 아니며 전쟁에 대한 이론적 근거도 아니다. 그것은 동시에 야웨에 대한 이스라엘의 의존성을 강조하고, 언약 질서를 이상적인 존재 상태로서 칭송하며, 이스라엘 사람들에게 언약의 불충실로 인한 결과에 대해 경고하기 위해 고안된 문학적인 수사적 표현과 유형론을 훌륭하게 차용한 것이다.

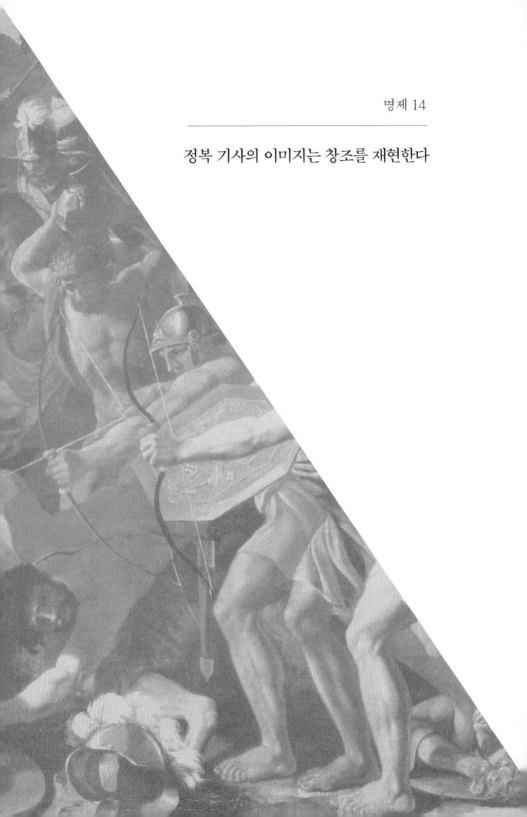

정복 기사의 이미지는 창조를 재현한다

명제 12에서 논의된 바와 같이 레위기 18장에 나오는 가나안 족속의 관행에 대한 정죄는 실제 가나안 사람들의 실제 행위를 기술하기 위해서 의도된 것이 아니다. 그것은 전쟁에 나가 그들을 몰살시키는 것을 정당화하기 위해 지어낸 단순히 부정적인 정형화도 아니다.[1] 가나안 사람들을 묘사하기 위해 사용되는 고대 근동의 문학적인 수사적 표현은 일반적으로 그들과 싸우지 **않기** 위한 핑계나 그들을 무찌르지 못한 것에 대한 합리화로서 적에게 적용된다. 무질서한 행동의 정형화된 표현은 이스라엘에 대한 경고로서 제공되지만 그것이 유일한 목적은 아니다. 무적의 야만인으로서 적의 이미지는 또한 정복을 통해 성취되는 사건의 중요성을 이해하기 위한 이데올로기적 틀을 확립한다.

언약 백성으로서의 거룩한 지위를 통해 야웨와 동일시된 이스라엘은 우주 질서의 구현이다. 이와 대조적으로 가나안 사람들은 언약 밖에 있는 그들의 지위 때문에 혼돈의 대행자들이다(명제 12를 참조하라). 그들은 야웨의 언약 질서를 따르지 않는다. 또한 그렇게 되리라고 기대되지도 않는다. 이 지위는 이스라엘의 문학에서 인간 이하의 야만인들로 그려지는 그들의 모습에 의해 수사학적 목적을 위해 강조된다. 이스라엘 민족은 거룩하며 야웨 및 우주 질서와 동일시된다. 가나안 민족들은 주제상으로 우주적 혼돈과 관련이 있다. 정복의 지속적인 강조는 그 땅의 사람들을 **몰아내는** 것이다. 따라서 정복은 질서가 확립될 공간을 만들기 위해

---

1   반대 의견은 Philip D. Stern, *The Biblical* Herem, BJS 211(Providence, RI: Brown University Press, 1991), 83; Susan Niditch, *War in the Hebrew Bible: A Study in the Ethics of Violence* (New York: Oxford University Press, 1993), 24을 참조하라.

혼돈을 밀쳐낸다. 이런 식으로 말해질 때 정복이 무엇인지가 매우 분명해진다. 정복은 창세기 1장에 나오는 창조 기사의 주제를 재현한 것이다. 창세기 1장에서 질서를 확립하기 위해 혼돈이 축출되었다.

혼돈과 창조

가장 일찍 등장하는 고대 근동의 수사적 표현에서 무적의 야만인들은 의인화된 우주 바다인 "티아마트의 자손"이다. 이것은 고대 근동 문학에 나오는 움만 만다에 대해 지속적으로 적용되어온 식별자들(identifiers) 중 하나다.[2] 창세기 1장에 나오는 이스라엘 우주론에서 우주 바다(təhôm[테홈], 아카드어의 "티아마트"와 같은 어원의 말; NIV "deep")는 의인화되지 않지만,[3] 그럼에도 그 개념은 그것의 주제상의 의미를 유지한다. 야만인들도 그 수사적 표현의 사용을 통해 그들의 주제상의 의미를 유지한다. 그러므로 야만인들 = 혼돈 = 우주 바다 사이의 주제상의 상호관계가 이스라엘에서 보존된다.

고대 근동에서 창조 이야기들은 (헤시오도스[Hesiod]의 『신들의 계보』[*Theogony*]에서 우주 생성 이전의 상태를 묘사하기 위해 사용된 그리스어 단어에서 취한 것으로 종종 **혼돈**[*chaos*]이라고 불리는) 질서가 없는 우주 생성 이전의 상

---

2   Sellim Ferruh Adali, *The Scourge of God: The Umman-Manda and Its Significance in the First Millennium BC*, SAAS 20 (Helsinki: The Neo-Assyrian Text Corpus Project, 2011), 60-61.

3   예를 들어 John Day, *God's Conflict with the Dragon and the Sea* (London: Cambridge University Press, 1985), 49-51; David Tsumura, *Creation and Destruction* (Winona Lake, IN: Eisenbrauns, 2005), 38을 참조하라.

태에 대한 질서의 승리에 관한 이야기다. 이 질서는 신들에 의해 제정되고 유지된다. 혼돈의 원리는 고대 근동 문학에서 일반적으로 의인화된 바다(우가리트의 "얌"[Yamm], 히브리의 "얌"[Yam]) 또는 괴물 같은 뱀 또는 용 모양의 생물(우가리트의 "리탄"[Litan], 히브리의 "리브야탄"[Leviathan, 개역개정 "리워야단"]) 또는 동시에 둘 다(아카드의 "티아마트")에 의해 표현된다. 때때로 혼돈에 대한 질서의 승리는 유명한 바빌로니아의 우주론인 「에누마 엘리시」(Enuma Elish)에서처럼 전투의 관점에서 묘사된다. (문자적으로 또는 비유적으로) 혼돈과 싸우는 질서의 주제 모티프는 학자들에 의해 "카오스캄프"(*Chaoskampf*)라고 불린다. 이 주제는 우주론(창조의 초기 확립)에서 나타날 수 있지만 그것은 또한 창조가 끊임없이 재개되기 때문에 계절 또는 일일 주기(각각 우가리트의 바알[Baal] 대 모트[Mot] 또는 이집트의 라[Ra] 대 아포피스[Apophis])로 나타나는 것으로 보일 수 있다.[4] 이 주제는 또한 소우주에서 상황에 따라 반복될 수 있다. 예를 들어 그것은 신전 건축[5] 또는 우가리트의 바알 사이클(Baal cycle)의 경우에는 즉위 및 왕권 합법화[6]에서 반복된다. 히브리 성경에서 카오스캄프 이미지가 때때로 야웨께서 이스라엘의 정치적인 적들을 무찌르시는 것을 묘사하기 위해 사용되지만(예를 들어 사 51:9) 우리는 상징을 가지고 너무 많은 것을 읽어내려 하지 않도록 주의해야 한다. 이집트/파라오는 그것이 얼마나 명확하게 괴물로

---

4   John H. Walton, *Genesis 1 as Ancient Cosmology* (Winona Lake, IN: Eisenbrauns, 2011), 70-72.

5   Baruch Halpern, "The Ritual Background of Zechariah's Temple Song," *CBQ* 40 (1978): 167-90.

6   Wayne T. Pitard, "The Combat Myth as a Succession Story at Ugarit," in *Creation and Chaos: A Reconsideration of Hermann Gunkel's Chaoskampf Hypothesis*, ed. JoAnn Scurlock and Richard H. Beal (Winona Lake, IN: Eisenbrauns, 2013), 199-205.

묘사되든(사 30:7; 겔 29:3) 문자 그대로 혼돈의 괴물이 아니므로 하나님이 지상의 영역에서 일어나는 사건들에 영향을 끼치려고 하는 초자연적인 세력과 전투를 벌이고 계신다고 상상하면서 (사 51장에서 홍해가 갈라지는) 사건 너머와 그 배후에 있는 어떤 대우주적인 숨겨진 뜻을 읽으려 해서는 안 된다.[7] 또한 우리는 성경의 이 구절들이 고대 근동 신화에서 파생된 것들이라고 가정해서도 안 된다. 오히려 그 수사적 표현은 일어나고 있는 일의 본질과 하나님의 행동이 의미하는 바를 이해하기 위해 주제상의 맥락을 제공하려는 의도다. 강조점은 우주 형이상학(cosmic metaphysics)이 아니라 문학 유형론(literary typology)에 있다. 정복과 가나안 족속을 혼돈의 대행자들로 표현하는 것에 대해서도 마찬가지다.

창세기 1장에서 우주의 물들은 물들을 벌하거나 물들을 파괴하기 위해서가 아니라 하나님의 활동(창조)을 위한 공간을 만들기 위해서 나뉜다 (사 51:9-10 및 출 14:21-31과 비교하라. 거기서 야웨가 이스라엘의 구원을 위한 공간을 만들기 위해 [자력으로 운동할 수 없는] 바다가 나뉜다). **카오스캄프**의 전투 요소가 이스라엘의 실제 창조 이야기에서보다 정복에서 더 분명하게 드러나지만(비록 가나안 군대가 여전히 실질적인 저항을 하지 않지만 말이다), 두 기사의 요점은 전투나 적에 있는 것이 아니라 승리에 따른 결과, 즉 혼돈의 장애물이 제거된 후 신이 **실행하시는** 일에 있다.[8] 창세기 1장에서 목적은

---

7 예를 들어 Tremper Longman and Daniel G. Reid, *God Is a Warrior* (Grand Rapids: Zondervan, 1995), 82에서 다음과 같이 말하는 것처럼 말이다. "초역사적인 차원에서 하나님과 혼돈 세력 간에 벌어지는 갈등은 인간의 역사에서 일어나는 갈등과 평행을 이룬다."

8 야웨께서 "테홈"(*təhôm*)을 나누시는 것이 전투 이미지를 구성하는지에 대한 논쟁은 일반적으로 창 1장이 문학적으로 「에누마 엘리시」에 문학적으로 의존하거나 의존하지 않는 정도에 관한 것이다. 그것은 보통 이스라엘이 "테홈"이 야웨의 활동에 저항할 능력을 가지고 있다고 인식하는지 여부에 대한 신학적 논의로 확장되지 않는다. 히브리 성경에서 식별 가

안식(안식일)인데, 그것은 휴식을 의미하는 것이 아니라 오히려 우주 질서를 지탱하고 유지하시는 하나님의 지속적인 활동을 의미한다.[9] 신명기 역사서(여호수아, 사사기, 사무엘서, 열왕기)에서 목적은 "이름을 두는 것"이다(명제 19를 참조하라). 평행 관계를 한층 더 공고히 하자면 정복의 준비 목적이 완료되고 하나님이 마침내 예루살렘 성전에 자신의 이름을 두실 때 정복이 완성된다(왕상 9:3). 예루살렘 성전은 결국 우주 질서를 상징하는 에덴의 이미지[10]가 명백히 가득한 건물이다.[11] "성전과 세상은 친밀하고 본질적인 관계에 있다. 두 프로젝트는 궁극적으로 구별되거나 분리될 수 없다.…안식일과 성소는 동일한 실재(reality)에 참여한다."[12] 창세기에서 본래의 **우주 질서**(cosmic order)의 확립과 모세로부터 솔로몬에 이르는 과정에서의 **언약 질서**(covenant order)의 확립은 둘 다 야웨의 지속적인 창조 프로젝트의 일부다.

능한 **카오스캄프**의 모든 사례(예를 들어 시 74:14)는 의인화된 괴물이든 아니든 저항은 헛된 것이라는 데 일치한다. 괴물에 대한 것처럼 가나안 사람들에 대해서도 마찬가지다. 그러므로 우리의 목적을 위해서는 창 1장의 "테홈"이 활동적인지 비활동적인지 또는 그것을 나누는 것이 전투를 암시하는지 여부는 중요치 않다.

9   John H. Walton, *Ancient Near Eastern Thought in the Old Testament* (Grand Rapids: Baker Academic, 2006), 114.

10   상징적 표현에 있어서 에덴과 솔로몬 성전 사이의 유사점은 Gordon J. Wenham, "Sanctuary Symbolism in the Garden of Eden Story," in *I Studied Inscriptions from Before the Flood: Ancient Near Eastern, Literary, and Linguistic Approaches to Genesis 1–11* (Winona Lake, IN: Eisenbrauns, 1994), 399–404을 참조하라.

11   Walton, *Genesis 1 as Ancient Cosmology*, 109.

12   Jon D. Levenson, "The Temple and the World," *Journal of Religion* 64 (1984): 275-98, 288에서 인용.

고대 근동에서의 질서: 신전과 도시

명제 11에서 우리는 야웨께서 사용하실 수 있도록 그 땅을 준비하는 것이 성전 건축을 준비하기 위해 부지를 정결하게 하는 것과 비슷하다고 주장했다. 고대 근동에서 신전 건물은 또한 그 구조가 표현하는 질서를 나타내기 위해 **카오스캄프**의 주제상의 이미지에 호소한다. 바룩 할펀(Baruch Halpern)은 스가랴 1-6장에 나오는 환상들이 신전 건축과 **카오스캄프**를 연관시키는 고대 근동의 이미지에 의해 영감을 얻었다고 주장한다. "그러므로 고대의 정신은 황폐해지고 무용지물이 된 신전을 우주 질서의 부재와 연결시켰다. 전투 신화는 그 질서의 회복 패러다임으로서 회복 제의(ritual of restoration)를 위해 가장 편리한 틀을 제공할 것이다."[13]

고대 세계에서 신전은 신들의 거처였다. 신전은 사람들이 (신에게) 제의적 의무를 수행하고 신의 임재를 경험하기 위해 가는 곳이었다. 그것은 하늘과 땅이 만나는 접점이었다. 신전은 신이 휴식을 취하고 우주의 질서를 유지하는 곳이었다. 우주의 질서는 종종 생명과 풍요의 관점에서 표현되었다. 신이 신전에 거주하기 때문에 신전은 우주 질서의 중심으로 여겨졌다.[14] 문화마다 신전을 우주의 기반(cosmic nexus)으로 묘사하는 방식이 다르다. 특히 이집트에서 각각의 신전은 그것으로부터 창조물이 나타난 태고의 작은 언덕을 지니고 있다고 주장했다. 신전에 대한 이러한 견해

---

13 Halpern, "Ritual Background of Zechariah's Temple Song," 183.

14 질서의 중심으로서의 신전은 예를 들어 Byron E. Shafer, "Temples, Priests, and Rituals: an Overview," in *Temples of Ancient Egypt*, ed. Byron E. Shafer (Ithaca, NY: Cornell University Press, 1997), 1-30, 특히 1을 참조하라.

때문에, 신전이 유지되지 않고 그것의 신들이 상처를 입는다면 우주는 위험에 빠지고 붕괴될 수밖에 없을 것이다.[15] 이런 식으로 신전을 해체한다는 개념은 오늘날 핵 파괴, 급진적인 기후 변화 또는 오염이 미치는 상상할 수 있는 최악의 영향(즉 세상의 종말)과 유사한 것으로 여겨질 것이다.

이스라엘에서 그 땅은 마찬가지로 질서의 장소 역할을 했다. 그 땅은 신이 거주하는 장소였고 따라서 신의 임재의 장소였으며 그런 의미에서 성전에 비견할 만한 것이었지만 **문자 그대로** 성전은 아니었다. 그 땅은 신성한 공간(즉 신에게 바친 부지)이 아니었고, 제의 장소도 아니었으며(물리적인 성전 밖에서의 제의 활동은 억제된다), 성전 건물처럼 천상에 있는 신의 거처를 재현하지도 않았다. 그렇다면 그 땅은 아마도 도시로 대표되는 고대 근동의 보다 더 세속적인 질서의 장소와 더 나은 평행을 이룰 것이다.[16] 도시는 그 안에 신전을 가지고 있지만, 인간 세계에서 질서를 관리하는 실제 업무는 신전을 둘러싼 궁전과 기타 공적 업무를 처리하는 단지에서 행해진다. 그러나 단순히 질서를 관리하는 것 이상으로, 도시 자체는 소우주에서 우주 질서의 구현이다. 적절하게 기능하는 도시는 지상 영역에서의 이상적인 존재 상태를 나타낸다. "메소포타미아인은 세속적인 면과 우주적인 면 모두에서 자신의 도시를 그것 없이는 존재할 수 없는 세계의 중심에 위치한 것으로 상상했다.…도시와 그것의 신이 조화를 이루었을 때, 그것의 주민들은 번영하고 행복했다."[17] 도시에서의 조화는

---

15 Michael B. Hundley, *Gods in Dwellings* (Atlanta: SBL, 2013), 48.

16 질서의 중심으로서의 도시는 Marc Van de Mieroop, *The Ancient Mesopotamian City* (Oxford: Oxford University Press, 1997), 61을 참조하라.

17 Ibid., 42.

그 땅에서의 언약적 충실이 이스라엘에 대해 상징했던 것을 고대 근동의 나머지 지역에 대해 상징했다.

메소포타미아에서 도시 건설이 신전 건축보다 훨씬 드물었지만, 사르곤의 원통형 비문(Cylinder Inscription of Sargon)은 덜 명확하지만 여전히 비질서 대신에 질서를 세우는 이미지를 불러일으키는 용어들로 그의 새로운 수도(capital city) 건설을 기술한다. "[나 이전에는 아무도]…그 부지를 거주 가능케 만드는 방법을 알지 못했고 그것의 수로를 파낼 생각을 아무도 못했다."[18] 그 지역이 거주할 수 없는 곳으로 기술되었다는 사실에도 불구하고 정착지("마가누바[Magganubba] 성읍")가 이미 그 부지 위에 존재했다는 점은 주목할 가치가 있다. 사르곤은 도시를 건설하기 위해 토지를 사용할 수 있기 전에 먼저 (수용권에 의해) 그 부지 위에 있는 기존 정착지를 수용해야 했다.[19] 그 부지가 제의적으로 정화되었을 가능성이 있다. 사르곤이 그렇게 한 것에 대한 언급은 없지만 새로운 도시의 건설은 사실상 메소포타미아에서 알려지지 않았다. 로마인들은 새로운 도시의 부지를 정화하곤 했다. 메소포타미아인들도 똑같이 세심했으리라고 가정하는 것은 비합리적이지 않다.[20] 그러나 문자 그대로 정화가 되었든 그렇지 않든, 사르곤은 그 토지를 사용하기 전에 여전히 어떤 식으로든 (이 경우에 그것을 구입함으로써) 토지의 상태를 변경해야 했다.[21] 벽돌, 신전,

---

18 ARAB 2:119. Van de Mieroop, *Ancient Mesopotamian City*, 55, 60-61을 보라.
19 "나는 그 성읍의 밭 값을 그 주인들에게 지불했다.…나는 밭 값으로 은을 원하지 않는 사람들에게는 밭 값으로 밭을 주었다." ARAB 2:119.
20 Van de Mieroop, *Ancient Mesopotamian City*, 59.
21 그 필요성에 대해 그가 진술한 이유는 "위대한 신들이 나에게 주신 이름에 따라" "정의와 권리를 유지하기 위함"이다. ARAB 2:120.

궁전, 성벽, 성문의 건축을 기술한 후, 사르곤은 계속해서 "세계의 네 개 지역 사람들"을 어떻게 그 도시로 데리고 와서 "그들에게 신과 왕을 두려워하는 방법을 가르쳐줄"[22] 아시리아 관리들의 보살핌을 받게 했는지 기술한다. 비문은 다음과 같은 저주로 끝난다. "누구든…내가 세운 법을 폐하거나 나의 영예에 대한 기록을 지우는 자는 아슈르, 샤마쉬(Shamash), 아다드(Adad) 그리고 위대한 신들이…그의 이름과 그의 씨를 땅에서 멸하시기를 원하노라."[23]

이스라엘 땅은 그것이 문자적으로 성전이 아닌 것과 같이 문자적으로 도시도 아니었다. 하지만 우주 질서의 장소라는 이미지는 고대 근동이 도시(수도)와 연결시켰던 이념과 현저하게 유사하다. 특히 우리는 모든 민족이 세계 질서의 성격(사 2:2-4; 미 1:1-3과 비교)과 그 질서를 붕괴시키는 대가의 성격(신 4:26; 6:15)에 대한 가르침을 받게 된다는 개념을 관찰한다. 도시와 달리 이스라엘은 팽창하는 제국의 행정 중심지가 되어야 하는 것은 아니었다. 명제 8에서 논의된 바와 같이 이스라엘의 질서는 제국주의적이지 않았고 팽창하도록 의도되지도 않았다.[24] 이스라엘은 창조 질서의 이상이 고대 근동에서 이해되었던 것과 같은 방식의 창조 질서의 이상적 조건의 축소판(microcosm)이 되어야 했다.

새로운 질서의 중심을 세우려면 현존하는 거주자를 벌하기 위

---

22   ARAB 2:120-22.

23   ARAB 2:123.

24   비록 그 힘의 절정에 있던 이스라엘 민족이 사실상 제국이었을지라도 언약 질서와 "그 땅에 사는 사람들"을 위한 규례는 이스라엘 패권의 구석구석까지 확장되지는 않았다. 이것은 다시 신 20장에서 이스라엘이 조약을 맺을 수 있는 그 땅 밖에 사는 사람들과 조약을 맺을 수 없는 그 땅 안에 있는 사람들 사이의 차이다.

해서가 아니라 새로운 시스템이 기능할 공간을 마련하기 위해 현존하는 비질서가 청산되어야만 한다. 이것은 정복할 때 땅에 대해서도 마찬가지였고 사르곤의 도시에 대해서도 마찬가지였다. 그러나 선재하는 비질서와 현존하는 질서의 능동적인 파괴 사이의 구별을 완전히 이해하기 위해서 우리는 건설을 위해 제거된 마가누바의 원래 시민과 멸망당하고 그 땅에서 씨가 제거된 사르곤의 저주의 대상들 사이의 차이에 주목할 수 있다. 그 차이는 가나안 사람들에게 일어난 일과 궁극적으로 이스라엘에게 일어난 일 사이의 동일한 본질적 차이를 나타낸다. 가나안 사람들에게 일어난 일은 추방된 시민들에게 일어난 일과 같다. 그들은 자신들이 차지하고 있을 때는 존재하지 않았던 질서의 중심을 위한 공간을 만들기 위해 제거되었다. 이스라엘에게 일어난 일은 사르곤의 저주를 받은 사람들에게 일어나는 일과 같다. 그것은 확립된 질서의 붕괴에 대한 보응이다.

언약, 혼돈 및 이스라엘 백성의 운명

정복이 창조의 재현이라면 유배는 홍수의 재현이다. 홍수는 창조의 **역전**(reversal)이지 창조의 반복이 아니다. 우주의 물이 방출되어 창조물을 쓸어버리고 우주를 질서 없는 창조 이전의 상태로 되돌렸다.[25] 이와 유사하게 유배는 정복의 역전이다. 하나님의 임재가 성전에서 떠나고(겔 10장), 열방(혼돈의 주제를 대표함)이 밀고 들어와 보존된 충실한 남은 자를 제외하

---

25   예를 들어 Ellen Van Wolde, *Stories of the Beginning* (Ridgefield, CT: Morehouse, 1997), 121-32을 참조하라.

고 언약 백성(창조 질서의 주제를 대표함)을 일소한다. 창세기 1장의 우주의 물과 창세기 6장의 홍수 이전의 인류 사이의 본질적인 차이는 그들이 우주 질서와 맺는 내재적 관계이며, 이 차이는 또한 정복 시대 가나안 사람들과 포로기 때 이스라엘 사람들 사이에도 존재한다. 가나안 사람들과 우주의 물은 우주 질서와 전혀 관계가 없다. 그들은 우주 질서 밖에 존재하고 그것에 대해 무관심하다. 그래서 질서가 확립될 때 그들은 악의도 후회도 없이 밀쳐진다. 그러나 이스라엘과 홍수 이전의 인류는 그들 각각이 질서 구조의 일부이고, 그들은 질서를 보존하기 위해 그 안에 자리 잡았으며, 질서 안에서 삶으로써 그것의 혜택을 누린다. 질서를 보존하지 못하면 질서가 파괴되는 결과가 초래된다. 홍수는 우주의 물이 되돌아오면서 창조 질서를 무너뜨렸다. 유배는 이스라엘의 땅, 리더십, 성전 그리고 그 공동체의 정체성을 규정했던 모든 것의 상실을 가져와 언약 질서를 무너뜨렸다.[26]

사르곤의 저주에 의해 묘사되고 또한 포로기 이전의 이스라엘과 홍수 이전의 인류 모두가 저지른 범죄는 현존하는 확립된 질서를 부패시키고 왜곡하는 것이었다. 이것이 우리가 **죄**라고 부르는 것의 본질이다.[27] 다

---

26 슥 14:11을 참조하라. 거기서 예루살렘(이스라엘 민족 전체를 의미하는 것으로 이해됨)은 "헤렘"을 당했던 것으로 말해진다. 명제 16에서 논의된 공동체 정체성의 "헤렘"과 비교하라.

27 엄밀히 말하면 창 6장의 홍수 이전의 인류는 죄로 고발되지 않는다. 본문도 그들이 벌을 받고 있다거나 하나님이 진노를 나타내고 계신다고 말하지 않는다. 그럼에도 그 비교는 여전히 유효하다. 왜냐하면 본문이 홍수 이전의 인류의 운명은 그들 자신의 "폭력"(비질서의 상태를 의미하는 단어)의 결과인 반면 가나안 사람들의 운명은 가나안 사람들이 하거나 하지 않은 무언가의 결과가 아니라 아브라함에게 하신 하나님의 약속의 결과임을 나타내기 때문이다.

른 한편, 혼돈은 단순히 질서의 부재다. 그것은 부패시킬 질서가 없기 때문에 질서를 왜곡하거나 타락시킬 수 없다. 비질서의 대행자들은 **문자 그대로 죄를 지을 수 없다**. 따라서 결코 그들이 죄에 대해 형벌을 받는다고 말할 수 없다. 이것이 바로 명제 5와 명제 13에서 논의된 바와 같이 가나안 사람들이 비질서의 대행자들로 묘사된 것에 부합하여 자주 "라아"(*rāʿâ*, 악함)와 "토에바"(*tôʿēbâ*, 질서의 경계를 벗어난 행동)에 대해 정죄받지만 "하타아"(*ḥāṭāʾâ*)에 대해서는 결코 정죄받지 않는 이유다. "하타아"는 죄이며, 질서를 비틀거나 구부리거나 왜곡시키거나 일그러뜨리거나 부패시키는 것이다. 오직 질서의 대행자들만이 죄를 지을 수 있고 따라서 죄에 대해 형벌을 받을 수 있다.[28]

물론 이것은 실제 역사적인 가나안 사람들이 언약 밖에 있었기 때문에 죄를 지을 수 없었다는 의미는 아니다. 소돔(창 13:13에서 죄에 대해 정죄 받음)도 언약 밖에 있었지만(또한 롬 5:13-19의 논증 참조), 정복 기사는 죄가 어떻게 작용하는가에 대한 전문적인 신학 논문(조직신학자들이 죄론[hamartiology]이라고 칭하는 것)이 아니다. 역사적인 가나안 사람들은 그들이 **실제로** 정상 기능을 저해할 만큼 수간을 좋아하는 이들이 아닌 것처럼 **실제로** 인간 이하의 혼돈을 일으키는 괴물이 아니었다. 정복 이야기의 목적은 실제 사람들의 성격을 문자적으로 엄밀하게 기술하는 것이 아니라 **사건**의 성격이 적절하게 이해될 수 있는 방식으로 그들에게 일어나는 일을 묘사하는 것이다. (모든 인류가 그렇듯이) 그들은 죄인이었지만 그것 때

---

28 궁극적으로 다른 주장을 하지만, 바울은 롬 7:8("율법이 없으면 죄가 죽은 것임이라"; 또한 롬 5:20)에서 질서("율법", *nomos*[노모스], *tôrâ*[토라]에 대한 70인역, 언약 질서)와 죄 사이의 본질적인 관계에 주목한다.

문에 정복이 그들에게 일어난 것은 아니다. 그들은 죄인처럼 **취급되지 않고** 혼돈의 생물처럼 **취급되고** 있었다. 그러므로 본문은 실제로 무슨 일이 일어나고 있는지 명확히 하기 위해 (무적의 야만인들에 대한 수사적 표현을 통해) **마치 그들이 혼돈의 생물인 것처럼 묘사한다.**[29]

---

29 그러므로 우리는 정복을 무질서(disorder)에서 질서를 가져오는 것이 아니라 비질서 (nonorder)에서 질서를 가져오는 것으로 생각해야 한다. 창 1장에서 "토후 바보후"(*tohu wabohu*)가 제거되는 것처럼 질서가 확립될 수 있도록 비질서(가나안 사람들)가 제거되고 있다. 가나안 사람들은 무질서의 대행자들로 고발되지 않으며, 그와 관련하여 벌을 받거나 심판받지 않을 것이다. 그러나 그들의 존재는 이스라엘 사람들 가운데 무질서를 일으킬 것이다. John H. Walton, *The Lost World of Adam and Eve* (Downers Grove, IL: IVP Academic, 2015), 149-52에서의 논의를 참조하라.

"헤렘"이라는 히브리어 단어가
일반적으로 잘못 번역되기 때문에
하나님과 이스라엘 백성이 하고 있는 일이
종종 잘못 이해된다

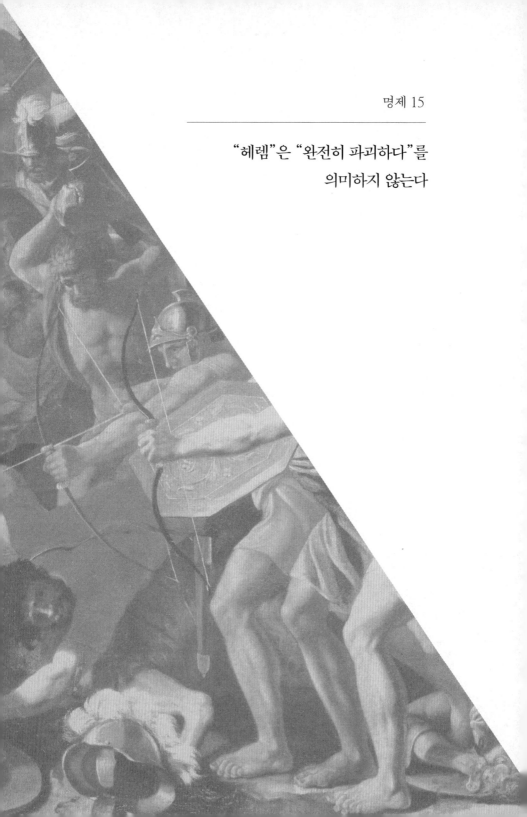

"헤렘"은 "완전히 파괴하다"를
의미하지 않는다

명제 14에서 논의된 바와 같이 그 땅은 주제상으로 성전이나 도시로서 다양하게 표현된다. 그러나 문자적으로 그 땅은 그것 중 어느 것도 아니다. 문자적으로 그 땅은 지정학적 영역이다. 마찬가지로 여호수아의 전쟁은 대우주 질서와 계속되는 창조의 유형론의 관점에서 이야기되지만, 그 땅의 문자적 성격 때문에 그들의 실제 행동은 군사 정복의 형태를 취한다. 야웨의 더 넓은 목적은 동일시를 통한 계시이지만(명제 11 참조), 그분의 직접적인 목적은 그 땅에 "자신의 이름을 두는 것"이다. 상징주의, 은유, 이미지 그리고 유형론 모두 행동 이면에 있는 동기를 올바르게 해석하기 위해 중요하지만, 무슨 일이 일어나고 있는지 진정으로 이해하기 위해서는 문자 그대로의 행동 자체와 관련해서 문자 그대로의 의미도 고려해야 한다. 특히 우리는 지정학적 영역에 이름을 둔다는 것의 의미가 무엇인지 이해해야 하고 또한 "헤렘"의 목적이 무엇인지도 이해해야 한다.

"헤렘"의 의미와 목적

"헤렘"이라는 히브리어 단어의 일반적인 영어 번역들(ASV "utterly destroy"; NIV "destroy totally"; CEB "place under the ban"; NET "utterly annihilate"; ESV "devote to destruction")은 오도하는 번역이다. 왜냐하면 그 번역들은 그 단어가 대상에게 일어나는 일을 구체적으로 말한다(즉, 그것은 파괴된다)고 암시하기 때문이다. 대안으로 우리는 그 단어가 실제로 **인간의 사용으로**

부터 무언가를 제거하는 것[1]을 의미한다고 제안한다. 강조점이 대상에게 있지 않고 그 대상 주변에 있는 모든 사람에게 있다. "아무도 이것을 사용하지 말지니라."[2] "헤렘"의 대상이 파괴될 때, 파괴의 목적은 아무도 그것을 사용할 수 없도록 하는 것이지만, 모든 "헤렘"의 대상이 파괴되는 것은 아니다. 가장 주목할 만한 것은 여호수아 11:12-13이 모든 북쪽 도시들이 "헤렘"이었지만 여호수아가 그중 한 도시(하솔)만 파괴한다고 보도한다는 점이다. 마찬가지로 "헤렘"인 밭은 파괴되지 않고 제사장들의 소유가 된다(레 27:21). 파괴가 일어날 때 그것은 목적을 위한 수단이다. 한 히타이트 문서는 "헤렘"이라는 히브리어에 필적하는 용어로 한 도시의 봉헌을 기술하고, 여호수아 6:26을 연상시키는 재건자들에 대한 저주로 끝난다.[3]

나의 주 테슈브(Tešub, 폭풍의 신)가…그것을 나에게 넘겨주어 내가 그것을 황폐화시키고 [그것을 거룩하게 만들었다]. 하늘과 땅과 사람이 있는 한, 앞으로 사람의 아들이 거기에 거주하지 못할 것이다! [내가] 그것을 밭, 농장 마당, 포도원과 함께 나의 주 테슈브에게 [바쳤다].…당신의 황소 쉐리

---

1 Jacob Milgrom, *Leviticus 23-27*, AB (New York: Doubleday, 2001), 2418. 또한 Giuseppe F. Del Monte, "The Hittite Ḥerem," in *Memorie Igor M. Diakonoff*, Babel und Bibel 2(Winona Lake, IN: Eisenbrauns, 2005), 21-45을 참조하라.

2 또는 더 정확히 말하면, "헤렘"의 발화 효과 행위(perlocution)는 그 대상 자체가 아니라 그 대상과 상호작용하는 사람들에게 적용된다. 특히 Milgrom(*Leviticus*, 2391)과 Baruch Levine, *Leviticus*, JPS (Philadelphia: Jewish Publication Society, 1989), 196은 모두 "헤렘"을 번역하기 위해 (파괴[destruction]와 대조되는) 금지(proscription)라는 단어를 선택한다. 마찬가지로 이 단어는 대상 자체보다는 대상과 상호작용하는 사람들을 겨냥한 발화 효과 행위를 갖고 있다.

3 Del Monte, "Ḥerem," 22.

제5부 "헤렘"이라는 히브리어 단어가 일반적으로 잘못 번역되기 때문에 하나님과 이스라엘 백성이 하고 있는 일이 종종 잘못 이해된다

(Šeri)와 후르리(Hurri)로 하여금 [그것을] 그 황소들의 목초지로 [만들게 하소서]…그럼에도 그곳에 거주하고 테슈브의 황소들로부터 그 목초지를 빼앗는 사람은…나의 주 테슈브의 반대파가 되게 하소서.[4]

"헤렘"이 종종 파괴를 수반할 수 있지만, "파괴"가 "헤렘"의 본질적인 의미는 아니다. 왜냐하면 "헤렘"인 모든 것이 파괴되지는 않기 때문이다. "헤렘"이 먼저 일어나고, 그 물건이 "헤렘"이기 **때문에 그러므로** 그 물건이 [ ]되어야만 하는데, 거기서 [ ]는 (항상은 아니지만) 일반적으로 "파괴되다"의 일부 변형이다. 여기서 히타이트 문서와의 비교는 "헤렘"이 무엇을 의미하는지(인간의 사용으로부터의 제거) 그리고 그러므로 왜 파괴가 필요한지를 보여준다. 히타이트 왕 무르실리(Mursili)는 반역적인 도시를 완전히 무너뜨리고 그 부지를 테슈브 신에게 그의 황소들을 위한 목초지로 바친다. 신이 그 부지를 목초지로 사용하기 때문에 다른 사람은 누구도 그것을 어떤 용도로든 사용할 수 없다. 이것이 "황소들로부터 그 목초지를 빼앗는 사람 [누구나]"를 향한 저주의 요점이다.

> 어떤 지역은 소유권이 절대적으로 신에게 주어지지만, 그 안에서 어떤 신전도 건축이 용인되지 않았고, 어떤 경제 활동도 수행하는 것이 허용되지 않았으며, 금지된 지역의 사용은 신에게 "가증한 것"(*natta ara*)으로 여겨졌다. 그러한 가증한 일을 행한 범인은 신의 재판에 넘겨져 처형되었다.[5]

---

4   Ibid., 41–42.
5   Ibid., 22.

이 판결을 여호수아 7:15과 여호수아 7:25에 나오는 고발과 비교하라. 여호수아 7:15에서 금지령의 위반은 "이스라엘 가운데서 망령된 일"이며,[6] 여호수아 7:25에서 야웨는 아간을 괴롭히신다.[7]

히타이트 문서의 저주는 신이 사용하기 위해 구별해둔 부지를 사용하는 모든 사람을 겨냥한 것이다. 그것은 성읍의 시민을 겨냥한 것이 아니다. 따라서 우리는 다음과 같은 일련의 사건을 본다.

1. 성읍의 군사적 타파의 필요성이 결정된다. 히타이트 문서에서 그 이유는 반역이다. 이스라엘의 경우 그것은 원주민들이 "[이스라엘의] 눈에 가시와 [이스라엘의] 옆구리에 찌르는 것이" 되지 않도록 하기 위해서다.

2. 성읍은 군대의 공격을 받고 방어자들은 패배한다. 전투는 "헤렘"의 결과가 아니다. "헤렘"은 전투가 끝난 후에 일어난다.

3. 그 부지가 (인간의 사용이 금지된) "헤렘"으로 선언된다.

4. (실제 또는 가상의) 금지령을 위반하는 자는 처벌받는다.

---

6 *na-at-ta a-a-ra*라는 히타이트어는 거의 "금지된"에 가까운 의미를 지닌 것으로 보인다. *CHD* L-N.440은 "허용되지 않는"으로 번역한다. 의미론적 범위는 *nbl*("언어도단의")이라는 히브리어와 일부 겹치는 것 같다. 특히 다음과 같은 견본인 "신이 남자이면, 여자가 그에게 들어가는 것은 *natta ara*이다"(*CHD* L-N.440a)와 저속하고 성적으로 부도덕한 행위에 대한 *nbl*의 일반적인 사용(창 34:7; 삿 19:23; 20:6; 삼하 13:12; 렘 29:23)과 비교하라. 또한 왕족의 정당한 소유물에 대한 부적절한 취급("심지어 방백들의 나무와 왕겨를 나누어 주는 것은 *natta ara*이다")과 수 7:15에서의 신의 정당한 소유물에 대한 부적절한 취급을 비교하라.

7 아간과의 비교는 Del Monte, "Ḥerem," 23에서도 언급된다.

제5부 "헤렘"이라는 히브리어 단어가 일반적으로 잘못 번역되기 때문에 하나님과 이스라엘 백성이 하고 있는 일이 종종 잘못 이해된다

물론 구약에서 "헤렘"은 도시에만 국한되지 않는다. "헤렘"이 될 수 있는 것들에는 토지를 포함한 무생물, 살아 있는 개인(사람 또는 동물), 사람들의 공동체를 나타내는 추상 개념, 그리고 도시라는 4가지 뚜렷한 범주가 있다. 이것들에 구체적으로 발생하는 일은 이것들의 사용 방법과 그 사용 방지 방법에 따라 다르다.

무생물의 "헤렘"

여호수아서에서 "헤렘"인 물건은 특정 도시들, 특히 여리고에서 취한 탈취물을 가리킨다. 여호수아 6:17에서 (라합과 그녀의 가족을 제외한) 그 도시에 있는 모든 것이 "헤렘"이다. 여호수아 6:19, 24에 나오는 금속 물건은 불에 태워 파괴할 수 없기 때문에(금속은 녹을 수는 있지만, 금속을 파괴하는 기술은 청동기 시대에 존재하지 않으며 금속 자체가 "헤렘"임), 그것들은 성소에 기증하는 것을 통해 신적 영역에 위탁함으로써 사용할 수 없게 된다. 마찬가지로 레위기 27:21에서 받은 인간이 그것을 사용할 수 없는 신적 영역으로 지정된다. 아간이 취한 금속 물건은 그와 함께 불살라졌으나(수 7:24-26), 그 금속은 불로 파괴될 수 없으며 그것을 성소에 바쳤다는 언급은 없다. 아마도 그것은 나머지 물건과 함께 바위 밑에 묻혔을 것이다(수 7:26). 최종 결과는 동일하다. 그 물건들은 인간의 사용에서 제거되었다.

살아 있는 개인들의 "헤렘"

이것은 가장 희귀한 범주다. 그것은 여리고 주민들과 관련하여 여호수아 6:17에 암시되어 있다. 왜냐하면 만약 그 금지가 사람들을 배제했다면 라합의 면제를 명시할 이유가 없을 것이기 때문이다. 그것은 여호수아 8:25에도 암시되어 있다. 아이 사람들이 명시적으로 "헤렘"은 아니지만, 여호수아 8:2은 이스라엘이 "오직 거기서 탈취할 물건과 가축"을 제외하고 "[그들이] 여리고와 그 왕에게 행한 것 같이 아이와 그 왕에게" 행해야 한다고 말한다. "탈취물"(*šālāl*)은 불특정적이고 민수기 31:11("탈취한 것, 노략한 것, 사람과 짐승을 다 빼앗으니라")에서처럼 사람을 포함할 수 있지만, 여호수아 8:2이 "가축"(민수기에서는 총칭에 포함됨)을 추가하기 때문에 탈취물은 아마도 물리적인 물건과 양식을 가리키고 포로는 가리키지 않을 것이다. 그러나 "헤렘"이 전투 후에 일어나기 때문에, 사람들은 이미 사로잡혀 있다. "그들을 칼로 죽이는 것"은 통상적으로 기대되는 그들의 운명, 즉 노예 신분에 대한 대안이다. 그들이 죽임을 당하는 것은 그들을 죽게 하려는 목적에서가 아니라 그들을 노예로 사용하지 못하도록 하기 위해서다.

이것이 레위기 27:28에 나오는 사람들의 "헤렘"과 일치하는데, 이 구절은 "어떤 사람이 자기 소유 중에서 오직 여호와께 온전히 바친 모든 것"—사람이든 가축이든—에 대한 취급을 논한다. 사람이 소유한 인간은 노예다. 레위기 27:29에서 "헤렘"인 사람(노예)은 무르지도 못하고 더 이상 노예로 사용될 수 없도록 나중에 죽임을 당한다. 그러나 레위기가 사람들이 따라야 하는 지침 목록이 아니라 일반 원칙들의 논리에 대한 윤곽임을 기억할 가치가 있다(명제 8을 참조하라). 그러므로 레위기 27:28-29의 목적은 노예에게 특정한 일을 어떻게 행해야 하는지 또는 심지어 노예에게 행하도록 허용되는 일이 무엇인지(즉 네가 원하면 너는 그들에게

"헤렘"을 행할 수 있다)에 대한 지침을 주는 것이 아니다. 레위기 27장 전체는 다양한 방법으로 주께 바쳐진 다양한 것들을 무르는 내적 논리를 기술하고 있다. 레위기 27:28은 성별하여 드리는 것(dedication)과 온전히 바치는 것(devotion, ḥerem) 사이의 개념적 차이를 설명한다. "…온전히 바친 모든 것(ḥerem)은 사람이든지 가축이든지 기업의 밭이든지 팔지도 못하고 무르지도 못하나니 바친 것은 다 여호와께 지극히 거룩함이며"(레 27:28). "헤렘"인 것들은 사람이 사용하는 것이 금지되기 때문에 무를 수 없다. 이것은 철회될 수 있는 상태가 아니다.

그러므로 레위기 27:29에서의 설명은 "헤렘"을 올바르게 수행하는 방법에 대한 지침을 제공하기 위한 것이 아니다. 온전히 바쳐진 물건이나 동물로 무엇을 해야 하는지에 대해 상세한 설명이 주어지지 않는 점에 주목하라. 레위기 27:28-29의 목적은 "성별하여 드리는 것"이란 무엇인가와 관련하여 "헤렘"이 무엇인지에 대한 논리를 설명하는 것이다.[8] 출애굽기 13:12-13은 사람과 정결한 동물과 부정한 동물들의 처음 난 수컷이 어떻게 야웨께 속해 있는지 기술한다. 이 지위는 레위기 27:27에서 레 27:29까지 이어지는 논의의 시작 부분에서 언급된다. 출애굽기 13:13과 레위기 27:27은 부정한 동물의 대속을 기술한다(출애굽기에서 그 값은 어린 양이고 대속되지 않은 동물은 죽임을 당하며, 레위기에서 그 값은 시장 가치의 120%이고 대속되지 않은 동물은 팔린다. 두 진술의 요점은 지시하는 것보다는 내적 논리를 예시하는 것이기 때문에 그 차이는 문제가 되지 않는다). 레위기 27:27은 정결한

---

8 또한 Philip D. Stern, *The Biblical* Herem, BJS 211 (Providence, RI: Brown University Press, 1991), 131도 참조하라: "레 27:29은 일반적으로 구속되어야 하는 인간의 생명을 다루는 구별 맹세(separation oaths)에 관한 장과 잘 어울린다."

동물이나 사람에 관해서는 아무 말도 하지 않지만, 민수기 18:15-17은 사람을 대속하는 값(5세겔)과 부정한 동물을 대속하는 값(이번에도 5세겔, 부정한 동물을 대속하지 않는 선택 사항은 없음)을 기술하며, 또한 정결한 동물은 대속될 수 없고 희생되어야 한다고 명시한다.

모두 종합해보면, 이 세 구절─레위기 27:27; 출애굽기 13:12-13; 민수기 18:15-17─은 야웨께 속한 것들을 다루는 논리를 기술한다. 정결한 동물은 대속될 수 없고 인간은 대속되어야 하며 부정한 동물은 몇 가지 선택 사항이 있다. 민수기 18장과 레위기 27장 모두 야웨께서 요구하시는 처음 태어난 사람과 "헤렘"인 것들 사이에 얼마간의 유사성이 있음을 지적한다. 그들은 모두 야웨께 속한다. 민수기 18장에서 야웨는 자신에게 속한 것, 즉 "헤렘"인 것(민 18:14)과 처음 태어난 사람(민 18:15)을 모두 제사장에게 주신다. 그러나 레위기 27장에서 언급된 문제는 그 논리의 다른 측면에 관한 것이다. 처음 태어난 것을 성별하여 바치는 것은 특정한 방식으로 작동한다. "헤렘"도 같은 방식으로 작동하는가? "헤렘"인 사람은 처음 태어난 사람처럼 대속되어야만 하는가? "헤렘"인 사람은 대속될 수 있는가? 레위기 27:29은 이 두 가지 질문에 대해 명확하게 대답한다. 아니다. 그들은 대속되어서도 안 되고 대속될 수도 없다. "헤렘"은 다른 형태들의 성별하여 드리는 것과 다르게 작동한다. 세 구절에서 부정한 동물을 달리 취급한다는 사실은 사실상 물건을 실제로 처리하는 것이 요점이 아님을 나타낸다. "헤렘"인 사람(노예)은 밭이나 다른 파괴할 수 없는 물건과 같은 방식으로 성소에 드려질 수 있었을 가능성이 있다. 이것이 정확히 여호수아 9:27에서 이스라엘 사람들이 기브온 사람들에게 행하는 일이라는 점이 주목할 가치가 있다. 그들은 기브온 사람들을

제5부 "헤렘"이라는 히브리어 단어가 일반적으로 잘못 번역되기 때문에
하나님과 이스라엘 백성이 하고 있는 일이 종종 잘못 이해된다

"헤렘"해야 하지만 그들을 죽이는 것이 허용되지 않는다(수 9:26).[9] 또한 이것이 사무엘상 1:28에서 사무엘에게 일어나는 일일 가능성이 높다(거기서 독특한 단어 *hiš'iltihû*[*š'l*의 히필형]가 사용된다. 히브리 아이들은 소유되지 않으며 사용된다고 말해질 수 없기 때문에 "헤렘"이 적절하지 않을 것이다). 기브온 사람들에 대한 추가 논의는 명제 18을 참조하라.

공동체를 나타내는 추상 개념들의 "헤렘"

명제 11에서 우리는 이스라엘 민족이 각각의 모든 이스라엘 사람 개인이 아니라 공동체의 추상적 정체성을 의미한다고 주장했다. 그 땅에 거주하는 민족들도 마찬가지다. 히위 족속, 브리스 족속, 기르가스 족속 등등은 특정한 민족의 모든 사람을 개별적으로 가리키지 않는다. 그것은 그들이 참여하고 그들이 자신의 정체성을 이끌어내는 공동체를 가리킨다. 그렇다면 정체성을 "헤렘"한다는 것은 무엇을 의미하는가?

만약 "헤렘"이 "사용에서 제거하다"를 의미한다면, 사용으로부터의 정체성 제거는 정체성이 무엇을 위해 사용되는가에 따라 결정된다. 우리는 그 조치가 우리가 조직을 해체함으로써 달성하려고 하는 것과 비슷하다고 제안한다. 그렇게 하는 것은 일반적으로 모든 구성원을 없애는 것을 수반하지 않는다. 그것은 아무도 더 이상 "나는 X의 구성원이다"라고

---

9 그렇다고 그것은 그들이 기브온 사람들을 **죽이려 하지 않았다**는 의미는 아니다. 수 6:21은 "헤렘"인 모든 것이 칼날에 멸했다고 명시한다. 하지만 "온전히 바치되 칼날로 멸하니라"가 과잉 표현이 아니기 때문에 이것은 죽이는 것이 "헤렘"이 의미하는 것의 본질이 아님을 나타낸다.

말할 수 없음을 의미한다. 제2차 세계대전 이후 연합군이 제3제국(Third Reich)을 멸망시켰을 때 그들은 모든 독일 군인과 시민 개개인을 죽이지 않았다. 그들은 특정적으로 그리고 고의적으로 지도자들을 죽이고(수 10-13장에서 칼에 죽은 왕들에 대한 장황한 이야기와 비교하라), 깃발을 불태우며, 기념물을 쓰러뜨리고, 정부와 지휘 체계를 해체하며, 군대를 무장해제시키고, 도시를 점령하며, 상징들을 금지하고, 이데올로기를 비방하며, 그것을 부활시키려는 모든 시도를 무너뜨렸다. 그러나 대다수 사람은 그대로 내버려두었고, 그렇지 않은 사람들 대다수는 전쟁의 희생자였다. 이것이 정체성을 "헤렘"한다는 것이 의미하는 바다. 우리는 이것을 명제 16에서 더 자세히 논의할 것이다.

도시들의 "헤렘"

도시의 "헤렘"은 히타이트 문서와 가장 직접적인 평행을 이루며, 그 장소에서 모든 인간의 행동을 금지하는 관행을 가리킨다. 그러나 그것은 "헤렘"이 "파괴하다"를 의미하지 않는다는 점을 나타내는 가장 분명한 표시이기도 하다. 왜냐하면 여리고, 아이, 하솔을 제외하고 "헤렘"을 당한 어떤 도시도 파괴되지 않기 때문이다. 이로 인해 많은 해석가가 통상적으로 "도시"와 "도시 안에 있는 모든 사람"이 구별되고는 있지만(수 6:17; 8:25) "도시"에 대한 언급이 실제로 "도시 안에 있는 모든 사람"을 가리킨다고 가정하게 되었다. 여호수아 11:12에서는 왕의 도시들이 "헤렘"이지만 파괴되지 않는 반면, 여호수아 11:14에서는 사람들이 "샤마드"(šmd)되지만(NIV, "completely destroyed") "헤렘"이 아니라는 점에 주목하라. 그 차이는 "헤렘"

제5부 "헤렘"이라는 히브리어 단어가 일반적으로 잘못 번역되기 때문에 하나님과 이스라엘 백성이 하고 있는 일이 종종 잘못 이해된다

이 "파괴하다"를 의미하지 않는다는 사실에서 비롯된다. 그것은 "사용에서 제거하다"를 의미한다. 성은 "사용에서 제거되어야" 하며 이것은 결국 현재 그것을 사용하는 모든 사람이 사라져야 한다는 점을 의미한다.

창세기-여호수아 전체에서 하나님이 가나안 사람들에게 하려고 하시는 일에 대해 가장 일반적으로 사용되는 단어는 "가라쉬"(grš, NIV "drive out"[내쫓다])다. "헤렘"처럼 이 단어의 강조점은 대상 자체가 아니라 그 대상 주변에 있는 모든 사람과 관계한다. 그들이 사라지는 한 그들이 어디로 가는지 또는 그들에게 무슨 일이 일어나는지는 중요치 않다. 그들을 죽이는 것이 물론 그들을 사라지게 하는 한 가지 방법이지만 그것이 유일한 방법은 아니며 (특히 그들이 반격하는 경우) 아마도 선호되는 방법도 아닐 것이다. 이스라엘 군대에 앞서 가는 공포(terror; 예. 출 23:27; 참조. 신 2:25; 11:25; 개역개정 "위엄")는 아마도 그들이 싸우기보다는 도망가도록 또는 적어도 그들이 다른 방법으로 도망가는 것보다 더 빨리 도망가도록 부추기기 위한 것이다. 정복 기사 어디에서도 도망가는 피난자들을 군대가 조직적으로 추적하지 않는다. 장기간의 포위 공격에 갇힌 도시 시민들은 어디에도 없다. "샤마드"(šmd, "전멸시켰다")와 같은 단어들은 수사학적이다. 이러한 종류의 언어는 고대 정복 기사들에서 흔하게 볼 수 있고 결정적인 승리를 나타내는 역할을 하지만(아무도 실제로 죽지 않았는데도 한 팀이 상대를 전멸시켰다고 말하는 현대 스포츠와 비교하라), 정확한 방법이 무엇이든 간에 문자 그대로 도시를 비운다. 도시의 성공적인 "헤렘"과 과장적인 수사법의 결합은 "그들이 실제로 그 도시의 거주자 모두를 죽이지 않고, 그들 중 일부를 그 도시에 남겨두었다"를 의미하지 않는다. 오히려 그것은 "그들이 어떤 식으로든 결정적으로 그 도시의 거주자를 모두 그 도시에서 제거했다"를 의미한다. "헤렘"은 도시에 대한 것이므로, 히타이트 문서에 묘사된 사건에서 행해졌던 것처럼, 사용에서 제거되어야 하는 것은 바로 도시다.

그러나 히타이트 문서와 평행을 이루는 가장 중요한 점은 "헤렘"의 결과로서 도시에 일어나는 일이다. 무르실리는 그 도시의 부지를 자신이 섬기는 신 테슈브에게 주어 그의 황소들을 위한 목초지로 사용되게 한다. 마찬가지로 여호수아는 야웨께서 사용하시도록 도시들을 야웨께 드린다. 그러나 야웨는 다른 용도를 염두에 두고 계신다. 무르실리는 그의 도시를 파괴했지만, 여호수아는 도시들 대부분을 원래 그대로 둔다. 왜냐하면 그 도시들에 대해 야웨께서 의도하신 용도가 그것들이 손상되지 않을 것을 요구하기 때문이다. 야웨는 그 땅을 이스라엘에게 다시 빌려주실 것이다. 그 땅이 "헤렘"이기 때문에 이스라엘은 스스로 그것을 사용할 수 없다. 하지만 그것이 야웨께 속했기 때문에 야웨는 그것을 가지고 무엇이든 자신이 원하는 것을 하실 수 있다. 그분께서 자신의 땅을 가지고 하시려고 작정하신 일은 언약에 대한 이스라엘의 충실성에 따라 잠정적으로 이스라엘이 그 땅을 사용하도록 허용하시는 것이다.

추기: 정복 기사에서의 과장법

만약 우리가 정복 기사가 전달해야 하는 메시지를 이해하고 싶다면, 정복 기사의 장르가 어떻게 작용하고 그것이 무엇에 사용되는지 이해하는 것이 유용하다. 고대 내러티브는 우리가 역사기술(historiography)이라고 부르는 것이 아니다. 고대 내러티브는 사건을 관찰하는 비디오 카메라가 기록했을 것을 재구성하기 위해 정보를 청중에게 제공하려고 시도하지 않는다. 이어서 장르에 대한 이러한 이해는 전투 상황(날짜 포함)과 참가자들의 정체성 같은 것들과 관련하여 문서화에 어느 정도의 유동성을 허용한다. 그러나 가장 주목할 만한 점은 이 기사들이 승리의 규모와 적에게 가해진 학살의 규모를 과장하는 경향이 있다는 점이다. 이것은 그 기사들이 우리가 그것들을 선전이라고 부를 때 우리가 뜻하는 의미에서 거짓말이라는 것을 의미하지 않는다. 저자와 청중은 모두 장르를 이해하기 때문에 속이려는 의도는 없다. 그러나 그 기사들은 주로 사건을 해석하는 데 관심이 있고 사건을 수반하는 현상을 기록하는 데는 이차적으로만 관심이 있다.

일반적으로 해석이 어떤 목적으로 사용되든 그 목적(전형적으로 고대 근동에서는 그것을 위탁한 통치자의 정당화)에 도움이 되기 위해서는 그 사건이 대략 기술된 대로 실제로 발생해야 했다. 왕은 결코 일어나지 않은 전투를 근거로 자신의 통치권을 방어하지 않을 것이다. 여호수아서의 정복을 포함하여 이스라엘 문학의 경우도 마찬가지다.[10] 우리는 어떤 종류의 군사 작전이 발생했다고 가정해야 한다. 그리고 기록이 영감을 받은 것이기 때문에 적어도 그 사건에 대한 저자의 해석이 하나님의 목적을 나타낸다고 주장하는 한 우리는 그 해석이 정확하다고 가정해야 한다. 그러나 파괴의 전체성이나 희생자 수에 대한 실제 세부 사항은 장르의 기대에 따라 수사학적 과장법으로 표현될 가능성이 있다.

---

10   K. Lawson Younger, *Ancient Conquest Accounts,* Journal for the Study of the Old Testament Supplement Series 98 (Sheffield, UK: Sheffield Academic, 1990), 242-66을 참조하라. 고대의 정복 기사에서 과장법을 문서화한 많은 예들은 이 책을 참조하라.

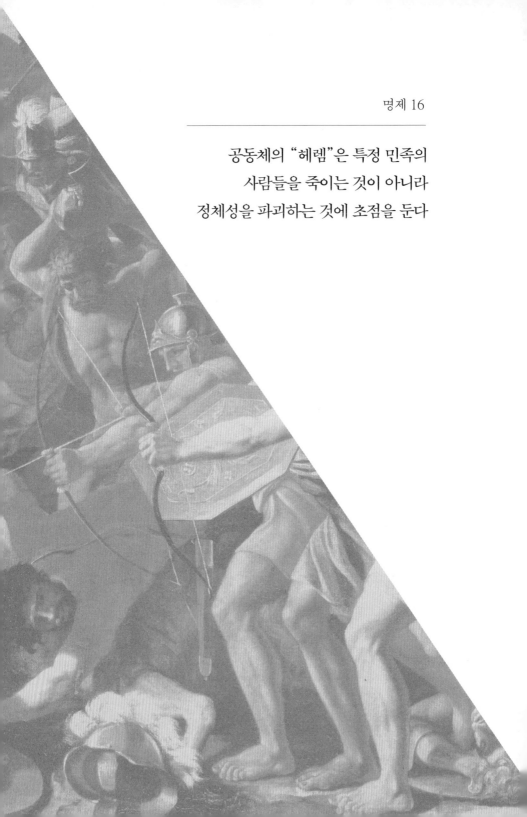

공동체의 "헤렘"은 특정 민족의
사람들을 죽이는 것이 아니라
정체성을 파괴하는 것에 초점을 둔다

정복이 집단 학살 행위라는 개념은 가나안 족속들의 "헤렘"이 (신 7:2에서 추론된) 특정 민족의 사람들을 죽이라는 명령이라는 가정에 근거한다. "헤렘"이 하나님께 범한 죄에 대한 신적 형벌이라는 개념은 신명기 13:15(또한 출 22:20)에 나오는 이스라엘 우상숭배자들의 "헤렘"이 특정 범죄의 결과로 사형 선고를 집행하라는 명령이라는 가정에 근거한다. 이 두 가지 가정은 모두 틀렸다. "헤렘"은 "파괴하다"를 의미하지 않는다. 그 것은 "사용에서 제거하다"를 의미한다. 노예가 아니라 (적과 우상숭배자처럼) 개별적인 사람들은 사용되지 않기 때문에 사용에서 제거될 수 없다. (뒤이어 일어나는 파괴를 통해) 사용에서 제거되고 있는 것은 사람들이 아니라 그 사람들이 자신들을 규정하기 위해 사용하는 정체성이다. 이것은 더 큰 가나안 민족의 정체성과 이스라엘 내의 더 작은 하위 공동체들의 경우에도 마찬가지다.

고대 세계의 공동체 정체성

정체성은 본질적으로 사람이 자신을 설명할 때 사용하기로 선택하는 단어들과 관련이 있다. 오늘날 정체성에 대해 생각할 때, 우리는 통상적으로 개인이 스스로 브랜드를 붙인 측면에서 생각한다. 우리는 우리의 외모, 소유물, 교육, 하위문화(subculture), 사는 곳, 지지하는 스포츠 팀, 투표하는 정당 등의 측면에서 우리 자신을 식별한다. 이러한 것들은 모두 결합되어 우리를 다른 모든 사람과 구별되고 분리된 독자적인 개인으로서 구분시키는 우리 자신의 인격적 특성을 이룬다. 우리는 이러한 분리와 구별의 개념을 개인 정체성(individual identity)이라고 부를 수 있다. 개인 정체성의 목적은 개인을 주변에 있는 다른 개인들과 개념적으로 구별하는 것이다.

대조적으로 고대 세계는 우리가 공동체 정체성이라고 부를 수 있는 것의 측면에서 생각했다. 우리는 오늘날에도 이 개념을 사용하는데 통상적으로 인구 통계에 대해 이야기할 때 사용한다. 자신을 인구 통계학적인 관점(인종, 성별, 국적 등)에서 식별하는 개인은 인구 통계학적으로 동일한 다른 구성원과 연대감을 느끼고, 동일한 인구 통계 내의 또 다른 개인이 성공할 때(또는 실패할 때 혹은 경시될 때) 다양한 성취(또는 실망 혹은 분노)를 경험한다. 한 육상 선수가 올림픽에서 메달을 딸 때 그 나라의 시민들이 성취에 대해 자부심을 느끼는 것은 정상이다. 비록 그들이 개인적으로 그것에 기여한 바가 없고 어떤 식으로든 그것으로부터 혜택을 받지 못하더라도 그렇다. 미국이 2001년 9월에 공격을 당했을 때, 많은 미국인은 그들이 개인적으로 비행기가 충돌한 건물 안에 있었거나 그 안에 있었던 누군가를 알고 있었는지 혹은 뉴욕에 살았는지와 무관하게 아무튼 피해를 입었다고 느꼈다. 공동체 정체성은 개인을 초월하는 무언가에 참여하는 측면에서 자신을 생각하는 것을 포함한다. 이것이 고대인들에게 중요했던 유일한 종류의 정체성이다.

인간과 같은 복잡한 생물학적 유기체를 구성하는 세포들이 공동체 정체성에 대한 하나의 은유일 수 있다. 우리의 각 세포는 개별적으로 살아 있는 유기체이지만, 동시에 우리는 우리의 세포들을 우리 자신과 구별되는 것으로 생각하지 않는다. 만약 나에게 불이 붙으면 나는 "내 피부 세포들이 불타고 있네. 하지만 그것들은 세포일 뿐이야. 그러니 그것이 나와 무슨 상관이 있겠어?"라고 생각하지 않는다. 대신 나는 나의 세포들이 불타고 있다는 것은 **내가** 불타고 있음을 의미한다는 점을 깨닫는다. 이것이 세포에 내재된 어떤 것과도 관계가 없다는 점에 주목하라. 만약 병원에서 피부 샘플을 소각하면 나는 그것들이 세포에 불과하다고 생각한다. 차이점은 세포들이 불타오르는 순간에 그것들이 **나를** 구성하는 더 큰 거시정체성(macroidentity)에 참여하고 있는지 여부다.

공동체 정체성은 그것에 참여하는 사람들과 독립적으로 존재하지 않는다. 공동체의 정체성을 규정하는 특질들은 스스로 공동체의 정체성을 주장할 수 있는 모든 사람이 가지고 있는 모든 특질의 총합이다. 이것은 정치적 정당(과 종교 교파)에 의해 가장 명확하게 그리고 일반적으로 입증된다. 정당의 이념(즉 정체성)은 정당이 임명하는 대표단과 그것이 채택하는 강령에 따라 달라진다. 1870년에 미국의 민주당은 (새롭게 편성된) 남부 주들(Southern States)에 있는 상류층들의 이익을 대변했다. 1980년까지는 당의 강령과 지지층이 바뀌었고, 민주당은 더 이상 그렇게 상류층의 이익을 대변하지 않았다. 원래의 민주당원들은 민주당을 떠났고 1980년의 민주당은 초기의 민주당이 아니었다. 당의 변화는 민주당원이란 무엇**인가**를 변화시켰다. 변화로 인해 권리를 박탈당한 남부인들은 다른 곳으로 가야만 했다. 그들이 간 곳은 (원래 남부 귀족의 강한 적수였던 에이브러햄 링컨에 의해 창당된) 공화당이었다. 그런데 공화당도 원래의 형태에서 바뀌었다. 또 다른 예로 하버드 대학교는 원래 목회자를 양성하기 위해 설립되었다. 하버드 대학교에는 여전히 신학교가 있지만, 하버드 대학교의 사명(과 결과적으로 그곳에서 가르치거나 그곳을 졸업하는 것과 관련된 자질들)은 변경되었다. 하버드 대학교를 나온 목회자들조차 다른 방식으로 알려지게 되었다. 결과적으로 원래의 정체성을 유지하고자 하는 공동체들은 그들의 멤버십과 리더십이 원래 공동체에 충실하게 남아 있도록 보증하기 위해 강렬하게 자체 검열을 해야만 한다. 예를 들어 이것이 하버드 대학교처럼 되고 싶어 하지 않는 기독교 대학의 신앙 선언문들의 목적이다. 이스라엘에서는 언약 백성의 공동체 정체성을 자체 검열하는 이 과정이 이스라엘 우상숭배자들에 대한 "헤렘"에 의해 수행되었다.

이스라엘 사람들의 "헤렘"

하버드 대학교의 모든 학부가 하버드 공동체의 일부이고 당신 몸의 모든 세포가 당신이라는 공동체의 일부인 것과 같이 모든 이스라엘 사람들—특정한 민족적 정체성 표지를 지닌 개인들—은 기본적으로 언약 백성 공동체의 일부였다. 당신이 공동체의 선호되는 정체성을 반영하기로 선택하든 그렇지 않든 공동체의 정체성 표지를 소유하면, 당신은 자동적으로 그 공동체를 정의하는 일부가 된다. 공동체의 자기 검열은 공동체의 표지를 소유하는 모든 사람이 공동체의 바람직한 정체성을 확실히 나타내게 하는 것을 포함한다. 만약 그 표지가 조직의 멤버십이나 기관의 고용 같이 조건적이고 철회될 수 있는 것이라면 공동체의 관리자들이 그것을 철회할 수 있다. 만약 그 표지가 타고난 것(예. 민족성)이라면, 표지를 제거하는 것이 더 어렵기는 하지만 여전히 가능하다. 예를 들어 그 일이 포로기 동안 그 땅의 인구(적어도 그중 일부)에게 일어났다. 그들의 민족적 정체성은 여러 시대에 걸친 통혼 후에 마침내 사라졌고, 에스라 4:2에 따르면 성전 재건에서 그들의 도움은 거부되었다(그런데 예를 들어 창 24:3-4; 신

7:4; 스 10장에서 족외 결혼[exogamy]에 대한 금지는 방지하려고 했다).[1]

이스라엘이 언약의 축복을 받는 것(과 언약의 저주를 피하는 것)은 이스라엘로서의 정체성이 온전함(integrity)을 조건으로 한다. 공동체로서의 이스라엘은 거룩하며 하나님과 함께 동일시되기 때문에(명제 10과 명제 11에서 설명된 것처럼) 그것의 공동체 정체성이 야웨께서 그 공동체를 통해 보여주고 싶으신 정체성과 어울리는 한 공동체는 축복을 받을 것이다. 그러나 인간의 몸처럼 이스라엘이라는 더 큰 공동체는 더 작은 단위의 지파, 종족, 가족, 도시로 구성되어 있다. 우리는 그것들을 별도의 기관들이나 팔다리에 비유할 수 있다. 그것들은 모두 이스라엘이라는 모든 것을 포함하는 공동체의 일부이지만 그것들만의 별개의 미시 정체성(microidentity)도 갖고 있다. 당신의 팔과 간은 둘 다 당신의 일부이지만, 그것들은 서로 구별된다. 그럼에도 만약 당신의 간세포가 죽으면 당신 팔에 있는 세포들도 그 결과로 고통을 받는다. 왜냐하면 당신이 아프면 그 각각의 기관들이 서로 간에 어떤 다른 관계를 맺고 있는지와 상관없이 그것이 당신의 모든 부분에 영향을 끼치기 때문이다. 마찬가지로 한 도시, 가족 또는 심지어 개인이 이스라엘에서 행하는 일은 이스라엘에 있는 모든 사람의 정체성에 영향을 끼치기 때문에 이스라엘의 모든 사람이 축복을 받는지 저주를 받는지에 영향을 끼친다.

공동체 정체성 표지들을 소유하고 있으면서 그 정체성으로부터 일탈하는 개인을 단순히 진정한 공동체와 분리된 자라고 하면서 그 사람

---

1 이 그룹이 일반적으로 사마리아인들이라고 여겨지고는 있지만, 이러한 연결이 확실하게 이루어질 수는 없다(R. J. Coggins, *Samaritans and Jews: The Origins of Samaritanism Reconsidered* [Atlanta: John Knox, 1975], 66-67).

이 공동체의 구성원임을 부인하는 것은 충분치 않다. 공동체 정체성은 그 정체성을 구성하고 정체성의 표지를 갖고 있는 사람들의 특질과 별개의 특질을 보유하지 않는다. 공동체의 멤버십을 떠나서는 진정한 공동체가 없다. 만약 당신 눈에 있는 세포들에 암이 있으면 **당신에게** 암이 있는 것이다. 당신의 눈이 암에 걸리고 당신에게 붙어 있는 한 **당신**의 집합적 존재 전체는 병들어 있다. 공동체 일부의 상태가 전체 공동체의 상태를 결정한다. 당신의 눈이 아프면 당신이 아프다. 그리고 당신의 다른 세포 중 얼마나 많은 세포가 건강한가는 중요치 않다. 당신을 건강하게 만들기 위해서는 암세포를 죽이거나 제거할 필요가 있다. 혹 암이 충분히 넓게 퍼진 경우에는 기관 전체를 제거해야 한다. "만일 네 오른 눈이 너로 실족하게 하거든 빼어 내버리라. 네 백체 중 하나가 없어지고 온몸이 지옥에 던져지지 않는 것이 유익하며"(마 5:9). 이 경고는 일반적으로 과장법으로 해석되지만 사실 이것은 은유다. 만약 당신의 눈이 오염되면 그것은 (그 것이 무엇을 나타내든) 어떤 식으로든 지옥 불에 들어갈 것이다. 당신이라는 공동체의 나머지 부분이 그것과 함께 들어갈 것인지 여부에 대한 질문은 눈이 공동체의 일부로 남아 있는지(즉 붙어 있는지) 여부에 달려 있다.

당신의 눈을 제거하는 목적은 당신의 눈을 파괴하거나 세포들을 처벌하는 것이 아니다. 그것은 당신이라는 공동체 정체성을 다시 건강하게 만드는 것이다. 이것은 이스라엘 사람들에 대해 제정된 "헤렘"과 정확히 같은 목표다. "헤렘"은 비록 가족이나 도시가 사실상 파괴된다 하더라도 그것이 수행되는 미시 공동체(가족, 도시 등)를 파괴하기 위해 제정되는 것은 아니다. "헤렘"은 비록 개인이 사실상 죽임을 당한다고 하더라도 개인을 죽이기 위해 제정되는 것은 아니다. "헤렘"의 목적은 이스라엘 공동체 전체를 건강하게 회복시키는 것이다.

공동체 정체성이란 주제에 대해 많은 주석가가 공동 책임, 공동 죄, 공동 처벌에 관해 이야기한다. 이러한 개념들이 정확할 수도 있고 정확하지 않을 수도 있지만 그것들은 "헤렘"의 경우에는 적용되지 않는다. 왜냐하면 "헤렘"은 형벌이 아니기 때문이다. 정의상 "헤렘"은 대상과 상호작용하는 사람들에게 영향을 끼치지만 대상 자체에는 영향을 끼치지 않는다. 여호수아 7장에서 아간의 가족이 그와 함께 멸망하는 것은 그들이 그의 개인적인 죄에 대해 공동으로 책임을 지기 때문이 아니라 아간 가족의 미시 정체성이 변하여 (질서를 무시함으로써) 더 이상 야웨의 정체성을 호의적으로 반영하지 않기 때문이다. 아간의 가족이 이스라엘 공동체의 일부로 남아 있는 한 **온 이스라엘**이 더 이상 야웨를 호의적으로 반영하지 않는다. 왜냐하면 공동체란 그것의 부분들의 총합에 불과하기 때문이다. 그러므로 온 이스라엘은 하나님의 노여움과 버림의 대상이 된다. 이것이 여호수아 7:12에서 이스라엘에게 일어나는 일이다. 더 큰 공동체의 정체성을 회복시키기(즉 그것을 건강하게 회복시키기) 위해서는 몸을 건강하게 회복시키기 위해 암세포를 제거하는 수술이 필요한 것과 마찬가지로 그것을 오염시키는 미시 정체성을 잘라내야 한다.

또한 이 개념은 다른 곳에서 사용된 흔한 문구 "백성 중에서 끊어지리라"에 의해 표현된다.[2] 누군가가 끊어지는 것을 수반하는 위법 행위들

---

2   "헤렘"이라는 단어 외에 "[그 이름을] [하늘 아래에서/이스라엘에서] 지워버리다"와 "[그 백성/이스라엘로부터] 잘라내다"라는 관용구들이 공동체 정체성에 적용될 때 이것들은 모두 거의 같은 것을 의미한다. "지워버리다"는 지시 대상 자체에 일어나는 일을 나타내며, "**파괴하다**" 또는 "**전멸시키다**"와 같은 과장된 단어들로 표현될 수도 있다. "잘라내다" 는 관계를 나타내며 또한 그 대상이 무엇**으로부터** 분리되어 있는지를 나타낸다(미시 공동

은 (간음, 도둑질, 살인과 같은 사회적 범죄와는 대조적으로) 항상 본질적으로 제의적(cultic)이다.[3] 왜냐하면 그 위법 행위는 처벌되어야 할 범죄가 아니라 개인(또는 미시 공동체)이 언약 질서를 반영하는 백성과는 다른 정체성을 채택했다는 표시이기 때문이다. 그 범죄 행위는 돌발적인 것도 우발적인 것도 아니다. 오히려 언약 질서의 요소들에 대한 의도적인 무시를 나타 낸다. 자신을 그 질서와 동일시하기로 선택한 사람에게는 그러한 의도적 인 무시가 가능하지 않을 것이다. 그러나 공동체 전체가 갖는 정체성의 온전함을 보전하기 위해서 공동체 정체성이란 표지를 지니고는 있지만 공동체가 소유하고자 하는 정체성을 구현하지 않는 사람들은 추방되어 야 한다. 이 과정이 신명기 13장에 상세히 기술되어 있다. 만약 한 가족의 한 개인이 (다른 신들을 섬기러 감으로써, 신 13:6) 자신의 정체성을 비이스라 엘적인 것으로 바꾸면, 그 가족은 그를 추방해야 한다. 그렇지 않으면 그 가족의 전체 미시 정체성이 오염될 것이다("너는 용서 없이 그를 죽이되 죽일 때에 네가 먼저 그에게 손을 대고", 신 13:9). 만약 미시 공동체가 이것을 하지 않으면(신 13:12에서 성읍으로 나타남), 전체 공동체가 추방된다. 이스라엘

체가 이스라엘 민족으로부터 분리되거나 민족 전체가 언약으로부터 분리된다). 그렇지만 그 지시 대상에게 정확히 무슨 일이 일어나는지에 관해서는 덜 구체적이다. 항상 그렇듯이 "헤렘"은 그 주변에 있는 사람들이 그것을 사용해서는 안 된다는 것을 제외하고는 그 지시 대상에 관하여 아무것도 나타내지 않는다.

3 할례 받지 않는 것(창 17:14); 제사장이 아닌 사람에게 기름을 붓는 것(출 30:33); 제의가 아닌 용도로 향을 만드는 것(출 30:38); 적절하지 않은 방법으로 또는 부정한 상태에서 성 물로 바친 것이나 희생제물에 접근하거나 먹는 것(레 7:20-21; 19:8; 22:3); 기름(fat)이나 피를 먹는 것(레 7:25, 27; 17:10, 14); 성소 밖에서 희생제사를 드리는 것(레 17:4, 9); 속 죄일(레 23:29), 유월절(출 12:15-19; 민 9:13), 또는 안식일(출 31:14) 같은 신성한 시간 을 지키지 않는 것; 월경 중에 성관계를 맺거나(레 20:18), 시체를 만지거나(민 19:20) 예 절을 극악하게 경시함으로써(레 18:29; 민 15:30-31) 의도적으로 부정을 초래하는 것; 점 을 치거나 몰렉에게 희생제사를 드리는 것(레 20:3, 5, 6).

의 정체성 표지는 사람들 안에 내재되어 있기 때문에 그들을 추방하는(그들을 더 큰 공동체와 연결시키는 정체성 표지를 제거하는) 유일한 방법은 그들을 죽이는 것이다. 그러나 "헤렘"의 모든 경우와 마찬가지로 파괴는 더 큰 이스라엘 공동체가 사용하지 못하도록 (오염된 미시 정체성을) 제거하는 더 넓은 목적에 부수하여 일어나는 것이다.

언약 질서를 따르는 백성 공동체에게는 민족적 정체성 표지가 있다. 하지만 그럼에도 그것은 어떤 형태의 우생학에 의해 온전함이 유지되는, 민족적으로 **정의된** 공동체는 아니다. 이스라엘의 민족적 정체성 표지를 갖고 있는 개인은 참여**해야만** 하지만, 그 표지가 없는 개인들도 참여하는 것이 **허용된다**. 우리가 이제 더 자세히 살펴보겠지만 이것은 강조점이 민족성이 아니라 정체성에 있음을 계속해서 보여준다.

언약 질서의 정체성 표지들

이스라엘 민족에 속하는 모든 사람은 본질적으로 언약 질서 백성의 공동체 정체성의 일부이지만 이스라엘 민족에 속하지 않는 사람들도 그 공동체에 합류할 수 있다. 사람의 민족을 변경할 수 없기 때문에 제2의 정체성 표지가 할례의 형태로 확립된다. 할례를 받지 않은 이스라엘 사람(남성)은 공동체의 정체성을 거부한다. 하지만 그도 공동체의 민족적 정체성 표지를 갖고 있기 때문에 그는 끊어져야만 한다(창 17:14). 할례를 받지 않은 비이스라엘인(남성)도 이스라엘 공동체의 정체성을 거부한다. 하지만 그가 언약 질서 백성의 정체성 표지를 갖고 있지 않기 때문에 그는 공동체를 규정하는 것을 아무것도 하지 않으며 따라서 그가 어디로부터 끊어져야 할 **대상**이 아무것도 없다. 그러나 만약 비이스라엘인이 공동체에 들어가기를 원하면 그는 취소할 수 없도록 언약 질서의 정체성 표지로 자신을 표시해야 한다. 그 시점에서 그는 공동체의 완전한 구성원으로 간주될 것이다(예. 출 12:48).

할례는 남성에게만 요구되지만 이것이 남성들만이 언약 질서의 공동체에 참여한다는 점을 의미하지는 않는다. 할례는 정체성의 표지이며 고대 근동에서 정체성은 부계였다. 남성들은 선천적으로 그들 안에 자신의 민족과 가족의 정체성을 갖고 있지만 여성들은 자신들의 가장 가까운 남성 대리인(대개 남편이나 아버지)의 정체성을 물려받았다. 민족 정체성이 남성의 인격에 내재되어 있었기 때문에 그 정체성을 변경하려면 그것을 그들에게서 (문자 그대로) 잘라내야만 했다. 다른 한편 여성들은 자신들의 환경에서 자신들의 집단 정체성을 얻었기 때문에 라합과 룻에 의해 입증된 바와 같이 신체적 절단 없이 그들의 정체성을 법적으로 (결혼[또는 이혼]을 통해서) 또는 상징적으로 (관계 단절에 의해) 변경할 수 있었다. 룻은 (유전적으로) 모압 사람이었고 모압 사람은 야웨의 총회에 들어가는 것이 허용되지 않았기 때문에(신 23:3) 중요한 예다. 주석가들은 룻을 집단적인 죄로 인해 모압 위에 내려진 배제의 형벌에서 그녀를 구원하신 하나님의 은혜의 본보기로 알리기를 좋아한다. 하지만 명제 8에서 우리가 논의한 바와 같이 언약은 구원이 아니었다. 그리고 모압의 배제는 징벌적이었지만 그것은 일반적인 도덕적 위반의 결과가 아니었으며 개념적으로 저주와 병행하는 것으로 간주될 수 없다. 사실 룻은 결코 금지령의 예외가 아니다. 금지령은 유전학이 아니라 정체성에 기반을 두었고 룻이 (미혼) 여성이었기 때문에 그녀는 어떤 종류의 선천적인 공동체 정체성도 갖고 있

제5부 "헤렘"이라는 히브리어 단어가 일반적으로 잘못 번역되기 때문에 하나님과 이스라엘 백성이 하고 있는 일이 종종 잘못 이해된다

지 않았다. 라합처럼 룻은 단순히 이전의 소속을 포기함으로써 이스라엘 총회에 가입할 수 있었다. 룻은 룻기 1:16-17에서 이렇게 한다. 선천적으로 모압 정체성을 소유한 모압 **남성**은 할례를 받아도 총회에 들어가는 것이 허용되지 않을 터였다. 이것이 신명기 23:3에 나오는 금지령의 의도다. 물론 고대 세계가 공동체 정체성을 유지하는 것―남성들에게 중요한 책임―에 부여한 가치 때문에 예를 들어 기브온 사람들이 명백히 개종을 원하지 않았듯이 그들이 개종을 **원하기라도** 했을 가능성은 훨씬 낮을 것이다. 또한 나아만이 열왕기하 5:17에서 야웨를 위해 자신의 신들은 버리지만 할례를 통해 아람 사람의 정체성을 버리지는 않는 것에 주목하라. 또한 우리는 야웨만 예배하는 것(돼지고기를 먹지 않는 것과 턱수염 또는 구레나룻을 자르지 않는 것처럼)이 언약 질서의 일부라는 점에 주목해야 한다. 그러나 우리는 그것이 다른 어떤 요소보다 더 중요했다고 생각해서는 안 된다. 언약 질서는 그 공동체의 고유한 특성 중 어떤 것을 우발적으로 준수하는 것이 아니라 공동체의 멤버십과 결부되어 있었다.

(미혼) 여성에게 선천적인 정체성이 없다는 것은 미시 정체성을 파괴하기 위해 여성을 죽일 필요가 없다는 점을 의미했다. 실제로 여성이 살아남을 수 있었다는 사실은 "헤렘"의 목적이 유전적 요소를 제거하는 것이 아니었다는 가장 좋은 증거의 일부다. 사사기 21:11에서 "야베스 길르앗 주민"(삿 21:9)의 미시 정체성을 ḥrm(명사 "헤렘"[ḥerem]의 동사형, NIV "kill") 하라는 명령이 주어진다. 표면상 그 이유는 그들이 사사기 20:1-2에서 요구된 총회의 소집에 불응함으로써 공동체 안에서 자신들의 정체

성을 거부했기 때문이다.[4] 남성과 기혼 여성은 죽임을 당했지만 미혼 여성은 비록 그들이 유전적 특징은 지니고 있을지라도 그 정체성을 지니지 않기 때문에 살아남는다.

사실 사사기 20-21장 전체 부분은 "헤렘"의 강조점이 우생학이 아니라 정체성 파괴라는 점을 보여준다. 즉 "헤렘"이 사용에서 제거하는 것은 유전자풀(gene pool)이 아니라 공동체다. 총회는 처음부터 기브아의 미시 정체성이 파괴되기를 요청한다(삿 20:10-13). 그러나 더 큰 베냐민 공동체는 이것을 허용하기를 거부한다(삿 20:13-15). 이와 같이 그들은 자신들을 기브아 성읍과 동일시하며 언약 질서에 대항한다. 결과적으로 베냐민 지파의 이스라엘 미시 정체성 전체가 "헤렘"을 면할 수 없게 되고 이것은 (비록 그 단어가 사용되지 않을지라도) 사사기 20:48에서 수행된다(신 13:15과 비교하라). 일부 개인이 살아남지만(삿 20:47; 21:7) 총회는 여전히 미시 정체성의 파괴를 한탄한다. "오늘 이스라엘 중에 한 지파가 끊어졌도다"(삿 21:6). 만약 강조점이 유전적 유산을 제거하는 것에 있다면 단 한 명의 생존자가 있어도 공동체는 끊어지지 않게 될 것이다. 그러나 강조점이 유전적 특징이 아니라 정체성이기 때문에, 그리고 어떤 이스라엘 여성도 그들과 결혼할 수 없기 때문에(삿 21:1) 그들의 자녀는 이스라엘 민족의 정체성 표지를 상실하고 이스라엘 공동체에서 사라질 것이다. 이 문제에 대한 해결책은 그들이 결혼할 이스라엘 여성을 찾아 그들의 자녀가 이

---

4   문맥이 실제 동기는 더 실용적이라고 설명하지만 우리의 현재 관심은 "헤렘"이 정확히 무엇인지에 대한 것이며, 이는 그것을 사용한 특정한 경우에 대한 기본 동기와 다르다. 총이 기계적으로 어떻게 작동하는지 설명하는 것과 사람들이 총에 맞을 수 있는 다양한 이유에 대해 추측하는 것 사이의 차이와 비교하라.

제5부 "헤렘"이라는 히브리어 단어가 일반적으로 잘못 번역되기 때문에
하나님과 이스라엘 백성이 하고 있는 일이 종종 잘못 이해된다

스라엘 사람들의 민족적 정체성의 표지를 지니고 그로 인해 이스라엘 **안에서** 베냐민의 미시 정체성을 보존하는 것이다. 만약 문제가 단순히 유전적 혈통을 보존하는 것이라면, 살아남은 베냐민 사람들은 누구와도 결혼할 수도 있었고 그것은 아무런 차이도 만들지 않았을 것이다. 베냐민의 "헤렘"은 이스라엘 내에서 미시 공동체로서의 베냐민의 정체성을 파괴하기 위한 것이다. 이것을 "헤렘"이 효과적으로 해냈다(일부 창의적인 최후 순간의 허점[loopholes]을 제외하고 말이다). 그것은 베냐민의 혈통을 파괴하려고 의도된 것이 아니었다. 왜냐하면 그것이 그렇게 하지 않았기 때문이다(따라서 그들을 살려두기 위해 어떤 창의성도 필요하지 않았을 것이다). 마찬가지로 가나안 족속들에 대한 "헤렘"은 그들의 유전적 특징을 제거하는 것이 아니라 그들의 공동체 정체성을 파괴하기 위한 것이었다. 그러나 가나안 족속들이 이스라엘의 미시 공동체들과 동일한 방식으로 언약 질서 백성의 정체성에 참여하지 않았기 때문에 가나안 정체성들의 "헤렘"은 다른 목적을 위해 사용되었다. 이제 우리는 그것을 검토할 것이다.

가나안 민족 정체성의 "헤렘"

이스라엘 공동체는 민족적 정체성의 표지를 갖고 있었지만 언약 질서 백성의 공동체는 그럼에도 민족 정치 집단은 아니었다. 이방인들은 이스라엘 백성 가운데 사는 것이 허용되었고 이스라엘은 그들을 멸하라는 명령을 받지 않았다. 사실 그들은 정확히 정반대의 명령을 들었다. "거류민(foreigner)이 너희의 땅에 거류하여 함께 있거든 너희는 그를 학대하지 말고 너희와 함께 있는 거류민을 너희 중에서 낳은 자 같이 여기며 자기 같이 사랑하라. 너희도 애굽 땅에서 거류민이 되었었느니라. 나는 너희의 하나님 여호와이니라"(레 19:33-34). 더 나아가 "거류민이 너희의 땅에 거류하여"에서 "거류민"은 단순히 노예(출 12:44에서처럼) 또는 공동체 안에 유입된 (할례 받은) 사람들을 가리키지 않는다. 그렇지 않으면 출애굽기 12:48("너희와 함께 거류하는 타국인이 여호와의 유월절을 지키고자 하거든 그 모든 남자는 할례를 받은 후에야 가까이 하여 지킬지니 곧 그는 본토인과 같이 될 것이나 할례 받지 못한 자는 먹지 못할 것이니라")에 있는 금지 규정이 불필요할 것이다. 따라서 우리는 단순히 그 땅에 사는 비이스라엘인이라고 해서 "헤렘" 대상이 되는 것은 아니었음을 알 수 있다. 다시 말하지만 이는 "헤렘"의 목적이 개인을 죽이는 것이 아니라 공동체 정체성을 사용에서 제거하는 것이기 때문이다.

명제 8에서 논의된 바와 같이 본문은 원칙적으로 비이스라엘인이 비이스라엘 정체성을 사용하는 것이 잘못이라고 묘사하지 않는다. 그 땅 밖에 사는 사람들은 그러한 공동체에 참여하는 것이 수반할 수 있는 성전 매춘(cultic prostitution), 인신공양 또는 우상숭배와 더불어 그들의 정체성을 계속 사용하도록 허용된다. 사사기 2:22에서는 이스라엘을 시험하기 위해 그 땅 안에 있는 사람들조차도 자신들의 정체성을 유지하도록 (하나님에 의해) 허용된다. 도시를 사용하는 것이 본질적으로 잘못된 것이 아니듯 비이스라엘의 정체성을 사용하는 것에는 본질적으로 잘못이 없다. 도시가 사용에서 제거되는 이유는 원칙적으로 도시를 사용해서는 안 되기 때문은 아니다. 그러나 도시와 다르게 가나안 사람들의 정체성은 야웨께서 사용하시도록 야웨께 바쳐지지 않는다. "야웨께/야웨를 위하여 '헤렘'"이라는 문구는 추상 개념에는 결코 사용되지 않고 개인이나 사물에 대해서만 사용된다.[5] 그리고 어떤 경우든 야웨께서 인간의 공동체 정체성으로 무엇을 하실지 상상하기 어렵다. 그러므로 "신적 사용을 위한 준비로서 지위가 변경되었다"(명제 11 참조)는 개념이 가나안의 공동체 정체성들에 적용되는 것으로 보이지 않는다. 더 나아가 그 목적은 더 큰 공동체의 온전함을 보존하는 것이 될 수 없다. 왜냐하면 가나안 사람들은 이스라엘 공동체에 전혀 참여하지 않기 때문이다. 그러므로 우리는 "헤렘"이 그것의 가장 기본적인 정의(definition)를 수반한다고 가정해야 한다. 즉 정체성은 그것이 **사용될 수 없도록** 사용에서 제거된다.

어떤 의미에서 정체성은 가나안 족속들이 그것을 사용할 수 없도록 제거될 필요가 있다. 이것은 그들이 정체성을 사용하는 것이 (도덕적 의미에서) **본질적으로** 잘못이기 때문이 아니다. 그러나 그럼에도 그것은 이스라엘인 점령자들에게 부정적인 결과를 초래할 것이다. 아시리아나 바빌로니아가 영토를 정복했을 때, 그들은 왕을 죽이거나 추방하고 꼭두각시 섭정을 왕위에 앉히고, 제의 및 공동체 지도자들을 추방하며, 도시와 신전을 파괴하고, 신들의 형상을 탈취하거나 파괴하며, 과중한 공물을 징수하여 경제를 침체시킴으로써 정복된 민족의 민족 정체성을 파괴하곤 했다. 그렇게 하는 목적은 정복된 사람들이 반란을 기도하기 위해 집결하는 중심이 될 수 있는 모든 것을 제거하기 위함이었다. 열왕기하 19:11에서 산헤립은 히스기야에게 아시리아의 이전 적들을 모두 *ḥrm* 했다고 자랑한다("앗수르의 여러 왕이 여러 나라에 행한 바 진멸한 일을", NIV

---

5   레 27:28("어떤 사람이 자기 소유 중에서 오직 여호와께 온전히 바친 모든 것은 사람이든지 가축이든지 기업의 밭이든지"); 수 6:17, 21 (여리고의 약탈품); 미 4:13 (명시되지 않은 부).

"destroying them completely"). 가나안 군대는 이스라엘이 그 땅을 정복하는 동안 전멸되지만(적어도 전적으로 패배하지만), 만약 군대를 배치한 국가의 정체성이 파괴되지 않으면 결국 그들은 (미디안이 민 31:7-11에서 패배했음에도 불구하고 삿 6:1-6에서 하는 것처럼) 또 다른 군대를 일으킬 것이다.[6] 그러므로 정복된 사람들의 정체성을 제거하는 것은 고대 전쟁의 표준 절차였던 실용적인 활동이다(명제 17 참조).

그러나 더 중요한 것은 그 정체성을 **이스라엘**이 사용할 수 없도록 제거해야 한다는 점이다. 이것이 "그들이 너희에게 올무가 되며 덫이 되며 너희의 옆구리에 채찍이 되며"(수 23:13; 삿 2:3)라는 위협의 본질이다. 비이스라엘의 정체성들이 이스라엘의 정체성과 함께 공존하면 이방의 종교적 관습과 믿음을 차용하는 혼합주의가 거의 불가피할 정도로 명백한 가능성이 된다. 비이스라엘의 공동체 정체성이 가까이 있으면 이스라엘 사람들이 공동체 밖에서 결혼하여 이스라엘의 정체성 표지를 잃고 사라질 가능성이 있다. 더 심각한 것은 이스라엘 내의 미시 공동체들이 (족외 결혼이나 혼합주의를 통하여) 그들의 이스라엘 정체성을 손상시켜 스스로가 "헤렘"을 당하게 할 수도 있고 또는 내버려 두면 전체 공동체가 언약의 저주를 받게 할 수 있다는 점이다.

이방인 공동체는 이스라엘 가운데 남아 있는 것이 허용된다(예를 들어 다윗의 개인 호위대를 구성하는 [블레셋의] 그렛 사람과 블렛 사람을 보라). 하지

---

6 민 31장에서 미디안이 "헤렘"이 아닌 것에 주목하라. "헤렘"과 파괴는 별개의 두 과정이다. 미디안은 동해 복수법의 정의(talionic justice)로서 파괴된다. 즉 그들은 그들의 민족 정체성을 사용에서 제거하기 위해서가 아니라 범죄에 따른 정의로서 파괴된다. 명제 5의 추기를 참조하라. 또한 민 31:18에서 미혼 여성들이 선천적으로 복수가 수행되는 대상인 미디안 공동체 정체성의 일부가 아니기 때문에 피의 복수를 당하지 않는 것에 주목하라.

제5부 "헤렘"이라는 히브리어 단어가 일반적으로 잘못 번역되기 때문에
하나님과 이스라엘 백성이 하고 있는 일이 종종 잘못 이해된다

만 그들은 비록 이스라엘 공동체에 들어가지는 못하더라도, 여전히 언약 질서를 준수해야 한다(출 20:10; 레 17:8, 그리고 특히 레 24:22). 그들은 유월절 음식을 먹는 것이 허용되지 않으며, 갈렙과 그의 가족을 제외하고 그 땅에서 기업이 주어지지 않는다(즉, 그들은 자산을 소유할 수 없다). 하지만 그들은 이스라엘의 미시 공동체처럼 미시 공동체로서 존재하는 것이 허용된다. 그러나 그들이 스스로를 언약 질서의 백성과 동일시하지 않을지라도 그들은 언약 질서의 정체성 아래 있는 사람들에게 허용되지 않는 일을 하는 것이 허용되지 않는다. 이스라엘 땅에서 금지된 것은 (야웨께) "토에바"(tôʿēbâ), 즉 언약 질서 밖에 있는 것이다. 만약 이방인들이 언약 질서를 준수하면 그들은 "토에바"가 되지 않고 이스라엘에게 올무가 되지 않을 것이므로 그들을 "헤렘" 할 이유가 없다.

현재 쟁점은 도덕 대 부도덕, 순결 대 불결 또는 결백 대 범죄에 관한 것이 아니다. 이분법은 언약 질서 **안**과 언약 질서 **밖** 사이에 있다. 우리는 아마도 이스라엘을 수술받는 환자로 상상할 수 있을 것이다. 이 절차는 그들에게 혜택(이 경우에 언약적 축복과 신과의 관계)을 가져다주지만 한편 그것은 또한 어떤 취약점들을 지닌다. 정복은 수술실을 소독하는 것에 상응한다. 우리는 일반 병원 직원, 방문객, 애완동물, 음식 또는 심지어 일반적인 박테리아에 대해 특별히 반대하지 않지만 수술할 때가 오면 그것들을 모두 수술 방에서 치운다. 이렇게 하는 이유는 그것들의 존재나 그것들이 하는 일로 인해 우리가 화나거나 기분이 상해서가 아니라 환자에게 균이 없는 환경이 필요하기 때문이다. 오염 물질은 수술실에 "토에바"가 된다. 방문객들이 안으로 들어가는 것이 허용될 수 있지만, 그럴 경우 그들은 나머지 환경만큼 멸균 상태여야만 한다.

명제 13에서 논의된 바와 같이 언약 질서 밖의 무언가를 나타내기 위해
흔히 사용되는 단어는 "토에바"(*tôʿēbâ*)다(명확히 말하면, "야웨께 *tôʿēbâ*"다. 예
를 들어 신 7:25). 가나안 족속들은 기본적으로 "토에바"다. 왜냐하면 그들
과 언약이 맺어지지 않았고, "토에바"인 그 땅의 모든 것이 "헤렘"되어야
("사용에서 제거되어야") 하기 때문이다. 이것은 신명기 7장에서 가장 명확
하게 표현되어 있다. 우리가 입증한 것처럼 신명기 7:2에 나오는 (악명 높
은) 명령, 곧 "그때에 너는 그들을 진멸할(*ḥerem*) 것이라.…그들을 불쌍히
여기지도 말 것이며"라는 명령은 신명기 7:5에서 정체성 표지들(즉 숭배
대상들)의 파괴에 의해 표현된 것처럼 사람들이 아니라 정체성을 파괴하
는 것을 가리킨다. 이스라엘 사람들이 그들에게 행할 일의 목록은 그들
의 제단을 헐고, 그들의 주상을 깨뜨리며, 아세라 목상을 찍어내고, 우상
을 불사르는 것으로 이루어진다. 목록은 그들 중 마지막 사람까지 모두
죽이는 것을 포함하지 않는다. 실제로 만약 그들 중 마지막 사람까지 모
두 죽임을 당한다면 신명기 7:3의 통혼 금지는 불필요할 것이다. 민족들
("nations", 신 7:2, 17, 22), 사람들("peoples", 신 7:16, 19)과 심지어 남은 자들
(신 7:20)에 대한 언급은 모두 개인이 아니라 공동체 정체성을 가리킨다
(살아남은 자가 도시를 건설하여 자신의 공동체의 정체성을 보존하는 내용이 나오는
삿 1:25-26과 비교하라). 이것은 특히 왕들에게도 해당된다(신 7:24). 왕들
은 자신들이 이끄는 공동체의 정체성을 구현하며(이것이 여호수아의 전투 전
체에 걸쳐 특히 왕들이 죽임을 당하는 이유임), 그들의 이름(정체성)은 천하에서
제거되어야 한다(신 7:24). 또한 우리는 신명기 7:4에 나오는 하나님의 위

협이 가나안 사람들을 향한 것이 아니라(즉, 그것은 "내가 그들을 향하여 진노하고 나는 그들이 멸망되기를 원하노라"라고 말하지 않는다) 이스라엘을 향한 것임을 주목해야 한다. "여호와께서 너희에게 진노하사 갑자기 너희를 멸하실 것임이니라"(신 7:2).

신명기 7:25은 숭배 대상을 파괴하라는 명령을 반복하는데 이번에는 그것들이 "토에바", 즉 언약 질서에 반하는 것임을 명시한다. 신명기 7:26은 "너는 가증한 것(tôʿēbâ)을 네 집에 들이지 말라"고 경고하는데 여기서 "집"은 일반적으로 건물이 아니라 가정(즉 가족 미시 정체성)을 의미한다.[7] 이 경우 "들이다"는 "공간 안으로 운반하다"가 아니라 더 관용적 의미로 "네 자신의 것으로 채택하다"를 의미한다. 그렇게 하는 것에 대한 형벌은 "너도 그것과 같이 진멸당할까 하노라"(신 7:26)다. 여기서 "너"는 우상을 들인 건물이나 그것을 채택한 가정뿐만 아니라 전체 공동체를 의미한다는 점에 주목하라.[8] 대신에 "들이다"의 반대로 그들이 행하도록 지시받은 것은 "타아브"(tʿb, NIV "detest"[미워하다])하라는 것이다. 이것은 "토에바"와 동일한 어근의 동사 형태이며 "공동체의 정체성으로부터 격리시키다"를 의미한다. 신명기 23:7(MT 23:8)에서는 같은 단어(NIV에서

7　신 22:8과 비교하라. 거기서 "그 피가 네 집에 돌아갈까 하노라"의 관심사는 건물 위에 튄 자국이 아니라 가족에 대한 죄책(즉, NIV "guilt of bloodshed on your house"[너의 집에 피를 흘린 것에 대한 죄책])을 의미한다. 또한 삼상 21:15도 참조하라. 거기서 아기스는 다윗을 자신의 집으로 데려오기를(그를 섬기게 하는 것을 의미함) 원하지 않는다(참조. 삼상 28:2). 이것은 무언가를 집으로 가져오는 것과 그것을 가정으로 가져오는 것 사이의 현대적 구분에 상응할 것이다.

8　비록 히브리어에서 "너"가 단수형일지라도, 그것은 신 7장 전체에 걸쳐 전체 공동체에 대해 사용되었다(신 7:1; 특히 신 7:17, 24을 참조하라. 거기서 NIV는 그것들을 복수형으로 번역한다).

"despise"[경멸하다]로 번역됨)가 공동체에 통합되는 것과 대조된다. 따라서 신명기 7장은 "토에바"인 것들이 확실히 공동체 밖에 머물게 함으로써 이스라엘 공동체의 온전함을 보존하는 것에 관해 다루는 장이다. 여기서 "밖에 머문다"는 것은 "사용되지 않는다"는 것을 의미하며, "사용하지 않는 것"은 "헤렘"에 의해 나타내진다. 만약 이스라엘이 "토에바"와 연합하면 이스라엘 자체가 "토에바"가 될 것이다. 그 시점에 이스라엘은 언약적 저주에 의해 멸망할 것이다. 그러나 명제 11에서 논의된 바와 같이 이것은 원칙적으로 "토에바"에 대한 형벌이 아니다. 이스라엘에서만 "토에바"가 처벌받아야 할 범죄인데 이는 이스라엘만이 언약에 책임이 있기 때문이다. 이스라엘의 범죄는 무례한 행동이 아니라 언약에 대한 불충이다. 가나안 사람들은 깨뜨릴 언약이 없었기 때문에 언약에 대한 불충의 이유로 형벌을 받을 수 없다.

제5부 "헤렘"이라는 히브리어 단어가 일반적으로 잘못 번역되기 때문에
하나님과 이스라엘 백성이 하고 있는 일이 종종 잘못 이해된다

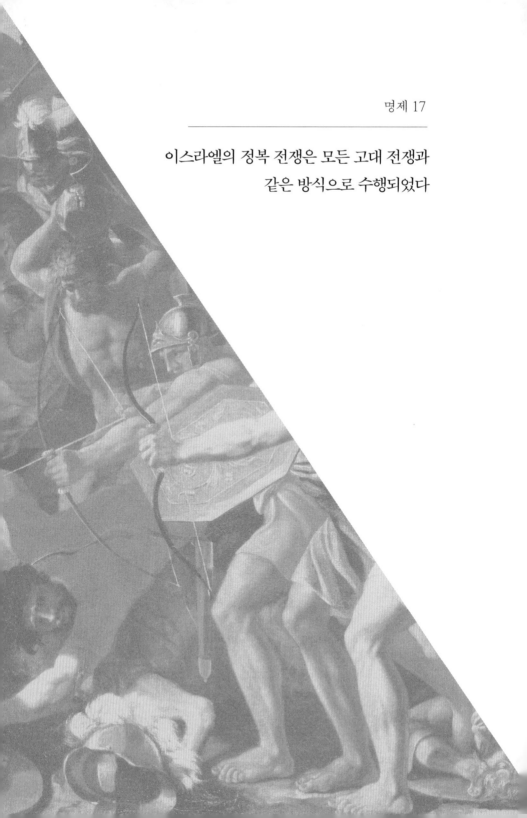

명제 17

이스라엘의 정복 전쟁은 모든 고대 전쟁과 같은 방식으로 수행되었다

우리는 고대 근동의 시민이 아니기 때문에 여호수아와 그의 군대가 수행하도록 명령받거나 수행하는 것으로 묘사되는 많은 행동은 우리에게 기괴하고 터무니없어 보인다. 결과적으로 많은 해석가는 그 행동들이 여호수아의 적들에게도 똑같이 기괴하고 터무니없어 보였을 것이라고 가정한다. 이것은 성경이 전쟁을 수행하는 새롭고 혁신적인 과정을 기술하고 있다는 생각으로 귀결된다. 가끔 이 혁신은 이스라엘 주변에 사는 이웃들의 보다 문명화된 전쟁으로부터 잔인하고 야만적인 방향으로 발전된 것으로 여겨진다. 다른 경우에 그것은 마치 모세를 통한 하나님의 명령이 제네바 협약(Geneva Convention)의 원형이기라도 한 것처럼 전쟁을 좀 더 인도적인 것으로 만드는 단계인 것처럼 해석된다. 그러나 이 두 가지 해석은 모두 잘못이다. 왜냐하면 여호수아의 전쟁은 대체로 고대 근동에서 모든 전쟁이 수행되었던 것과 같은 방식으로 수행되기 때문이다.

(게르하르트 폰 라트 같은) 구약 해석가들은 정복에서 발견된 이데올로기를 "거룩한 전쟁"(holy war 또는 가끔은 "야웨[YHWH] 전쟁")이라고 불렀고 그것을 이스라엘 정통의 가장 순수한 본질을 구현한 제의와 전쟁의 결합이라고 여겼다.[1] 해석가들은 개인적 성향에 따라 이 (가상적인) 야만 행위를 신약에서 건져낸 것으로 추정되는 (현대의 기준으로 볼 때) 좀 더 인도적이고 세계주의적인 종교적 이상과 대조하거나 동일한 (가상적인) 야만 행위가 신약의 본질도 형성하고 따라서 기독교 정통의 본질을 형성한다고

---

1   예를 들어 Ben C. Ollenburger, "Gerhard von Rad's Theory of Holy War," introduction to Gerhard von Rad, *Holy War in Ancient Israel*, trans. Marva J. Dawn (Grand Rapids: Eerdmans, 1991), 1을 참조하라.

주장한다. 전제가 틀렸기 때문에 이 두 가지 접근 방식은 모두 잘못이다. 적어도 전쟁과 종교의 통합과 관련하여 이스라엘의 전쟁은 고대 근동의 다른 모든 곳의 전쟁 이데올로기와 거의 똑같이 작동한다. 특히 우리는 야웨의 전쟁을 상징하기 위해 가장 흔하게 언급되는 신의 호의를 결정하는 신탁, 군사와 무기의 성별(consecration), 전투 수호신(battle palladium)의 현존, 신이 군대와 동행한다는 믿음을 나타내는 신의 전위대, "헤렘"과 같은 의식/제의 요소들을 검토할 것이다. 이것들은 모두 고대 근동 전쟁의 표준 관행들과 비슷하다. 또한 우리는 이스라엘의 전쟁 이데올로기와 다른 전쟁 이데올로기들 사이의 몇 가지 중요한 차이점에 대해서도 논의할 것이다.

신의 호의를 결정하는 신탁

고대 근동에서는 아무도 신의 지원 없이 전투에 나가고 싶어 하지 않는다. 그러므로 전투하러 떠나기 전에 왕과 장군들은 신들이 실제로 그 시도에 대해 호의적인지 확인하기 위해 징조를 읽고 다양한 형태의 점술을 참고한다.[2] "메소포타미아의 맥락에서 볼 수 있듯이 전투 이전에 하는 첫 번째 행동은 신의 뜻을 구하는 것이다.…패배를 피하거나 신들에게 불쾌감을 주는 모든 조건을 제거할 것으로 기대된다."[3] 성경은 느부갓네살

---

2   Peter C. Craigie, *The Problem of War in the Old Testament* (Grand Rapids: Eerdmans, 1978), 118을 참조하라. 또한 Sa-Moon Kang, *Divine War in the Old Testament and in the Ancient Near East* (Berlin: de Gruyter, 1989), 56-63도 참조하라.

3   Kang, *Divine War*, 56.

이 예루살렘을 공격하러 가던 길에 징조를 구한 것에 대해 기록한다(겔 21:21). 그리고 사울은 (전통적인 방법이 실패한 후, 삼상 28:6) 그의 마지막 전투에 앞서 무당에게 징조를 구한다(삼상 28:8). 만약 징조가 좋지 않다면 군대는 (수 7장에서 여호수아가 하는 것처럼, 삿 20:26에서 회중이 하는 것처럼, 그리고 사울이 삼상 13;12⁴에서 시도하고[실패함] 다시 삼상 14:37-44에서 시도한 것처럼) 전투에 나가기 전에 신을 달래려고 시도할 것이다. 이스라엘에서 전투 전 징조는 일반적으로 우림과 둠밈(점술의 한 형태; 참조. 출 21:30; 민 27:21; 삼상 28:6)을 통하여 야웨께 물음으로써 구했다(예. 삿 20:27). 열왕기하 3:11에서는 야웨께 묻는 대신 예언자에게 묻는다.

군사 및 무기의 성별

이스라엘 군대는 여리고를 공격하기 위해 요단강을 건너기 전에 스스로를 성결하게 하라는 명령을 받는다(수 3:5). 히타이트 군사들도 자신들이 섬기는 신들과 함께 싸울 준비가 되었음을 확실히 하기 위해 전투에 나가

---

4   사울이 자신이 했다고 주장하는 일에 해당하는 단어(ḥlh, 피엘형; NIV "sought favor")는 예를 들어 출 32:11과 특히 왕상 13:6에서와 같이 진노를 진정시키고 (신의) 은총을 회복하는 것을 의미할 수 있다. 왕상 13:6에서 그것은 은총을 받지 못함(disfavor)을 나타내는 표시를 역전시킨다. 사무엘이 나타나지 않은 것(삼상 13:8; 왕하 3:14에서 엘리사가 여호람을 경멸한 것과 비교)과 군대의 두려움과 이탈(삼상 13:7, 11)은 아마도 신의 은총을 받지 못함(아마도 삼상 13:13에서 사무엘이 언급한 아웨의 모든 명령을 사울이 지키지 않음으로써 초래됨)의 표시들일 것이다. 따라서 사울은 고대 근동의 군대 지휘관이면 누구나 하던 것처럼 야웨를 달래려고 시도한다(삼상 13:9에서 "번제와 화목제물"로; 삿 20:26과 비교하라. 거기서는 동일한 과정이 성공한다). 사무엘의 책망을 받은 것은 제사장의 특권을 행사하는 왕의 기술적 위반이 아니라 유화적 사고방식(appeasement mentality)이다(삼상 21:6에서 다윗이 성별된 떡을 먹음으로써 유사한 위반을 범했지만 이것이 그의 왕조에 저주를 가져오지 않는 점에 주목하라).

기 전에 의식적으로 자신들을 정결하게 했다. "왕 자신뿐만 아니라 군대
도 의식적으로 깨끗해야 했다."[5] 한 수메르 문서는 일반적으로 신전의 성
별을 기술하는 데 사용되는 단어를 사용하여 군대가 거룩하게 되었다고
기술한다.[6] 요엘 3:9과 미가 3:5 또한 이스라엘 군대의 성별에 대해 언급
하는 반면, 예레미야 6:4, 22:7, 51:27-28 그리고 아마도 스바냐 1:7은
비이스라엘 군대의 성별에 대해 언급한다.

사무엘상 21:5에서 다윗은 자신의 군사들이 거룩하다고 주장한다.
이렇게 제사장이 아닌 사람을 가리킬 때 "카도쉬"(qādôš)라는 형용사를
사용하는 것은 드문 용법이다. 이는 민수기 16:3에 나오는 고라의 주장과
비교될 수 있다. 고라처럼 다윗은 일반적으로 아론 가문의 제사장들에게
만 허용되는 특권(이 경우에 성별된 떡을 먹는 것)에 불법적으로 접근하려고
시도하고 있다. 또한 고라와 마찬가지로 다윗은 여러 종류의 사물이 거룩
해지는 방식들 사이의 기술적 차이점들을 오해하고 있다(명제 10 참조). 그
러나 그의 군사들이 여자를 가까이 하지 않았고(삼상 21:4) 그가 **어떤** 의
미에서든 그들을 거룩한 자들로 생각한다는 사실은 군대의 성별이 거룩
한 전쟁의 가상의 행위들의 극단적인 경우뿐만 아니라 어떤 상황에서도
표준 절차임을 나타낸다(예를 들어 다윗이 수행 중이라고 주장하는 임무에 언약
궤의 동반이 포함되지 않는 점에 주목하라).

---

5   Kang, *Divine War*, 62.
6   E. Jan Wilson, *"Holiness" and "Purity" in Mesopotamia*, Alter Orient und Altes Testament
     237 (Neukirchen-Vluyn: Verlag Butzon & Bercker Kevelaer, 1994), 31을 참조하라. 또한
     J. van Dijk, "Un ritual de purification des armes et de l'armée, Essai de traduction de YBC
     4184," in *Symbolae biblicae et mesopotamicae Francisco Mario Theodoro Böhl dedicatae*, ed. M.
     Beek, A. Kampman, C. Nijland, and J. Ryckmans (Leiden: Brill, 1972), 107-17도 참조하
     라.

전투 수호신과 신의 전위대

신적 전사들(divine warriors)의 역할은 고대 세계에서 잘 입증되었다.[7] 신이 자신의 백성을 위해 질서를 유지한다는 것은 고대 근동 종교의 측면 중 하나였다. 질서를 유지하는 일에는 백성에게 대항하거나 그들에게 문제를 일으키는 방해자들을 다루는 것이 포함되었다. 이러한 사고방식에서 신들이 수행하는 전쟁은 평화의 반대가 아니라 잠식하고 있는 무질서에 대한 반응이다. 신들은 전투를 승인하고 전투에 가담할 뿐만 아니라 실제로 승리를 거둔 자들이었다. 이스라엘은 가나안인들, 아시리아인들 또는 이집트인들이 자신들의 신 중 일부에 대해 생각했던 것처럼 야웨를 신적 전사로 이해했다.

고대 근동의 모든 군대는 그들의 신들과 함께 전장으로 진군했다. 이 것은 전쟁이 그들의 종교의 본질을 나타낸다거나 종교의 적절한 행사가 전쟁을 요구한다는 것을 의미하지 않았다. 그것은 단순히 신들의 은총과 그러한 은총이 상징하는 국가 및 우주 질서와의 조화가 (이스라엘을 포함하여) 고대 사람들에게 매우 중요했기 때문에 그들은 자기들이 하는 모든 일에 신의 은총이 있기를 원했음을 의미한다.[8] 고대 세계는 우리가 인권

---

7   Steven W. Holloway, *Aššur Is King! Aššur Is King!* (Leiden: Brill, 2002); Kang, *Divine War*; Martin Klingbeil, *Yahweh Fighting from Heaven: God as Warrior and God of Heaven in the Hebrew Psalter and Ancient Near Eastern Iconography*, Orbis Biblicus et Orientalis 169 (Göttingen: Vandenhoeck & Ruprecht, 1999); Tremper Longman and Daniel Reid, *God Is a Warrior* (Grand Rapids: Zondervan, 1995); Patrick D. Miller, *The Divine Warrior in Early Israel* (Atlanta: SBL, 2006); Charlie Trimm, *YHWH Fights for Them! The Divine Warrior in the Exodus Narrative* (Piscataway, NJ: Gorgias, 2014).

8   "전쟁은 연관 관계상 종교적이었지만 그것은 양털 깎는 일보다 더 제의적이고 거룩한 행

에 부여하는 가치와 유사하게 신적으로 승인된 질서에 가치를 부여했다. 그들에게는 이 질서가 심지어(또는 아마도 특히) 전쟁에서도 보존되고 인정되는 것이 중요했다.

군대와 나란히 있는 신적 전사들—현대 학자들이 신의 전위대라고 부르는 것—의 현존은 일반적으로 군대와 함께 전장으로 운반된 신의 상징 또는 형상에 의해 표현되었다. 이집트 군대는 왕의 수호신의 형상뿐만 아니라 신의 초상(effigies)을 전투 깃발로 들고 다녔다.[9] 아시리아에서 "전투에서 신들의 현존은 군대가 들고 다니는 군기나 깃발에 의해 그리고 신들을 물리적으로 대표했던 제사장이나 점쟁이들의 참석에 의해 시각적으로 상징되었다."[10] 이스라엘에서 신적 전사의 현존은 언약궤뿐만 아니라(수 6:6; 삼상 4:3) 제사장(아마도 삼상 13:8; 23:6) 또는 예언자(아마도 왕하 3:12; 삿 4:8)의 동행에 의해 상징될 수 있었다.[11] 출애굽기 17:15에서

위는 아니었다." Craigie, *Problem of War in the Old Testament*, 49, Georg Fohrer, Geschichte der israelitischen Religion (Berlin: de Gruyter, 1969) 109에서 인용.

9 Kang, *Divine War*, 101.

10 Craigie, *Problem of War in the Old Testament*, 119.

11 많은 해석가(NIV와 함께)가 바락이 드보라의 동행을 원한 것이 나약함과 비겁함의 표시라고 가정한다. 이에 대해 바락은 삿 4:9에서 시스라를 죽이는 영광에서 거부당함으로써 벌을 받게 된다(주해. "만약 네가 혼자 갔다면, 네가 승리와 영광을 얻었을 것이다. 그러나 이제 그 영광이 다른 사람에게 돌아갈 것이다."). "but…not"으로 번역된 구문은 훈계가 아니다. 그것은 앞의 진술의 함의를 약화시키기 위해 사용된다. 신 15:3에서 하나님이 빚의 면제를 명령하시지만(빌려준 사람에게는 재정적으로 파멸적인 사건이다), 그런 다음 신 15:4에서는 그것이 문제가 되지 않을 정도로 주의 축복이 모든 사람을 부유하게 만들 것이라고 약속하심으로써 그것을 완화하신다. 더 명확하게 암 9:8에서 하나님은 "내가 그것[이스라엘]을 지면에서 멸하리라"고 위협하신다. 하지만 그런 다음 즉시 "그러나 …온전히 멸하지는 아니하리라"라고 덧붙이심으로써 그 말씀을 완화하신다. "그러나"로 번역되는 구문('epes + ki)은 부정어와 결합되지 **않을** 때 삼하 12:13-14("당신이 죽지 아니하려니와 [but]…당신이 낳은 아이가 반드시 죽으리이다 하고")에서처럼 앞의 진술을 **강화한다**. 삿 4장에서 "내[드보라]가 반드시 너와 함께 가리라"는 "[네가 너의 길을 갈 때] 야웨께서

제5부 "헤렘"이라는 히브리어 단어가 일반적으로 잘못 번역되기 때문에
하나님과 이스라엘 백성이 하고 있는 일이 종종 잘못 이해된다

야웨의 현존은 하나님의 지팡이를 들어 올리는 모세에 의해 상징되며 (출 17:8-11), 전투 직후 야웨는 군기라고 칭송받으신다(출 17:15; NIV "The LORD is my Banner").[12] 왕 자신도 살아 있는 형상[13] 또는 살아 있는 깃발(사 11:10-14와 비교)로서 신의 대리자 역할을 할 수 있다.[14]

신적 전사들은 적군에 대항하는 무기로서 우주의 요소들을 잘 다룬다고 생각되었다. 이는 시편 18:8-14, 출애굽기 14:19-26, 사사기 5:20-22, 여호수아 10:11, 사무엘상 7:10과 같은 성경 구절에도 반영되어 있다. 천둥, 지진, 공포와 같은 이미지들, 별, 물, 불, 구름에 의한 전투, 무기로 휘두르는 우박과 번개 그리고 구름이나 그룹을 타고 하늘을 나는 신적 전사들은 모두 고대 근동 전역에서 잘 입증된다.[15]

너와 함께 가실 것이다"를 의미한다(이것을 NIV는 "because of the course [of action] you are taking"[="네가 취하는 행동 방침 때문에"]라고 잘못 번역한다). 신적 도움의 완전한 함의(일반적으로 승리와 영광)가 유보 조건("그러나 네가⋯영광을 얻지 못하리니")에 의해 약화된다. 이것은 단순히 신적 은총의 조건이다. 만약 바락이 홀로 갔다면 그는 영광도 승리도 얻지 못했을 것이다.

12 "네스"(*nês*)라는 히브리어는 렘 4:21에서 "군기"(NIV)로 번역되었다(개역개정 "깃발"); 또한 사 5:26; 렘 51:12, 27도 참조하라.

13 Peter Machinist, "Kingship and Divinity in Imperial Assyria," in *Text, Artifact, and Image*, ed. Gary M. Beckman and Theodore J. Lewis, BJS 346 (Providence, RI: Brown University Press, 2006), 171-72.

14 이것은 이스라엘의 장로들이 삼상 8장에서 "모든 나라와 같이 우리에게 왕을 세워 우리를 다스리게 하소서"라며 왕을 구할 때 그들이 원하는 것의 일부다. 그들은 삼상 4장에서 언약궤가 하지 못했던 것과 같은 방식으로 야웨께서 싸우시도록 강요할 수 있는 무언가를 원한다. 이것이 바로 야웨께서 그 요구에 진노하시는 이유다(Jonathan H. Walton, "A King Like the Nations," *Biblica* 96 [2015]: 196-99).

15 Moshe Weinfeld, "Divine Intervention and War in the Ancient Near East," in *History, Historiography, and Interpretation: Studies in Biblical and Cuneiform literatures*, ed. H. Tadmor and M. Weinfeld (Leiden: Brill, 1984), 121-47. 또한 Kang, *Divine War*, 24-42을 참조하라.

"헤렘"

성전(holy war)에 대한 전체 가설은 "헤렘"[16] 및 다음과 같은 (순환) 논증을 중심으로 이루어진다. 그 논증에 따르면 (그러므로) "헤렘"은 특히 원시적이고 야만적인 형태의 희생제사를 대표하는데[17] 이 희생은 자연스럽고 필연적으로 유일신교에서 유래하며[18] (따라서) "헤렘"은 전쟁의 수행을 합리화하기 위해 (그렇지 않으면 불필요한) 전쟁의 신성화를 요구한다.[19] 그러나 우리는 "헤렘"이 전쟁과 관계없이 발생할 수 있다는 것[20] 또는 이스라엘에서든[21] 고대 근동의 다른 곳에서든[22] 신적 전쟁의 많은 경우가 "헤렘"으로 끝나지 않는다는 것을 관찰할 수 있다. 불일치가 존재하는데 그 이

---

16 Von Rad, *Holy War*, 49: "성전의 정점과 결말은 '헤렘'에 의해 형성된다."

17 "신이 가지고 있는 피에 굶주린 성격은…적에 대한 복수를 바라는 인간의 유혈 욕망을 투사한 것이다." Philip D. Stern, *The Biblical* Herem, BJS 211 (Providence, RI: Brown University Press, 1991), 40.

18 Ibid., 222: "Ḥrm은 유일신교 또는 그것의 역사적 발달을 이해하는 데 중요한 개념이다."

19 "'헤렘'과 같은 관습은 특정 신화화를 반영한다.…이는 많은 인구의 대학살을 정당화하는 데 도움이 되었다"(ibid., 224).

20 Stern은 ḥrm이 합리화된 유혈에의 욕망만 나타낼 뿐이며 이 유혈에의 욕망은 물론 군사 물품에만 국한되지 않는다는 가정하에 이것을 합리화한다. "사회가 외부의 적에게 분출하는 격분은 사회가 그 자체의 구성원들에게 퍼붓는 분노에 비해 약한 것일 가능성이 높다"(ibid).

21 "다른 사건들은 전쟁 전리품이 주께 넘겨졌다는 원칙으로 보이는 것과 완벽하게 조화를 이루기 어렵다"(Longman and Reid, *God Is a Warrior*, 46).

22 "우리가 접한 모든 고대 근동 문화에는 '선한' 편을 위해 신이 전쟁에 개입한다는 개념이 존재한다. 이 그림들에서는 파괴를 통해 신에게 성별한다는 개념은…이 그림들 안에 흔적을 남기지 않는다"(Stern, *Biblical* Herem, 81). 마찬가지로 "적을 전멸시키는 것에 대한 신화적 정당화는 적을 비인간적 차원에 놓음으로써 작동한다.…[그리고] 살해에 대한 신화적 정당화는 전통적이었다. 그렇다면 다음과 같은 질문을 할 수 있다.…왜 이집트에서는 [ḥrm]이 이스라엘에서처럼 '전통적'이지 않았을까? 이 질문에 대한 절대적인 답은 없다"(ibid., 83).

제5부 "헤렘"이라는 허브리어 단어가 일반적으로 잘못 번역되기 때문에 하나님과 이스라엘 백성이 하고 있는 일이 종종 잘못 이해된다

유는 "거룩한 전쟁" 가설 전체에 결함이 있기 때문이다. 고대 세계에서 신들은 모든 일에 관여했기 때문에 신들은 군대 옆에서 싸웠다. 전쟁이 거룩하다거나 세속적이라는 개념은 고대의 맥락에서 의미가 없었을 것이다. 마찬가지로 "헤렘"은 희생제사가 아니다. 적어도 "신이 전투를 통해 정당하게 얻은 것을 신에게 드린다"는 의미에서의 희생제사가 아니다.[23] 마지막으로 "헤렘"은 종교적 이데올로기로서의 유일신론과 아무런 관계가 없다. 왜냐하면 유사한 관행이 다신교 고대 근동 문화에서도 수행되었기 때문이다.

명제 15에서 기술된 히타이트 비문 외에 "헤렘"에 대한 가장 중요한 고대 근동 문서는 메사 비문(Mesha Inscription)이다. 이 비문은 히브리어로 기록된 기념 비문으로 9세기 중엽에 모압 왕이었던 메사의 군사 및 건축 관련 업적을 기술한다. 본문에는 모압 민족의 수호신인 그모스가 모압에게 노하여 이스라엘 왕 오므리가 모압 땅을 차지하도록 허락했다는 기록이 있다. 비문은 메사가 어떻게 그모스의 도움을 받아 정복된 영토의 일부를 회복할 수 있었는지를 설명한다.[24] 한 이야기에서 성읍의 모든 사람이 죽임을 당하고(*hrg*), 성읍은 "그모스와 모압의 것이 되었다[*hyh* + *l*]."

---

23 반대로 예를 들면 "동맹에는 대가가 있었다. 일반적으로 승리자에게 생기는 전리품은 침범할 수 없게 신에게 귀속되었다"(ibid., 221). 마찬가지로 "하나님이 승리하셨으므로 전쟁의 전리품은 그에게 속했다"(Longman and Reid, *God Is a Warrior*, 45).

24 "네 개의 [내러티브 섹션]은 모두 이스라엘로부터의 땅의 회복을 다룬다.…메사가 정복한 것은 원래 모압의 것이었다." Simon B. Parker, Stories in *Scripture and Inscriptions* (New York: Oxford University Press, 1997), 55-58; 또한 J. Maxwell Miller, "Moab," in *Anchor Bible Dictionary*, ed. David Noel Freedman (New York: Doubleday, 1992), 4:886; Stern, Biblical Herem, 36. Contra Nadav Na'aman, *Ancient Israel's History and Historiography: The First Temple Period* (Winona Lake, IN: Eisenbrauns, 2006), 3:189도 참조하라.

또 다른 이야기에서 메사는 훨씬 더 상세한 목록의 사람들을 죽이고(*hrg*), 성읍은 "아쉬타르-그모스(Ashtar-Chemosh)를 위해 *hrm*"된다. 일부 해석가들은 이러한 행동들은 본질적으로 동일한 것이며 전쟁에서 도움을 준 것에 대한 보상으로서든 원래의 노여움을 풀기 위해 바치는 제물로서든 승리한 신에게 바친 일종의 희생제사를 나타낸다고 생각한다. 그러나 첫 번째 경우는 아마도 "헤렘"이 아닐 것이다. 메사가 성읍을 차지했고, 성읍은 이제 모압에 속하며, 따라서 모압의 수호신 그모스에게도 속한다.[25]

살해(*hrg*)는 "헤렘"과 관련되지 않는 상황에서 발생할 수 있다. 창세기 34:25에서 시므온과 레위는 디나의 강간에 대한 보복으로 세겜의 모든 남자를 *hrg*한다. 그러나 그들은 모든 약탈물을 간수하고(창 34:29), 성읍의 사용을 금하지 않는다. 창세기 48:22에서 야곱은 그것을 요셉에게 유증한다. 이와 유사하게 민수기 31:17에서 이스라엘 사람들은 미디안 남자들과 결혼한 여자들을 *hrg*하지만, 마찬가지로 약탈물은 간수한다

---

25 K. A. D. Smelik이 *hyh l*를 "~에게 희생제물을 바치다"로 번역하지만("The Inscription of King Mesha," in COS 2,23, p. 137), Shmuel Ahituv는 그것을 "~의 소유물"로 옮긴다 (*Echoes from the Past: Hebrew and Cognate Inscriptions from the Biblical Period* [Jerusalem: Carta, 2008], 394, line 12). 후자가 더 옹호될 수 있다. 첫째, 성읍이 그모스와 모압 모두에게 희생제물로 바쳐진다고 말하는 것은 이상할 것이다(Ahituv, *Echoes from the Past*, 405을 참조하라). 나라는 일반적으로 희생제물을 받지 않는다. 둘째, [성읍] + [*hyh l*] + [정치적 독립체]로 이루어진 구문은 성경에서 입증되고 점유와 소유를 가리킨다. 수 14:14에서 갈렙이 헤브론에서 아낙 사람을 "쫓아내고" 나서 헤브론은 갈렙과 그의 자손들에게 속했다 (*hyh l*). 수 17:6에서 길르앗 땅은 므낫세 자손들에게 속했고(*hyh l*), 삼상 27:6에서 시글락 성읍은 유다의 왕들에게 속했다(*hyh l*). 그러나 가장 의미 있는 것은 겔 44:29에서 "헤렘"인 것이 제사장들(동사구가 "희생제물을 바치다"[sacrifice]를 의미하는 경우에 예상되는 야웨가 아니라)에게 속한다(*hyh l*)는 것이다. 그러므로 *hyh l*는 분명히 "헤렘"과 상호 교환할 수 없고 또한 분명히 "희생제물을 바치다"도 아니다.

제5부 "헤렘"이라는 히브리어 단어가 일반적으로 잘못 번역되기 때문에 하나님과 이스라엘 백성이 하고 있는 일이 종종 잘못 이해된다

(민 31:18-23). "헤렘"이 제정된 경우에도 *hrg*는 별도의 과정이다. 여호수아 8:24에서 이스라엘 사람들은 아이(Ai)의 남자들(밖으로 나와 매복했던 군인들을 가리킴)을 *hrg*하지만, 그 뒤에 성읍으로 돌아와 "헤렘"을 제정하는데(수 8:26) 이 "헤렘"에는 포로들이 노예로 사용될 수 없도록 그들을 죽이는 것이 수반된다(수 8:24; 명제 15 참조). 아이에서의 여호수아처럼 추측건대 같은 이유로(그들이 노예로 사용되는 것을 방지하기 위해) 메사가 포로들 ("남자와 소년과 여자와 소녀와 처녀")을 죽이는데,[26] 이는 그들의 죽음을 인신공양으로 여겨서는 안 됨을 의미한다.[27]

메사의 "헤렘"과 히브리 성경에 나오는 "헤렘"의 경우 사이에 직접적인 평행은 없다. 그럼에도 그 단어와 관행은 동일하다. 그러므로 우리는 "헤렘"이 더 큰 사회정치적 또는 종교적 과정의 기계적인 요소가 아니라 선택적으로 적용될 수 있는 목적 있는 행동이라고 가정해야 한다.[28]

---

26 Ahituv, *Echoes from the Past*, 394, lines 16-17.

27 이에 대한 대조는 ibid., 409.

28 그 대신에 Bruce Routledge는 특히 (신 20:16-18과 관련하여) 조약 체결의 대안으로서 "헤렘"의 목적, 일반, 특히 메사에 의한 느보의 "헤렘"의 목적은 "교환을 방지하고 그로 인해 상호 인정된 관계의 형성을 방지하는 것"(Bruce Routledge, "The Politics of Mesha: Segmented Identities and State Formation in Iron Age Moab," *Journal of the Economic and Social History of the Orient* 43, no. 3 [2000]: 221-56, 237-38에서 인용)이라고 주장하려고 한다. 이 정의는 여러 가지 이유로 유효하지 않다. 첫째, 도시의 "헤렘"과 공동체의 "헤렘" 사이에는 차이가 있다(명제 15에서 논의됨). Routledge는 왕상 20:42을 인용하는데, 여기서 아합은 벤하닷을 *hrm*하지 않았다는 이유로 비난받는다. 그러나 우리는 왕이 자신이 이끄는 공동체의 정체성을 구현하지만(삼상 15장의 아각과 비교하라. 명제 18 참조), 아합은 사울이 아말렉을 "헤렘"하라는 명령을 받은 것처럼(삼상 15:3) 아람 사람들을 "헤렘"하라는 명령을 받은 적이 없다는 점에 주목해야 한다. 그러한 명령은 신 20:17에서 추론될 수 없다. 왜냐하면 다메섹과 그것의 도시들은 그 땅의 경계 밖에 있으므로 일반적으로 합법적인 조약 상대이기 때문이다(신 20:10). 그러면 하나님은 아합에게 당신이 "[벤하닷]이 '헤렘'되어야 한다고 결정하셨다"고 언제 알려주시는가? 아마도 그것은 왕상 20:28에 나올 것이다. 여기서 야웨는 "이 큰 군대를 다 네 손에 넘기리니"라고 약속하신다(아마

그 목적이 무엇인지 이해하기 위해 우리는 다시 한번 고대 근동의 인지 환경으로 돌아갈 것이다. 평행하는 히타이트의 "헤렘" 문서와 달리 메사 비문의 수사법은 메사의 적을 반역하는 봉신으로 묘사하지 않으며, 마찬가지로 고대 근동의 비문에서 신에 의한 군사 행동의 선동은 드물다 (물론 그것이 정복의 경우에도 일어나지만 말이다). 그러나 행동을 취하라는 신적 명령이 내려질 때 평행하는 요소들은 이해에 도움을 준다. 신의 진노와 뒤이어 일어나는 회복된 은총(후자는 군사 행동을 취하라는 명령에 의해 입증됨)은 하란에 있는 에훌훌 신전의 회복을 기념하는 바빌로니아 비문인 나보니두스의 현무암 석비(Basalt Stele of Nabonidus)와 주제상으로 유사한 점들을 가지고 있다. 이 비문은 바빌로니아의 수호신 마르두크의 진노를 나보니두스의 선임자인 나보폴라사르(Nabopolassar) 시대에 메대가 신전을 파괴한 것에 의해 명백히 나타나는 것으로 기술하고,[29] 나보니두스에

도 암시되기만 하고, 기록되지는 않았을 것이다). 금지령은 오직 벤하닷 자신과 나아가 그의 왕조에만 적용되는 것 같다(신 7:24의 "그들[왕들]의 이름을 천하에서 제하여 버리라"와 비교하라). 왕상 20:42에서 아합에 대한 동해복수법의 저주("네 백성은 그의 백성을 대신하리라")는 이스라엘 사람들이 아니라 그의 집을 "아합의 백성"이라고 칭하는 것 같다. 그의 집의 멸망은 다음 장에서 명시적으로 약속된다(왕상 21:21, 29). 아벡이나 왕상 20:42에서 아합에게 반환된 성읍들 또는 아람 나라에 금지령이 내려졌다는 표시는 없다. 왕상 20:42의 아합처럼 메사의 "헤렘"은 공동체에 대해 행해지지 않는다. 아합은 아람에게 "헤렘"을 행하지 않고, 메사는 이스라엘에게 "헤렘"을 행하지 않는다. 그러나 아합과 달리 메사의 헤렘은 성읍에 대한 것이지 왕가를 통한 공동체에 대한 것이 아니다. 이 점에서 메사는 아이에서의 여호수아와 더 비슷하다. 그러나 여호수아는 탈취한 영토를 반환해주지 않고(명제 15 참조) 패배당한 모든 도시에 "헤렘"을 시행하는 반면에 메사는 느보만 금지한다. 아합은 확실히 영토를 반환하지만, 결코 어떤 도시도 금하지 않는다.

29 Sellim Ferruh Adali, *The Scourge of God: The Umman-Manda and Its Significance in the First Millennium BC*, SAAS 20 (Helsinki: The Neo-Assyrian Text Corpus Project, 2011), 144-45.

제5부 "헤렘"이라는 히브리어 단어가 일반적으로 잘못 번역되기 때문에
하나님과 이스라엘 백성이 하고 있는 일이 종종 잘못 이해된다

게 메대를 무찌르고 신전을 재건하라는 마르두크의 명령을 기록한다.[30] 나보니두스의 비문에는 "헤렘"이 관련되어 있지 않지만, 그럼에도 표 3에서 보이는 바와 같이 유사점들이 있다.

표 3. 메사 비문과 나보니두스의 석비 비교

요소	메사	나보니두스
이전 세대에 발생한 수호신의 진노	그모스, 이유는 명시되지 않음 (2-5행)	마르두크, 산헤립이 바빌론을 멸망시킨 것에 대해 아시리아를 향한 진노(1열)
진노는 수호신에게 귀중한 것의 상실로 이어진다	오므리가 영토를 차지함(7-8행)	키악사레스(Cyaxares)가 신전을 파괴함(2열)
압제자의 후계자 아래에서 상황이 계속된다	명시되지 않음(6행)	아스티아게스(Astyages)가 하란을 점령할 때, 신전들은 계속 폐허 상태에 놓여 있음(10열, 12-14행)
수호신은 현 통치자에게 현재 상태를 해소하고 귀중한 항목을 회복시키라고 명령한다	"이스라엘로부터 느보를 취하라"(14행)	아스티아게스를 무찌르고 신전들을 재건하라는 명령을 받음(10열, 4-31행)
통치자의 공격이 성공한다	도시는 패하고 "헤렘"당함(15-18행)	아스티아게스가 패망하고, 신전이 복원됨(기록되지 않았지만 기념 비문의 존재로 암시됨)

이 비교는 적절하다. 왜냐하면 나보니두스가 자신의 적을 움만 만다로 묘사하고, 여호수아가 가나안 도시들을 "헤렘"하는 맥락에서 이스라엘이 사용한 것과 동일한 유형학적 수사법을 언급하기 때문이다(명제 12를 참조하라). 그러나 더 자세히 살펴보면 메사의 수사법과 모세 오경의 수사법

---

30   Ibid., 144.

사이에는 주제상 중복되는 부분이 없다. 메사는 어떤 식으로든 이스라엘을 무적의 야만인들로 묘사하지 않는다. 그러므로 메사 비문의 수사법은 이스라엘의 "헤렘" 본문들의 수사법과도 일치하지 않는 것으로 보인다 (이 본문들도 무적의 야만인들의 이미지를 사용하기 때문이다). 그러나 나보니두스 석비와의 비교를 통해 "헤렘"은 본질적으로 신적 명령을 전쟁의 동기로 주장하는 것에서 기인하는 과정의 일부가 아니라는 점이 분명해진다. 나보니두스가 그러한 신적 명령은 받지만 어떤 식으로든 메대를 "헤렘" 하지 않기 때문이다(같은 이유에서 "헤렘"은 본질적으로 적을 무적의 야만인들로 분류하는 것의 산물도 아니다).

그러나 메사 비문에 반란이 없음에도 불구하고 맥락은 히브리 성경의 어떤 것보다 히타이트 비문과 더 밀접하게 일치한다. 히타이트 문헌에 나오는 무르실리처럼 메사는 한 성읍만 "헤렘"에 두지만, 여호수아는 그 땅에 있는 모든 도시를 금한다. 일반적인 고대 근동의 이해에서 보면 "헤렘"된 영토는 인간의 사용이 금지되어 있기 때문에 영토의 "헤렘"은 그 영토의 획득에 역효과를 낳는다. 지방 전체를 "헤렘"에 두면 사람이 사용할 영역이 생성되지 않는다. 그것은 빈 비무장 지대를 만든다. 지금까지 이스라엘 밖에서 입증되지는 않았지만, 신이 자신이 선택한 인간들이 금지된 공간을 차지하도록 허락할 것이라는 이해 때문에 여호수아는 그의 나라 전체를 "헤렘"할 수 있다. 그러므로 이스라엘 밖에서 "헤렘"은 수호신에 대한 경건한 감사의 표시로서(명제 15와 명제 18의 추기에서의 논의 참조), 그리고 아마도 또한 주변의 적들에게 두려움을 주는 수단으로(왕하 19:11에서 히스기야에게 한 산헤립의 위협과 비교) 견본 도시들에 대해서만 시행된다. 그러나 또한 "헤렘"이 없다고 해서 그것이 우리가 적들에 대한 보다 더 인간적인 대우로 여기는 것과 반드시 일치하는 것이 아니라는 점도 주목할 가치가 있다. 메사의 적들은 그들이 이전에 차지했던 도시가 "헤렘"되지 않았는데도 모두 죽임을 당했다(*hrg*).

그럼에도 이스라엘 전쟁의 **형태**는 고대 근동에서 벌어진 모든 전쟁의 형태와 동일하지만, 여호수아가 벌인 전쟁의 동기와 목적은 대다수 고대 근동의 전쟁의 동기와 목적과 같지 않다. 우리는 정복 기사와 전형적인 고대 근동 전쟁 이데올로기 사이의 차이점 중 몇 가지를 살펴봄으로써 이것을 증명할 수 있다.

이스라엘이 벌인 전쟁의 목적은 더 넓은 고대 근동의 전쟁 이데올로기로부터 추정될 수 없다

이스라엘의 신적 전쟁은 고대 근동 전역에서 이해되었던 전쟁 이데올로기 및 관행과 본질적으로 동일했다. 그럼에도 이스라엘의 전쟁 이데올로기는 적어도 정복 전쟁의 경우 여러 영역에서 관습에서 벗어났다. 이는 전쟁 방식은 본질적으로 같았지만 이 특별한 전쟁의 목적이 달랐음을 나타낸다. 정복 전쟁에는 고대 근동의 전쟁 이데올로기의 주목할 만한 공통 요소들이 전쟁을 소송으로 보고 전쟁을 왕의 욕망의 성취로 보는 개념이 없었다.

신들은 정치적 조약의 증인 및 보증자 역할을 했기 때문에 조약이 파기되었을 때 피해를 입은 당사자는 신들에게 사건을 심판하고 범죄자의 처벌을 돕도록 요청했다.[31] 명제 8과 명제 19에서 논의된 바와 같이 신명기(특히 신 4:32)는 정치적 조약의 장르에 속한다. 하늘과 땅이 증인으로 소환된다(신 4:26; 32:1). 이사야 1장에서 하늘과 땅은 이스라엘의 언약적 불충실을 지켜보도록 요청받는다. 비록 야웨께서 이스라엘에 대한 군사적 공격에서 하늘과 땅의 도움을 구하지 않으실지라도 심판 신탁은 군대에 의해서 수행된다. 이것은 전쟁을 소송으로 보는 개념이 이스라엘에 알려졌음을 나타낸다. 마찬가지로 때때로 화해할 수 없는 분쟁들은 사건이 승자에게 유리하게 판결될 것이라는 이해와 함께 일종의 신성 재판으로서 전쟁에 의해 해결되었다.[32] 이것이 입다가 사사기 11:24, 27에서 염두에 두고 있는 것일 수 있다. "네 신 그모스가 네게 주어 차지하게 한 것을 네가 차지하지 아니하겠느냐? 우리 하나님 여호와께서 우리 앞에서 어떤 사람이든지 쫓아내시면 그것을 우리가 차지하리라.…내가 네게 죄를 짓지 아니하였거늘 네가 나를 쳐서 내게 악을 행하고자 하는도다. 원하건대 심판하시는 여호와께서 오늘 이스라엘 자손과 암몬 자손 사이에 판결하시옵소서"(삿 11:24, 27).[33]

심지어 무적의 야만인들조차 소송의 대상이 될 수 있다. 아시리아 왕 아슈르바니팔(Assurbanipal)은 "움만 만다의 왕, 티아마트의 자손, [gallû-악마]의 형상"[34]으로 묘사된 키메르족의 왕이 아시리아에 대한 충성 맹

---

31   Kang, *Divine War*, 14.

32   Ibid., 51.

33   Ibid., 195.

34   Daniel David Luckenbill, *Ancient Records of Assyria and Babylonia* (Chicago: University of Chicago Press, 1927), 385. *Copy of a Dedicatory Text from Isagila* 8.1001. 또한 Adali, *Scourge of God*, 128을 보라.

제5부 "헤렘"이라는 히브리어 단어가 일반적으로 잘못 번역되기 때문에 하나님과 이스라엘 백성이 하고 있는 일이 종종 잘못 이해된다

세를 어겼고, 그 결과 그의 군대가 하늘에서 내린 불에 의해 파멸되었으며, 그 자신은 끔찍한 질병으로 죽었다고 기록한다.[35] 비슷한 이미지가 에스겔 38-39장에서 발견되는데, 여기서 무적의 야만인들에 대한 수사적 표현의 이미지로 묘사된 곡의 무리(명제 12의 추기 참조)는 그들의 "악한 꾀"(겔 38:10)에 대해 "심판"(겔 39:21, *mišp*, NIV "punishment")을 받는다. 우리는 특히 에스겔 38: 21, 23("각 사람이 칼로 그 형제를 칠 것이며…내가 여호와인 줄을 그들이 알리라")과 키메르족에 대한 저주("무기로 서로를 죽이면서 그들은 나의 주, 위대한 주, 아슈르의 영광을 찬미했다"[36]) 사이의 유사성에 주목할 수 있다. 마찬가지로 에스겔 38:22("내가 또 전염병과 피로 그를 심판하며 쏟아지는 폭우와 큰 우박덩이와 불과 유황으로 그와 그 모든 무리와 그와 함께 있는 많은 백성에게 비를 내리듯 하리라")과 키메르 군대의 운명("그는 병에 걸렸다.…하늘에서 불이 떨어져 그와 그의 군대, 그의 진영을 불태웠다"[37]) 사이에 유사성이 있다. 에스겔이 아슈르바니팔을 인용하고 있는 것은 아니다. 그는 무적의 야만인들에 대한 신의 행동에 호소하는 것을 묘사하기 위해 표준 수사학을 사용하고 있다.[38] 같은 이미지가 여호수아 10:11에서 여호수아의 동맹국을 공격하는 야만인들(북부 가나안 왕들의 연합)에 대한 반응으로 등장한다. "여호와께서 하늘에서 큰 우박 덩이를 아세가에 이르기까지 내리시매 그들이 죽었으니 이스라엘 자손의 칼에 죽은 자보다 우박에 죽은 자가 더 많았더라"(수 10:11).

---

35   Adali, *Scourge of God*, 130-32.

36   Ibid., 132.

37   Ibid., 130.

38   이 경우에, 심지어 같은 적에 대해서; 겔 38:6에서 "고멜"은 키메르족을 가리킨다. Daniel Bodi, "Ezekiel," in *ZIBBCOT*, 4:484.

우리의 목적상 가장 주목할 만한 것은 무적의 야만인들에 대한 소송 언어가 매우 드물다는 것이다. 쿠타의 전설에서 나람 수엔은 그가 움만 만다와 교전해야 하는지(또는 나중에 포로들을 처형해야 하는지)에 관하여 신탁을 구한다.[39] 하지만 그는 신들에게 그의 땅을 파괴한 것에 대해 야만인들에게 복수해 달라거나 그들을 심판해 달라고 부르짖지 않는다.[40] 마찬가지로 나보니두스는 야만인들이 에훌훌 신전을 파괴하고 더럽힌 것을 인정하지만 신들에게 그들 위에 심판을 내려달라고 요청하지 않는다. 어떤 상황에서도 단순히 야만인이라는 **이유만으로** 야만인들에게 법과 심판이 적용되는 것은 아니다. 키메르 왕은 오만하고 신들을 존경하지 않았지만 신들은 그가 오만하고 신들을 존경하지 않는다는 이유로 그에 대해 심판을 내리지는 않는다. 그들은 그가 조약을 위반하기 때문에 그를 멸망시킨다.[41] 이와 유사하게 여호수아 10장에서 백성이 야만인들에게 원수를 갚는데(수 10:13) 이는 단순히 그들이 야만인들이기 때문이어서가 아니라 그들이 이스라엘의 동맹국을 공격했기 때문이다(수 10:6). 역으로 이것은 야만인들이 단순히 그들이 야만인이기 때문에 공격받는 경우(레 18:24; 신 9:4) 그 공격에 동기를 부여하는 법이나 심판이 없음을 암시한다.[42] 일반적으로 전쟁의 소송 모델은 (반역적인 봉신에 의해 파기된 조약의

---

39 Cuthaean Legend of Naram-Suen, Standard Babylonian version, lines 72-78, in Joan Goodnick Westenholz, *Legends of the Kings of Akkade* (Winona Lake, IN: Eisenbrauns, 1997), 317.

40 Cuthaean Legend of Naram-Suen, Standard Babylonian version, lines 125-30, in Westenholz, *Legends*, 323.

41 Adali, *Scourge of God*, 129.

42 만일 야만인들이 심판으로 공격을 받는다면 그들이 단순히 야만인이라는 것 외에 무언가를 행했기 때문이다. 그러므로 만약 그들이 단순히 야만인이라는 것 외에 무언가를 행하지

이미지를 떠오르게 하는) 이스라엘 예언자들에게서 발견되고 (보통 야웨께서 다윗 왕조의 보존에 대한 자신의 언약을 성취하시는 것과 관련하여) 어느 정도는 다윗 시대에 발견되지만[43] 그 외에 히브리 성경에는 없다. 시내산 언약과 다윗 언약의 시행을 제외하고 이스라엘에서의 전쟁은 일반적으로 범법자에 대한 신의 심판을 강조하는 것보다는 (이집트에서도 보이는 바와 같이) 신의 뜻과 계획을 수행한다는 개념을 강조한다.[44]

정복에서 입증된 이스라엘의 전쟁 이데올로기가 일반적인 메소포타미아의 개념과 달랐던 또 다른 영역은 왕이 자신의 욕망을 성취하도록 돕기 위해 신들이 전쟁에 나간다는 생각이었다. 경건한 고대 근동의 왕들은 만약 그들이 사회 질서 유지를 포함하여 신들의 필요에 주의를 기울인다면 에살핫돈(Esarhaddon)의 서신에 나오는 다음의 예에서와 같이,[45] 그들이 전쟁과 정복을 포함할 수 있는 그들의 개인적 야망을 성취함에 있어 신들의 지원에 의지할 수 있으리라는 것을 이해했다.

신들의 왕인 마르두크는 내 주 왕과 화해하셨다. 그는 내 주 왕이 말씀하는 것은 무엇이나 행하신다. 당신의 보좌에 앉아, 당신은 당신의 원수를 무찌르고, 적을 정복하며, 적을 약탈하실 것이다. 벨이 "아시리아의 왕 에살핫돈이 그의 보좌에 앉기를 바란다.…나는 그의 손에 나라들을 넘겨줄 것이다!"라고 말씀하셨다. 왕은 그가 최선이라고 생각하는 대로 기꺼이 할 수

않았다면 **부정 논법**(*modus tollens*)에 의해 그들은 심판으로 공격받지 않는다.

43   Kang, *Divine War*, 195.

44   Ibid., 196.

45   전쟁을 위한 정치적 동기로서 *biblu*("욕망")는 *CAD* B 220-21을 참조하라.

있을 것이다.[46]

유사한 언어가 투쿨티 니누르타(Tukulti-Ninurta)와 아슈르나시르팔
(Ashurnasirpal)에 관한 글에서 발견된다.

우주의 왕, 아시리아 왕…그가 바랐던 것을 얻을 수 있도록 신들이 도운 왕
투쿨티 니누르타.[47]

그때에 아슈르나시르팔…그의 위대한 손이 그에게 복종하지 않는 모든 군
주를 정복할 수 있도록 엔릴 신이 그를 도와 그가 바라는 것들을 얻게 하
셨다.[48]

이 언어는 또한 정복된 성읍의 "헤렘"으로 끝나는 히타이트 문서에서도
발견된다. "내 주 테슈브가 내 영혼의 소원을 행하시고 내 영혼의 소원을
이루어주셨다. 그가 그것[반역적인 성읍]을 나에게 넘겨주셔서 내가 그
것을 황폐하게 하고 그것을 거룩하게 만들었다."[49]

---

46 "Bel-ušezib to Esarhaddon," in M. Nissinen, *Prophets and Prophecy in the Ancient Near
    East*, SBL Writings from the Ancient World (Atlanta: SBL, 2003), 157에서 발췌.

47 Tukulti-Ninurta 1 A.0.78.5 1-10, in A. K. Grayson, *Assyrian Rulers of the Third and Second
    Millennium*, Royal Inscriptions of Mesopotamia, Assyrian Periods 1 (Toronto, 1987), 244.

48 Ashurnasirpal II A.0.101.1 38-40, in Grayson, *Assyrian Rulers*, 196.

49 Giuseppe F. Del Monte, "The Hittite Ḥerem," in *Memorie Igor M. Diakonoff*, Babel und
    Bibel 2 (Winona Lake, IN: Eisenbrauns, 2005), 21-45, 41에서 인용; 또한 Ada Taggar-
    Cohen, "Between Herem, Ownership, and Ritual: Biblical and Hittite Perspectives," in
    Current Issues in Priestly and Related Literature: The Legacy of Jacob Milgrom and Beyond, ed.
    Roy E. Gane and Ada Taggar-Cohen (Atlanta: SBL, 2015), 419-34(424-25에서 인용)을
    참조하라.

제5부 "헤렘"이라는 히브리어 단어가 일반적으로 잘못 번역되기 때문에
하나님과 이스라엘 백성이 하고 있는 일이 종종 잘못 이해된다

성경에서 왕이 자신의 마음이 원하는 것은 무엇이든 다스린다는 관점에서 이와 동일한 언어가 사무엘하 3:21에서 발견된다. 여기서 아브넬은 다윗에게 정복을 약속한다. 더 중요한 것은 그것이 열왕기상 11:37에서 발견된다는 점이다. 거기서 하나님은 예언자 아히야를 통해 여로보암에게 정복을 약속하신다. 이 외에는 신이 전쟁에서 왕의 소원을 이루어준다는 개념이 구약성경에서 입증되지 않는다. 이스라엘 사람들이 왕의 소원에 따라 신의 도움을 받는 정복의 개념을 잘 알고 있었던 것 같지만 그 개념은 이스라엘의 전쟁 이념에서 두드러진 특징을 이루지 않으며 가나안 정복 전쟁에서는 완전히 결여되어 있다.[50]

---

50 수 10장에서 야웨께서 여호수아의 말을 들으시지만 여호수아가 바라는 것은 새로운 영토의 소유가 아니라 봉신들을 상대로 한 침략 행위에 대한 복수다.

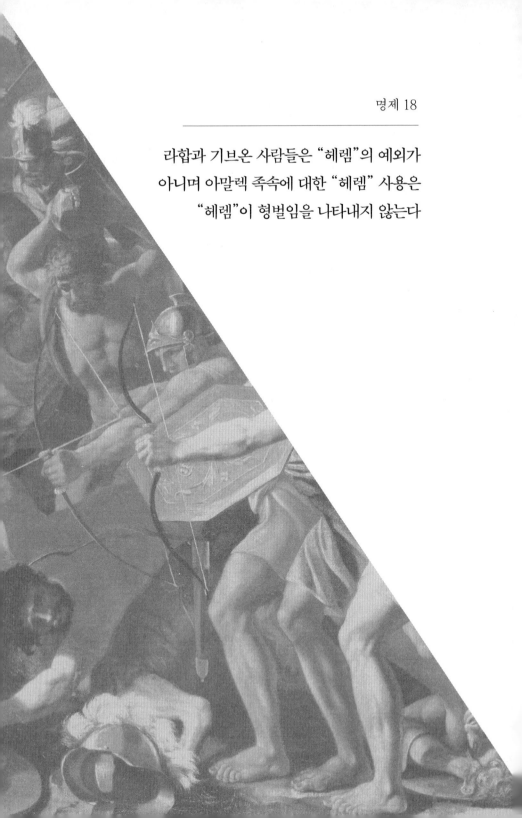

라합과 기브온 사람들은 "헤렘"의 예외가
아니며 아말렉 족속에 대한 "헤렘" 사용은
"헤렘"이 형벌임을 나타내지 않는다

명제 16에서 논의된 바와 같이 유전학이 때때로 정체성의 근거로 사용되는 한 약간 겹치는 부분이 있지만 공동체의 "헤렘"은 유전학이 아니라 정체성에 의해 제기된 문제들에 기반을 둔다. 개인이 노예로 사용되지 않는다는 의미에서 **개인**으로서의 기브온 사람들은 "헤렘"이다. 그들은 나무를 패는 자와 물을 긷는 자로서 성소를 섬긴다(수 9:21). 그러나 기브온 백성으로서 그들의 공동체 **정체성**은 그대로 남아 있다. "기브온 사람은 **이스라엘 족속이 아니요** 그들은 **아모리 사람 중에서 남은 자라**"(삼하 21:2). 사무엘하 21장에서 우리는 추측건대 정복을 완성하려는 동기에서 사울 왕이 이스라엘과 유다 족속을 위한 열심으로 기브온 사람들을 전멸시키려 했다는 것을 배운다(삼하 21:2). 그는 그들이 여호수아와 맺은 조약을 존중해서 기브온 백성으로서의 그들의 정체성을 파괴하고 그들을 이스라엘의 일부로 만들어야 했다. 대신에 그는 개인들을 죽이지만 이것은 개인들이 이미 사용으로부터 제거되었기 때문에 아무 소용이 없고 또한 조약을 위반하는 것이 되어 결국 야웨의 진노만 초래한다(삼하 21:1).

가나안 사람들을 쫓아내는 군사 행동의 목적은 그들이 "너희의 눈에 가시와 너희의 옆구리에 찌르는 것"(민 33:55)이 되지 않게 하는 것이다. 출애굽기 34:12-15과 신명기 7:2-4에 나오는 유사한 금지 명령들은 이스라엘이 (기브온 사람들과 맺은 것처럼) 조약을 맺어서는 안 되는 이유가 궁극적으로 이스라엘을 위한 것이며 순종하려는(또는 순종하지 않으려는) 결정이 "생명과 복" 또는 "사망과 화"(신 30:15) 사이에서 그들이 하는 선택의 일부를 구성한다는 점을 나타낸다. 윌리엄 포드(William Ford)는 만약 야웨의 목적이 기브온 사람들의 죽음이었다면 조약을 맺든 그렇지 않든 간에 야웨께서는 쉽게 그들 위에 우박이 내리게 하실 수 있었을 것이라고 말한다. 그 대신에 야웨께서는 그들의 적에게 우박을 내리신다(수 10:1-11).[1] 비록 여호수아 9장이 "헤렘"이란 단어를 사용하지 않지만 기브온 사람들을 성소에 배정한 것은 그들이 참으로 "헤렘"임을 나타낸다. 이스라엘에서 누구도 그들을 (노예로) 사용하지 않는다. 그러나 그들은 또한 이스라엘의 일부가 아니기 때문에 그들은 이스라엘에게 문제를 끼친다(즉시 수 10:6-7에서, 하지만 삼하 21장까지 줄곧 계속됨).

라합은 기브온 사람들과 대조를 이룬다. 기브온 사람들의 인격 (person)은 "헤렘"이지만 그들의 정체성은 그렇지 않다. 라합은 이스라엘 중에 거주한다(수 6:25). 그녀가 결혼해서 이스라엘 가문의 일원이 된다는 것은(마 1:5) 그녀의 인격이 사용 금지당하지 않음을 나타낸다. 라합이 자신의 가나안 사람의 정체성을 버리고 이스라엘 사람이 되었기 때문에 그녀가 대표했던 정체성은 사라진다. 그러므로 그녀를 개인적으로 "헤렘" 하는 것은 아무 소용이 없다. 사사기 1:25에서 라합에 부정적으로 대비되는 남성은 이스라엘에 동화되지 않고 헷 사람의 땅에 가서 도시를 건설한다는 점을 주목할 가치가 있다. 물론 이것은 벧엘의 원래 거주자들에 대한 "헤렘"의 성취를 무효화한다. 그들의 정체성이 존속하기 때문이다.[2]

---

1 William Ford, "What About the Gibeonites?" *Tyndale Bulletin* 66, no. 2 (2015): 197-216.
2 Barry Webb은 새 도시의 이름(루스)이 벧엘의 이전 이름과 같다는 점에 주목한다. 그러므로 루스 사람들의 정체성은 그대로 남아 있다. "분명한 것은 정보 제공자는 이스라엘 사람이 되지 않았다는 점이다. 그는 '루스 사람'으로 남아 있으며, 따라서 마음은 가나안 사람이다." Barry G. Webb, *The Book of Judges*, NICOT (Grand Rapids: Eerdmans, 2012), 115. 그가 정착한 헷 사람들의 땅은 이스라엘 영토 안에 있다(헷 사람들은 출 3:8 등에서 민족 목록에 있다). Jack M. Sasson, *Judges 1–12*, AB (New York: Doubleday, 2014), 169. "그 남자가 하나님이 히브리 백성에게 약속하신 땅에…뿌리내리기로 선택했다는 점에도 교훈이

라합은 "헤렘"의 예외가 아니다. 그녀는 "헤렘"의 구현이다.

물론 모든 사람을 죽이는 것이 "헤렘"의 목적이 아닌 것처럼 모든 사람을 개종시키는 것도 "헤렘"의 실제 목적이 아니다. 개종이 그것을 성취했을 테지만 개종은 기대되지 않는다(수 11:20 참조). 명제 16에서 논의된 바와 같이 목적은 어떤 식으로든 그 땅에 남아 있는 모든 개인이 사용하지 못하도록 다양한 가나안의 정체성을 제거하는 것이다.

사무엘상 15장의 아말렉 사람들

공동체에 대한 "헤렘"은 사람들을 죽이는 것이 아니라 정체성을 파괴하기 위한 것이다. 이것을 아말렉 사람들의 경우에 한층 더 볼 수 있다. 그들의 멸망은 모세 오경에서 약속되었고 사무엘상 15장에서 수행된다. 표적이 정체성이라는 것은 출애굽기 17:14과 신명기 25:19에서 "[이름을] 지워버리다"라는 관용구로 명시되어 있다. 이것은 사사기 17장에서 베냐민 지파를 기다리고 있는 것과 같은 운명이다(심지어 일부 생존자들을 위해 이스라엘인 아내들이 마련된 후에도 말이다). 그러므로 명제 16에서 논의된 바와 같이 지워진다는 것은 도저히 유전적 유산이 소멸하게 하는 것을 의미할 수 없다. 신명기 25:5-6에서 이스라엘 내의 미시 정체성에도 동일한 것이 적용된다. "형제들이 함께 사는데 그중 하나가 죽고 아들이 없거든 그 죽은 자의 아내는 나가서 타인에게 시집가지 말 것이요 그의 남편의 형제가 그에게로 들어가서 그를 맞이하여 아내로 삼아 그의 남편의 형

있을 수 있다"를 참조하라.

제 된 의무를 그에게 다 행할 것이요 그 여인이 낳은 첫 아들이 그 죽은 형제의 이름을 잇게 하여 그 이름이 이스라엘 중에서 끊어지지 않게 할 것이니라"(신 25:5-6). 여기서 보존되는 것은 유전적 특징이 아니라 가족 정체성이다. 왜냐하면 수혼제(levirate marriage)가 고인의 유전자를 물려주기 위해 아무것도 하지 않기 때문이다. 우리는 또한 사무엘상 15장에서 사무엘이 짐승들은 죽이려 하지 않고 왕만 죽인다는 사실에 주목해야 한다(삼상 15:32).[3] 이는 신명기 7:24에서 왕들의 이름이 지워질 것이라는 약속과 사무엘상 15:33에서 "네[아각의] 어미에게 자식이 없으리라"(즉 아각의 가계는 끝날 것이다)고 한 사무엘의 (동해 복수) 선언에 의해서 입증되는 바와 같이 왕은 공동체 정체성의 체현이자 화신이기 때문이다. 따라서 사무엘은 아말렉 민족과 그들의 동물을 최후의 1인, 최후의 한 마리까지 모두 죽이는 것이 아니라(그는 그렇게 하지 않는다) 아말렉의 공동체 정체성의 마지막 표지를 제거함으로써 "헤렘"의 의도를 수행한다. 따라서 사무엘상 15장의 "헤렘"은 일부 해석가들이 제안하는 경향이 있는 것처럼 야웨께 드리는 희생제물로서 아말렉 사람들을 바치는 것과는 아무런 상관이 없다. 공동체에 대한 모든 "헤렘"처럼 그것은 정체성을 파괴하는 것(또는 그렇게 하지 않는 것)과 관련이 있다.[4]

---

3 삼상 15:20에서 자기가 "아말렉 왕 아각을 끌어왔고 아말렉 사람들을 진멸하였다"라고 한 사울의 주장은 모순적이다. 왜냐하면 그가 왕을 멸하지 **않음으로써** 사실상 아말렉을 멸하지 않았기 때문이다. 그가 승전비를 세우고(명제 19 참조) 기브온 사람들을 멸하려고 시도한 것처럼(명제 18 참조), 그는 이스라엘 언약이 어떻게 작동해야 하는지를 근본적으로 오해하고 있으며, 이것이(일반적인 "태도"나 개인적인 범죄들의 총계가 아니라) 그가 궁극적으로 이스라엘의 왕으로서 거부당한 이유다.

4 예를 들어 David Gunn은 삼상 15:15에서 자신이 희생제사를 드릴 것이라는 사울의 주장을 사용하여 "분명히 '헤렘'은 희생제사와 유사한 것"이었기 때문에 실제로 "헤렘"을 수행

제5부 "헤렘"이라는 히브리어 단어가 일반적으로 잘못 번역되기 때문에 하나님과 이스라엘 백성이 하고 있는 일이 종종 잘못 이해된다

우리가 명제 5에서 논의한 것처럼 아말렉에 대한 형벌은 이스라엘 공동체에 대한 범죄에 대한 보복으로 수행되는 것이지(삼상 15:2), 신의 진노를 불러일으켜 화해되어야 하는 도덕적 또는 제의적 범죄에 대한 보복으로 수행되는 것이 아니다. 공동체 정체성에 대한 "헤렘"은 궁극적으로 야웨를 위한 것이 아니라 이스라엘을 위한 것이다(명제 16 참조). 그리고 사사기 2:3에서 야웨는 이스라엘에게 혜택을 주지 않으신다(또한 삿 2:22-23; 3:1 참조). 따라서 다윗이 블레셋 사람이나 여부스 사람과 싸울 때, 그들을 "헤렘"하라는 명령이 없다. "아말렉이 이스라엘에게 행한 일, 곧 이집트에서 나올 때 길에서 대적한 일"(삼상 15:2) 때문에 사울 시대에 아말렉은 "이방 민족들을 남아 있게 하여 이스라엘을 시험하는" 새 정책에서 예외가 된다. 정체성을 지워버리는 것은 (시 9:5; 34:16; 106:13-15에서처럼) 형벌일 **수도** 있지만, 이는 그것이 일어날 때마다 그것이 형벌이라는 의미도 아니고(신 25:6에서 죽은 형제는 벌을 받지 않았다), "헤렘"이 그것을 수행하는 유일한 방법이라는 의미도 아니다(신 9:14에서 야웨는 그것을 스스로 행하실 작정이며, 시편에서 다윗의 적 중 누구도 결코 "헤렘"이 아니다). 그러나 "헤렘"이 형벌일 때조차도 그것이 특히 신에 대한 범죄 때문에 일어난다는 표시는 없다. 인간에 대한 범죄가 훨씬 더 일반적이다. 따라서 아말렉 사람들의 "헤렘"을 신에 대한 범죄에 대한 속죄로 이해할 근거는 없다.

할 의도가 사울에게 있었다고 주장한다. David M. Gunn, *The Fate of King Saul*, Journal for the Study of the Old Testament Supplement Series 14 (Sheffield, UK: Sheffield Academic, 1980), 46. 이와 대조적으로 V. Philips Long, *The Reign and Rejection of King Saul*, SBL Dissertation Series 118 (Atlanta: Scholars Press, 1989), 145을 보라. "사울이 줄곧 금지 명령을 수행할 작정이었다면, [삼상 15:9b에서 '진멸하기를 즐겨 아니하고'라는 진술]은 상황을 표현하는 이상한 방법이 될 것이다"를 참조하라.

레위기 18:24에서 그 땅은 불결하다. 그 후 그 땅은 "헤렘"이 되고, 그것으로 인해 야웨의 ("거룩한") 집합체에 들어오게 된다. 그러나 "헤렘"이 그것을 통해 불결을 제거하기 위한 메커니즘으로 보이지는 않는다. 명제 10에서 논의된 바와 같이 무언가를 거룩하게 만드는 것은 무언가를 깨끗하게 만드는 것(thr, 그것의 불결을 제거하는 것)과 같지 않다. 레위기 27:28에서 "헤렘"인 것들은 지극히 거룩하지만, 어떤 것을 거룩하게 하는 것은 하나님이 하시는 일이지 인간이 하는 일이 아니다. 또한 "거룩한"은 "불결이 없는(그리하여 제의에 사용하기에 적합한)"이 아니라 "신과 동일시된" 것을 의미한다. 바쳐진 부정한 동물은 거룩하기도 하고 부정하기도 하다. 그리고 "헤렘"된 장소는 제의에 적합한 신전이 되지 못한다. 명제 15에서 논의된 바와 같이 실제로 "헤렘"은 "사용에서의 제거"를 의미한다. 따라서 어떤 것을 제의적 용도에 적합하게 만들기 위해 그것이 사용에서 제거된다는 개념은 다소 모순적이다.

"헤렘"이 사물이 지극히 거룩해질 수 있는 과정을 나타낸다는 잘못된 개념에 더하여 일부 해석가들은 "헤렘"이 대상에 대한 신의 진노를 달래는 것으로서 불결을 제거한다고 믿는다. 이 해석은 일반적으로 신명기 13:15-16을 인용함으로써 뒷받침된다. "…그 성읍과 그 가운데에 거주하는 모든 것과 그 가축을 칼날로 진멸하고(ḥrm) 또 그 속에서 빼앗아 차지한 물건을 다 거리에 모아놓고 그 성읍과 그 탈취물 전부(kālîl)를 불살라(śrp) 네 하나님 여호와께 드릴지니…"(신 13:15-16).

해석가들은 종종 이 구절을 레위기 27:28("바친 것[ḥerem]은 다 여호와께 지극히 거룩함이며")과 연결시켜 거룩, 희생제물, "헤렘"의 개념 중 어느 하나가 언급될 때마다 이 세 가지 개념을 자유롭게 산재시킨다. "여리고에 대한 여호수아의 '헤렘'은 여리고의 사람들과 재산뿐만 아니라 그들의 땅도 하나님께 맡겨졌다는 것, 즉 모든 것이 '지극히 거룩하다'는 것을 암시한다."[5] 마찬가지로 "성서 히브리어에서 그것[*herem*]은 동사 '카다쉬'(*qādaš*)와 일방적인 관계를 가지며 성화의 부정적인 측면만 표현한다."[6] 그러나 본문을 자세히 살펴보면 개념들의 자유로운 교환이 전혀 정당화되지 않는다는 것이 드러난다.

희생제물을 가리킬 때 "번제"에 해당하는 단어는 "칼릴"(*kālil*)이 아니고 "올라"(*'ōlā*)다. "칼릴"은 "완전히"를 의미하는 부사(또는 형용사)다. 이 두 단어(*kālil*, *'ōlā*)는 사무엘상 7:9에서 함께 사용된다(또한 "온전한 번제"로 번역된다). 하지만 신명기 13장에서는 "제물"에 해당하는 단어가 사용되지 않으므로, 그 문구는 "그것 전부를 불사르다"를 의미한다. 더 중요한 것은 여기서 "불사르다"에 대한 단어(*śrp*)는 결코 희생제사를 가리키지 않는다는 점이다. 불태운 희생제물에 해당하는 단어는 출애굽기 29:13의 "…기름을 가져다가 제단 위에 불사르고[*qṭr*]"에서처럼 "카타르"(*qṭr*)다. 의미심장하게도 이 불사름은 즉시 희생제사에 **부적절한** 것을 불로 처분하는 것과 **대조를 이룬다.** "그 수소의 고기와 가죽과 똥을 진 밖에서 불사르라[*śrp*]"(출 29:14). "헤렘"의 목적은 그들을 깨끗하게 하기 위

---

5   Jacob Milgrom, *Leviticus 23–27*, AB (New York: Doubleday, 2001), 2392.

6   Baruch A. Levine, "The Language of Holiness," in *In Pursuit of Meaning*, ed. Andrew D. Gross (Winona Lake, IN: Eisenbrauns, 2011), 1:321-33, 인용된 부분은 325에 수록되어 있음.

명제 18   **301**

해서든 희생제사의 한 형태로 야웨를 기쁘시게 하기 위해서든 사물을 죽이거나 사물을 파괴하는 것이 아니다. "헤렘"의 목적은 그것을 사용에서 제거하는 것이다.

이것은 고대 근동의 다른 곳에서 나타나는 "헤렘"의 예들과 일치한다. 명제 15에 기술된 히타이트 문서에서 땅은 제물로 바쳐지고 신성하게 된다(또한 제의를 기술하는 일반적인 용어들). 그러나 그 행위의 목적은 신전에서 드려지는 신성한 제물의 목적과 다르다. 고대 근동에서 제의에 사용된 제물은 신의 필요를 충족시켜(보통 그들에게 먹을 것을 줌으로써) 신들이 은혜를 베풀도록 하기 위한 것이었다. 그러나 신이 음식을 필요로 하기 때문에 제물을 신에게 바치지만, 무르실리는 폭풍신이 목초지를 필요로 하기 때문에 그가 정복한 땅을 폭풍 신에게 바치는 것이 아니다. 오히려 제물은 왕이 승리하도록 도와준 신에 대한 감사를 나타내는 왕실의 경건을 나타내는 표시다. 이스라엘에서 제물은 메소포타미아에서 제물이 사용되는 목적과 다른 목적으로 사용된다. 제물의 목적은 야웨를 호의적으로 나타내는 것이다. 왜냐하면 올바른 제사 행위는 질서와 그에 따른 신적 능력의 표시이기 때문이다(명제 11을 참조). 마찬가지로 가나안 성읍에 대한 여호수아의 "헤렘"은 경건을 입증하는 것이 아니라 봉신 조약의 맥락에서 영토를 관리할 권리를 포기해야 하는 의무를 수행하는 것이다(명제 19 참조). 그러나 요점은 여전히 제사에 사용된 제물이 고대 근동과 이스라엘 모두에서 "헤렘"과는 다른 목적에 소용되므로 두 개념이 자유롭게 교환될 수 없다는 점이다.

"헤렘"의 여러 부차적인 목적들이 본문 전체에 걸쳐 다양한 위치에 기록되어 있다. 사사기 21장에서 그것은 베냐민 사람들에게 아내를 구해

제5부 "헤렘"이라는 히브리어 단어가 일반적으로 잘못 번역되기 때문에
하나님과 이스라엘 백성이 하고 있는 일이 종종 잘못 이해된다

주려는 목적을 위한 수단으로 사용된다. 열왕기하 19:11에서 그것은 적을 위협하기 위해 사용되고, 사무엘상 15장과 이사야 34장에서는 이스라엘을 향한 공격적인 행위에 대한 형벌로 사용되며, 스가랴 14:11에서는 이스라엘이 언약에 불충실한 것에 대한 형벌로 사용된다. 이 부차적인 목적들이 모두 주어진 환경에서 서로 교환될 수 있는 것은 아니며 그것 중 어떤 것도 제의적 용도를 위해 물건을 정화하는 것과 관련이 없다. 그러나 우리가 명제 14에서 논의한 바와 같이 비록 그 땅이 그것을 질서의 자리로 식별하기 위해 비유적으로 성전으로서 묘사될지라도 그 땅은 문자 그대로의 제의가 수행되는 문자 그대로의 성전은 아니다. 따라서 불결의 제거도 마찬가지로 비유적이며 비질서의 장소에서 질서를 구현하는 장소로의 지위의 변화를 의미한다.

불결 그 자체는 실재하지만, 불결의 제거는 속죄일에 "그들 중에 그들의 더러움 가운데 있는"(레 16:16, 개역개정 "그들의 부정한 중에 있는") 성소의 *kpr*에 의해서 기계적으로 이루어지는 것이지,[7] 정복 시대 동안 영토의 "헤렘"에 의해 이루어지는 것이 아니다.

---

7   일상적인 사용의 결과로 이스라엘에 의해 생성된 자연적인 불결은 성소에 의해 흡수되고 속죄일에 제거된다. 이것이 성소가 "[이스라엘] 중에 그들의 더러움 가운데 있은" 후에 그것을 *kpr*한다는 것의 의미다(예. 레 16:16; 또한 레 16:19). 이와 대조적으로 일상적인 사용의 결과로 가나안에 의해 생성된 자연적인 불결은 그것을 제거하는 메커니즘이 없어서 그 땅에 그대로 남아 있다. 그 땅의 더러움에의 그들의 참여가 이스라엘의 잠재적 (재)오염과의 수사학적 비교를 위해 포함되어 있지만, 강조점은 어떻게 그 땅이 그렇게 되었는지에 대한 세부 사항에 있지 않고 그 땅이 언약 질서를 나타내기에 부적합하다는(그리고 그렇기 때문에 그것이 사용될 수 있기 전에 지위에 있어서의 변화가 필요하다는) 사실에 있다.

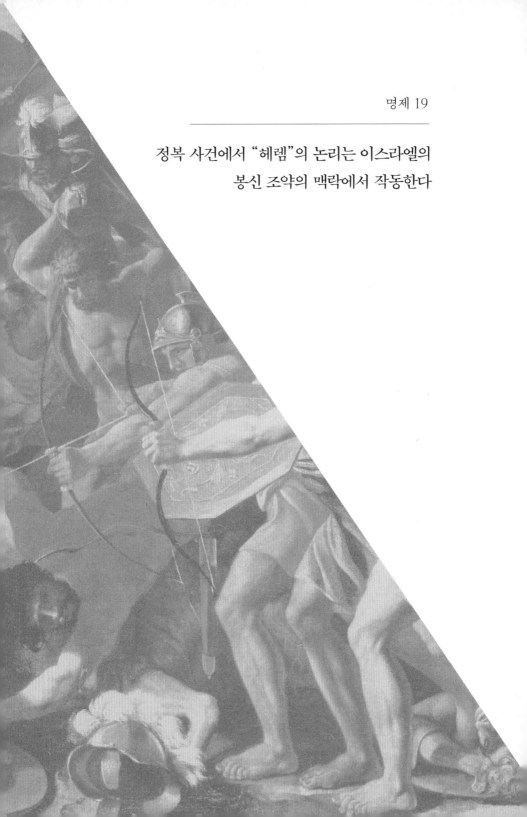

정복 사건에서 "헤렘"의 논리는 이스라엘의 봉신 조약의 맥락에서 작동한다

이스라엘의 언약은 봉신 조약의 기능을 하며 정복 사건에서 야웨는 고대 근동의 황제 역할을 맡는다. "헤렘"이라는 단어는 무언가를 인간의 사용에서 제거하는 것을 의미한다. 영토 또는 도시의 경우 "헤렘"은 일반적으로 그것을 신이 사용하도록 신에게 주는 것을 뜻한다. 일반적인 상황에서 정복자는 경건한 헌신의 표시로 오직 단 한 개 도시만 금지할 것이지만 (명제 18의 추기 참조), 여호수아는 야웨의 명령에 따라 사실상 그가 획득한 모든 땅을 금지한다. 통상적인 관행에서 벗어나는 이유는 야웨께서 그 땅으로 하시고자 하는 일 때문인데 그것은 신명기에서 "내 이름을 두려고 내가 택한 곳"으로 기술되어 있다.

고대 근동의 왕과 신들

"내 이름을 둔다"라는 관용구는 아시리아의 왕실 이데올로기로부터 알려졌다. 특히 우리의 목적을 위해 그것은 봉신국에 대한 왕의 주권을 알리는 기념 비문들에서 발견된다. "메소포타미아 역사와 전설의 위대한 왕들과 영웅들이 했던 것처럼 야웨는 자신이 약속의 땅에 '자신의 이름을 두었다'고 말씀하신다. 왕이 이 새로운 영토를 점령하셨다. 그는 그것이 자신의 것이라고 주장하셨다"[1] 봉신의 영토로서 땅의 이미지는 정경 전체에 걸쳐 도처에서 발견된다. 가장 노골적인 것 중 하나는 말라기

---

1   Sandra L. Richter, *The Deuteronomistic History and the Name Theology*: lᵉšakkēn šᵉmô šām *in the Bible and the Ancient Near East*, Beihefte zur Zeitschrift für die alttestamentliche Wissenschaft 318 (New York: de Gruyter, 2002), 217.

1:14이다. 거기서 야웨는 자신을 "큰 임금"이라고 부르시는데, 이는 고대 근동의 황제들을 위해 선택된 별칭이다.[2] 더 중요한 것은 신명기(특히 4장, 32장)의 언약 문서 자체가 종주와 봉신 사이의 조약의 형식과 구조를 반영하는 것으로 보편적으로 인정된다는 점이다.[3] 이스라엘의 지정학적 영역은 야웨의 봉신 영토다. 야웨의 고국과 수도는 신성한 영역에 있다(왕상 19:8에서 엘리야가 호렙산으로 갈 때, 그는 본질적으로 수도를 방문하는 것이다). 반면에 이스라엘의 인간 군주는 통치하는 섭정의 역할을 한다.[4] 신들의 봉신 역할을 하고 신들로부터 위임된 권위를 받는 왕의 이미지가 이스라엘에만 있는 것은 아니다. 이스라엘과 고대 근동에서 이 개념은 사무엘하 7:14에서 다윗 왕조에게 제공된 지위인 "신의 아들 됨"이란 언어에 의해 입증된다.[5] 이스라엘의 이데올로기가 다른 요소는 신적 주권자가 섭정이 무엇을 하기를 기대하는지에 관한 것이다. 고대 근동에서 왕은 제의 활동이 효율적으로 진행되고 신들의 필요가 충족될 수 있도록 지상 영역에서

---

2   "큰 임금"은 아시리아에서 페르시아에 이르기까지 고대 근동 황제들의 칭호다. Anthony Petterson은 "큰 임금"이라는 문구가 결코 이스라엘 왕들을 가리키기 위해 사용되지 않고 왕하 18:19, 28에서 산헤립에 대해 사용된다고 말한다(Anthony R. Petterson, *Haggai, Zechariah & Malachi*, Apollos Old Testament Commentary [Downers Grove, IL: InterVarsity Press, 2015], 336). Andrew Hill은 그 표현이 종주 또는 대군주(overlord)를 가리킨다고 말한다(Andrew E. Hill, *Malachi*, AB [New York: Doubleday, 1998], 195).

3   예를 들어 Peter C. Craigie, *The Problem of War in the Old Testament* (Grand Rapids: Eerdmans, 1978), 69를 참조하라.

4   일부 해석과는 달리 이스라엘의 통치자들에 대한 다양한 칭호(*špṭ, ngyd, mlk*)는 모두 섭정을 위한 칭호다. 차이점은 행정부의 물리적인 구조와 그들이 이스라엘 지파 연합과 맺은 관계이지 신적 주권자와의 관계가 아니다. 특히 "왕"(*mlk*)이라는 칭호는 신적인 통치자로부터 독립을 얻고자 하는 인간 통치자의 욕망을 나타내지 않는다(Jonathan H. Walton, "A King Like the Nations," *Biblica* 96 [2015]: 196-99).

5   John H. Walton, *Ancient Near Eastern Thought in the Old Testament* (Grand Rapids: Baker Academic, 2006), 282-83.

제5부 "헤렘"이라는 히브리어 단어가 일반적으로 잘못 번역되기 때문에 하나님과 이스라엘 백성이 하고 있는 일이 종종 잘못 이해된다

질서를 유지할 책임을 맡았다. 그러나 명제 11에서 논의된 바와 같이 야웨는 섬김과 욕구의 충족을 요구하지 않고 표현(representation)을 요구하신다. 따라서 이스라엘 섭정은 야웨께서 제대로 표현되시도록 땅에서 질서를 유지할 책임이 있다. 영토 안에 있는 야웨의 이름은 야웨께서 그 영토에 대해 책임을 지시고 그 안에서 일어나는 모든 일이 그분의 책임이라는 것을 의미한다. "[신명기 사가가] 이 동일한 관용구를 채택할 때, 그가 그렇게 하는 것은 이스라엘에 대한 야웨의 지속적인 종주권에 대해 말하기 위해서다."[6]

표현이란 개념에 부합되게 "이름을 두는 것"이란 관용구는 소유권을 선언하는 것의 이상을 수반한다. 산드라 리히터(Sandra Richter)에 따르면 이름을 두는 것은 특히 영웅적 행위들을 기념하여 명성을 널리 알림으로써 평판을 확립하는 것과 관련이 있다.[7] 이 행위들이 일반적으로 영광스러운 군사적 승리나 대담한 행동의 영웅적 위업으로 이루어진 반면(길가메시[Gilgamesh]와 괴물 후와와[Huwawa]의 전투가 대표적인 예로 제시됨) 야웨의 행위들은 자신이 공동 동일시되고 있는 이스라엘 민족을 통하여 나타나는바 그의 언약 질서의 지속적인 유지로 이루어진다.[8] 그럼에도 **유산**의 기본 목적은 동일하게 유지되며 유산은 단순히 일시적으로 투영된 정체성이다. 유산은 사람들이 당신을 어떤 사람이라고(사람이었다고) 생각하는가를 나타낸다. 야웨는 돌아가지 않으시며 유산을 남기지 않으신다. 그러므로 야웨에게 있어서 이름을 남긴다는 것은 단순히 정체성 선언이다

---

6   Richter, *Deuteronomistic History and the Name Theology*, 205.

7   Ibid., 180-81.

8   Ibid., 182.

(기념비 위에 자신의 이름을 둔 통치자가 여전히 살아 있는 동안에도 그 기념비가 했던 것처럼 말이다). 그러나 야웨의 기념비는 돌에 고정되어 있지 않고 계속 진행되고 실시간으로 실행된다. "여기 이 땅에 있는 이 민족을 보고 내가 무엇을 행했는지 보라." 이처럼 야웨의 이름을 그 땅에 두고 그것을 신원 증명의 수단으로 사용한다는 사실은 그 영토가 거룩하다고 불려도 적절할 만큼 충분히 야웨와 친밀하게 연결되어 있음을 보여준다. 반면에 고대 근동의 신들에 의해 단순히 통치받은 영토는 딘기르화될 만큼 충분히 밀접하게 연결되어 있지 않다(명제 11 참조).

왕이 자신의 이름을 봉신의 영토에 두는 행위는 대군주로서 자신의 지위를 공식화하고 그 땅에서 자신의 명성과 현존을 나타낸다. "[이스라엘의] 복종을 요구하고 있는 분은 정복하는 왕이다. 이스라엘에게 무상불하 토지(land grant)를 수여하는 분은 그 지역의 **새로운 주권자다.**"[9] 이스라엘은 자신의 하나님에 대해 여러 면에서 다른 나라들이 그들의 신들에 대해 생각하는 방식과 유사하게 생각했다. 하지만 이스라엘은 또한 자신의 하나님에 대해 봉신 왕국이 그것의 종주에 대해 생각한 것과 동일한 방식으로 생각했다.[10] 여호수아서의 후반부는 토지 분배를 다루고, 이는 충성스러운 부하에게 영토를 수여하는 것을 나타낸다. "헤렘"을 강조하기 위해 기록된 앞의 정복 이야기는 야웨께서 새로운 주권자가 되는 과정을 기술한다.

그러므로 이스라엘이 그 땅을 정복한 것은 임명된 장군이나 봉신국

---

9 Ibid., 205(강조는 덧붙인 것이다).
10 Craigie, *Problem of War in the Old Testament*, 69-70.

제5부 "헤렘"이라는 히브리어 단어가 일반적으로 잘못 번역되기 때문에
하나님과 이스라엘 백성이 하고 있는 일이 종종 잘못 이해된다

의 통치자가 인간 황제를 위해 영토를 획득하고 이어서 황제가 그의 이름을 거기에 두는 고대 근동의 관행과 비슷하다. 성경의 정복 기사에서 (언약을 통해 야웨의 봉신으로 지정된) 이스라엘은 그들 자신을 위해서가 아니라 그들의 (신적) 황제를 위해 영토를 획득하고 황제는 고대 근동의 관행과 유사하게 자신의 이름을 거기에 둘 것이다. 일단 황제의 이름이 그 영토에서 확립되면, 그의 명성은 그의 봉신들과 그들이 임명한 섭정의 행동을 포함하여 그곳에서 일어나는 일에 달려 있을 것이다. 이와 유사하게 야웨의 명성—즉 그의 정체성—은 야웨의 봉신 국가인 이스라엘의 행동과 야웨와 그들 사이의 관계를 통해 표현될 것이다.

이스라엘의 봉신 조약의 맥락에서의 "헤렘"

조약은 봉신의 행동 및 의무에 관한 것인 반면 토지 수여는 종주의 행동 및 의무에 관한 것이다.[11] 여호수아서 1-11장은 조약의 조건을 수행하는 이스라엘에 대한 기록이다. 이것이 반복되는 문구 "여호와께서 모세에게 명령하신대로…[그가 행하였다]"의 요지다. 그런 다음 여호수아 12-24장은 종주가 보상으로 수여한 토지 분배를 기술한다. 유배가 발생하면 그것은 황제들이 일반적으로 했던 것처럼 황제가 자신의 땅에서 반역적인 봉신을 제거하고 그 땅의 민족을 "헤렘"에 두는 것(즉 그들의 민족 정체성을 파괴하는 것)을 나타낸다(왕하 19:11; 슥 14:11; 그리고 명제 16에서의 논의

---

11   Moshe Weinfield, "The Covenant of Grant in the Old Testament and in the Ancient Near East," *Journal of the American Oriental Society* 90 (1970): 184-20, 위의 내용은 185에 등장한다.

를 참조하라). 그러나 명제 8에서 논의된 바와 같이 야웨께서 가나안 사람들을 다루신 것에 대해 이 동기가 추론될 수는 없다. 조약(언약으로 표현됨)이 가나안이 아니라 이스라엘과 맺어진 것이기 때문에 히타이트의 "헤렘"의 예에서처럼(명제 15 참조) 가나안 사람들을 반역으로 인해 징계를 받고 있는 반역적인 봉신으로 상상하는 것은 불가능하다. 정복의 목적은 정당한 영토를 되돌리는 것이 아니라 새로운 영토를 개척하는 것이다. 이것은 가나안 사람들을 무적의 야만인들로 묘사함으로써 성취된 결과의 일부다(명제 12 참조). 그들은 대군주에게 충성할 의무도 없고 단순히 적이다.

이스라엘은 자진하여 언약을 받아들인다(출 24:7; 수 8:30-35). 고대 근동에서 봉신이 종종 정복을 통해 (또는 정복의 대안으로) 예속되었지만 (왕하 12:18; 15:19-20 참조), 자발적으로 스스로 복종한 봉신들의 예들도 있다. 기게스(Gyges)는 (마찬가지로 무적의 야만인들로 묘사된) 키메르족을 무찌르기 위해 아슈르바니팔에게 스스로를 넘겨준다.[12] 그리고 한 히타이트 조약은 마슈일루와(Mashuiluwa)라는 이름의 왕이 그의 고국에서 찬탈자들에게 대항하여 군사적 지원을 얻기 위해 자발적으로 하티(Hatti)에게 복종하는 것을 기술한다.[13] 자발적이든 자발적이 아니든 봉신 조약은 통상적으로 조건의 일부로서 의무 또는 제한을 부과한다. 그러나 이 의

---

12 Sellim Ferruh Adali, *The Scourge of God: The Umman-Manda and Its Significance in the First Millennium BC*, SAAS 20 (Helsinki: The Neo-Assyrian Text Corpus Project, 2011), 121. 왕하 16:7에서 아하스는 유사하게 군사 원조의 대가로 디글랏 빌레셀에게 스스로를 넘겨준다.

13 Gary Beckman, *Hittite Diplomatic Texts*, SBL Writings from the Ancient World (Atlanta: Scholars Press, 1996), 69.

제5부 "헤렘"이라는 히브리어 단어가 일반적으로 잘못 번역되기 때문에 하나님과 이스라엘 백성이 하고 있는 일이 종종 잘못 이해된다

무들은 봉신의 충성도를 결정하는 무작위적이고 임의적인 측정 기준이 아니다. 주권자들은 그들의 봉신이 자신들의 요구를 수행할 만큼 충분히 충성스러운지 여부를 알아내기 위해 부당한 요구로 봉신을 시험하지 않는다.[14] 오히려 봉신에게 부과된 요구는 매우 실용적이다. 명제 8에서 논의된 바와 같이 이것은 아마도 이스라엘의 제의 의무로도 확장될 것이다. 앞서 언급된 히타이트 조약에 있는 한 규정—"너는 너를 다스리는 다른 어떤 권세도 바라지 말라"[15]—은 다른 신들을 숭배하는 것이나 우상숭배에 대한 이스라엘의 금지령을 상기시킨다. 그러나 우리의 현재 목적상 이것은 우리가 가나안 영토에 대한 "헤렘" 명령이 또한 야웨와 이스라엘 사이의 봉신-종주 관계의 맥락에서 어떤 실용적인 목적에도 적합했다고 가정해야 함을 의미한다. 고대 근동에서 그러한 관계들에 대한 검토는 이 목적이 이스라엘이 자신의 영토를 관리할 권리의 상징적 박탈이었고 대신에 주권자의 최고 권위를 인정하는 것이었음을 시사한다.

영토를 관리할 권리의 양도

봉신들에게 부과된 공통적인 의무 중 하나는 상징 행위를 통해 그들의 복종적인 지위를 인정하는 것이었다. 예속된 지역의 사절들이 종주에게 그들의 나라를 대표하는 모델 도시들을 증정한 것으로 알려져 있다.[16] 일부

---

14 정복은 이삭의 희생을 재현한 것이 아니다. 시작 부분에 "하나님이 이스라엘을 시험하셨다"도 없고(참조. 창 22:1), "내가 이제야 이스라엘이 하나님을 경외하는 줄을 아노라"도 없다(참조. 창 22:12)

15 Beckman, *Hittite Diplomatic Texts*, 71.

16 Charles K. Wilkinson, "More Details on Ziwiye," *Iraq* 22 (1960): 213-20.

학자들은 이 의식이 특히 새로운 수도를 설립한 것의 일부였다고 제안한다.[17] 명제 14에서 논의된 바와 같이 "수도"라는 주제상의 이미지에 대한 이스라엘의 대응물은 언약 아래 있는 땅이다. 그러므로 기능하는 질서의 중심으로서 언약의 시작이 어떤 점에서는 그 의식을 재현할 것으로 보는 것은 합리적이다. 따라서 봉신으로서 이스라엘은 자신의 봉신 지위에 대한 인정으로서 자신의 영토를 그들의 주권자에게 증정할 것으로 기대된다.

봉신이 되는 조건 중 하나는 그 영토의 소유권과 분배가 섭정이 아니라 주권자에게 있음을 인정하는 것이다. 이것이 아마도 대표적인 영토의 상징적인 양도가 확증해야만 하는 점일 것이다. 즉 그 지역은 황제에게 속했고 섭정에게 그 지역에 대한 권한이 주어진 것은 자신의 타고난 권리에 의한 것이 아니라 왕의 재량에 따른 것이다. 히타이트 조약은 왕이 현재의 섭정 대신 **누구든** 섭정으로 만들 수 있었다는 것을 반복적으로 강조한다. "나는 다른 사람을 그 땅의 주로 만들 수 있었다.…[하지만] 나는…너의 땅을 너에게 돌려주고 너를 그 땅의 주권자의 자리에 앉혔다."[18] 야웨의 봉신으로서 이스라엘은 마찬가지로 그것의 종속적 지위를 상기하게 되고(예를 들어, 레 25:23, "토지는 다 내 것임이니라. 너희는 거류민이요 동거하는 자로서 나와 함께 있느니라"), 그 영토를 관리할 자신의 권리를 상징적으로 양도해야 한다. 이스라엘은 그것의 주권자가 인간이 아니라 신이기 때

---

17   Stephanie Dalley, *The Mystery of the Hanging Gardens of Babylon* (New York: Oxford University Press, 2013), 111.

18   Beckham, *Hittite Diplomatic Texts*, 70-71. 또한 Dennis J. McCarthy, *Treaty and Covenant* (Rome: Biblical Institute Press, 1978), 53도 참조하라.

제5부 "헤렘"이라는 히브리어 단어가 일반적으로 잘못 번역되기 때문에 하나님과 이스라엘 백성이 하고 있는 일이 종종 잘못 이해된다

문에 모델 도시들을 증정하지는 않는다. 대신에 영토를 통제하는 권리의 상징적 양도는 영토에 대한 통제권을 신에게 넘기기 위해 사용되는 행동의 형태를 취한다. 명제 15에서 기술된 바와 같이 그 행동은 "헤렘"이다.

기념비를 세우는 것과 이름을 두는 것

일단 조약이 비준되면, 대군주는 전형적으로 해당 지역이 자신에게 속하고 그의 권위와 통제 아래 있음을 알리기 위해 그 영토에 기념비를 세우곤 했다. 왕을 영화롭게 하고 그 영토에 대한 그의 통제와 권위를 나타내는 이런 유형의 기념비가 "이름을 두다"라는 관용구의 출처다.[19] 야웨는 물리적 기념물을 세우지 않으신다. 기념물은 주권자의 현존과 권위의 물리적 구현이다. 야웨는 신이시기 때문에 그의 기념물은 **신**의 현존과 권위의 구현의 형태, 즉 성전(신명기 역사 전체에서 "야웨께서 자신의 이름을 두신 곳"이라고 언급됨)을 취한다. 그러나 기념물이 없다고 해서 그것이 섭정들이 그들 자신의 기념물을 세우는 것이 허용된다는 것을 의미하지 않는다. 왜냐하면 영토는 그들에게 속하지 않기 때문이다. 이것이 사무엘상 15:12에서 사울이 하는 일이다.[20] 아말렉 사람들의 "헤렘"에 관한 사울의 행동은 이해에 도움을 준다. 왜냐하면 그의 행동이 일반 고대 근동 왕실의 논리와 언약을 이스라엘에게서 기대되는 것과 대비시키기 때문이다.

고대 근동의 왕들은 일반적으로 스스로를 신들의 가신으로 여겼다.

---

19 Richter, *Deuteronomistic History and the Name Theology*, 163. "승전비를 세우는 것의 언어는 또한 '이름을 두다'의 언어이기도 하다."

20 그것은 또한 수 22장에서 요단 동편 지파들에게 제기하는 의심일 수도 있다.

하지만 그들의 이해에 있어서 그 관계는 문자적이기보다는 좀 더 은유적이었다. 일반적으로 왕들은 그들이 자신을 위해 세운 기념비 위에 새겨진 비문에서 신들의 도움을 인정함으로써 신들의 지원에 대한 그들의 의존을 인정하곤 했다. 메사가 모압 비문에서 느보 성읍에 행한 것처럼, 또는 앞서 논의된 히타이트의 "헤렘" 문서에서 무르실리가 행한 것처럼 "헤렘"이 단일 도시에 대해 시행될 수 있지만(명제 15 참조), 그렇게 하는 것은 신들에 대한 감사와 존경을 나타내는 왕의 경건을 보여주는 상징적 제스처였다. 고대 근동의 일반 왕실의 논리에서 그러한 행동은 적절하고 칭찬할 만했고 모든 경건한 군주에게서 기대되는 것이었다.

본문이 암시하는 바와 같이 이것이 정확히 사울이 자신이 하고 있다고 생각하는 일이다. 그는 영광스러운 승리를 거두고 영토를 차지하고(삼상 15:7), 아마도 승리의 공을 야웨께 돌리며 자신을 위해 기념비를 세웠을 것이다(삼상 15:12).[21] 전리품은 아간이 한 것처럼 그들 자신을 위해서가 아니라 야웨께 희생제사를 드리기 위해 취한 것이다(삼상 15:15). 전형적인 고대 근동의 관점에서 볼 때 사울은 사무엘상 15:13에서 그 자신이 말한 것처럼 완전히 적절하게 행동했다. 그러나 왕을 살려줌으로써 사울은 공동체에 대한 "헤렘"의 전체 목적을 좌절시켰다(명제 18 참조). 그가 아무것도 하지 않는 편이 나았을지도 모른다. 그러나 더 심각하게도 그는 황제 대신에 **자신**에게 경의를 표하고 자기 자신의 봉신을 취함으로써[22] 사실상 그의 종주로부터의 독립을 선언했다(삼상 15:32에서 아각의 생

---

21 V. Philips Long, *The Reign and Rejection of King Saul*, SBL Dissertation Series 118 (Atlanta: Scholars Press, 1989), 142.

22 비록 다윗과 솔로몬이 조공을 받았을지라도 적절하게 권한이 부여된다면 봉신들이 그들

각은 그가 처형되기보다는 예속될 것이라고 기대했음을 나타낸다). 이것은 사무엘 상 15:23에서 점치는 것과 우상(문자적으로 *tərāphîm*[트라핌], NIV "idolatry") 에 관한 사무엘의 이상한 언급을 설명한다. 언약 이데올로기에서 이것들 은 신적 주권자에 대한 정치적 충성의 불이행을 나타낸다(명제 8 참조). 사 울에 대한 신적 주권자의 보복도 마찬가지로 표준 절차를 따른다. 반역하 는 섭정은 폐위되고 교체된다.

사울 치하의 이스라엘은 아마도 여호수아 치하의 이스라엘에 대한 부정적인 대조 역할을 할 것이다. 사울이 지금 실패한 곳에서 여호수아는 성공했다. 정복 후 이스라엘은 스스로를 위해 기념비를 만들지 않는다. 이스라엘은 야웨의 관할 아래 있는 봉신으로서 자신의 지위를 받아들 인다. 야웨의 권위와 통제는 그의 이름을 두는 것으로써 증명된다. 그러 나 주권자의 이름은 또한 왕의 명성을 높여야 한다. 만약 왕이 정복되지 않는 땅에 승전비를 세우고 무정부 상태가 만연한 땅에 대한 통치권을 주 장한다면 그 왕은 극히 어리석어 보일 것이다. 도시들의 "헤렘"은 영토에 대한 통제권을 야웨께 넘겨주지만 왕의 안정적이고 기능적인 통치를 나 타내는 땅에서의 질서는 아직 확립되지 않았고 실제로 솔로몬 시대 때까 지는 확립되지 않았다. 그런데 이것은 다윗이 승전비를 세우는 것이 허용 되지 않은 이유다. 승전비는 예루살렘 성전에 의해 대표된다. 그것은 그 의 전쟁에서 흘린 피가 그를 어떻게든 제의적으로 불순하게 만들었기 때

자신의 영토를 다스리는 것은 전례가 없는 일이 아니다. (역사적이기보다 문학적일 수 있 지만 그럼에도 요점을 보여주는) 살만에셀 3세의 비문은 한 타르타누(Tartanu[총사령관]) 가 영토의 소유권을 부여받고 조공을 받을 권한을 받는 것을 기술한다(Raija Matilla, *The King's Magnates*, SAAS 11 [Helsinki: The Neo-Assyrian Text Corpus Project, 2000], 114).

문이 아니다. 오히려 그의 소란스러운 통치가 종주(suzerain)의 기념물이 나타내야 하는 안정과 질서 및 번영을 나타내지 않기 때문이다(참조. 왕상 5:3). 다윗은 정복을 완성한 군 지도자이지만 확립된 언약 질서의 대표로서 야웨의 영토를 다스릴 섭정으로 임명된 사람은 솔로몬이다. 그러나 야웨께서 자신의 기념비를 세워 혼돈에 대한 승리를 축하하실 수 있으려면 먼저 혼돈이 통제되어야만 한다. 명제 16에서 논의된 바와 같이 현존하는 혼돈을 언약 질서로 대체하는 과정은 가나안 도시들의 "헤렘"이 아니라 가나안 공동체의 "헤렘"에 의해 표현된다.

제5부 "헤렘"이라는 히브리어 단어가 일반적으로 잘못 번역되기 때문에 하나님과 이스라엘 백성이 하고 있는 일이 종종 잘못 이해된다

제6부

이러한 이해를 적용하는 방법

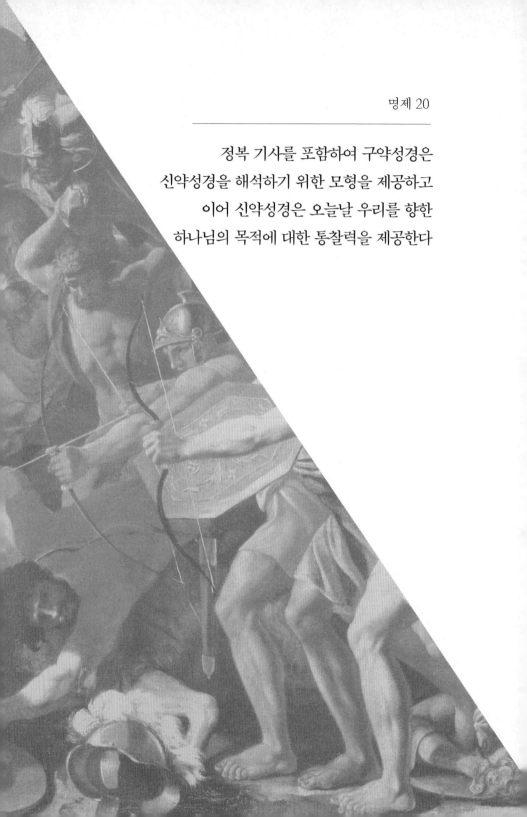

정복 기사를 포함하여 구약성경은
신약성경을 해석하기 위한 모형을 제공하고
이어 신약성경은 오늘날 우리를 향한
하나님의 목적에 대한 통찰력을 제공한다

명제 2에서 논의된 바와 같이 성경 자료에 대한 우리의 반응은 그것이 말하는 내용뿐만 아니라 우리가 성경이 무엇이라고 생각하는지에 근거한다. 지금까지 우리의 연구는 우리가 단어, 논리, 이미지로 표현되는 개념들을 영어로 적절하게 번역할 수 있도록 본문이 실제로 무엇을 말하는지를 검토했다. 우리는 정복 기사가 고대 근동의 창조 설화에서 인식할 수 있는 이미지를 사용하여 우주생성론(cosmogony)의 관점에서 이스라엘의 기원에 대한 이야기를 들려준다는 것을 보았다. 그렇게 함에 있어서 저자는 우리에게 이스라엘 민족이 무엇인지, 따라서 언약이 무엇인지 말해주고, 하나님께서 이스라엘과 언약을 통해 무엇을 하고 계시는지에 대한 아이디어를 우리에게 주고 있다. 그러나 그 내용을 적용하기 위해서 우리는 여전히 왜 이 이야기가 미래 세대가 읽을 수 있도록 보존될 만큼 중요한지를 알아야 한다. 그 질문에 답하기 위해서는 먼저 구약의 목적을 이해해야 한다. 명제 2에서 논의된 바와 같이 많은 사람은 구약의 목적이 독자들에게 도덕적 또는 사회적 명령을 제공하는 것이라고 가정한다. 하지만 우리는 성경이 무엇인가에 대한 이 가정이 무비판적으로 받아들여져서는 안 된다는 것도 알았다.

왜 두 개의 성경(신약과 구약)이 존재하는가?

명제 3에서 논의된 바와 같이 우리가 세상에서의 하나님의 사역을 진보의 관점에서 생각해서는 안 된다. 따라서 두 개의 언약이 각각 독립적으로 동일한 목표를 달성하려고 노력했다고 가정해서는 안 된다. 오히려 두 개의 언약을 한 과정 안에 있는 두 개의 다른 단계로 생각해야 한다. 그 과정은 두 단계 모두에서 하나님의 행위들을 포함하고 또한 그 행위들의 기록을 경전으로서 보존하는 것을 포함한다. 그러나 우리는 우리의 목적상 성경이 무엇인가에 대한 지속적인 조사에서 주로 후자에 관심이 있다. 옛 언약에서 하나님의 행위들은 새 언약에서 하나님의 행위들과 목적이 다르다. 왜냐하면 이 두 언약이 한 과정 안에 있는 다른 단계이기 때문이다. 그러나 이것은 또한 구약에 기록된 대로 하나님의 행위들**에 관해 읽는 것**이 신약에서 하나님의 행위들**에 관해 읽은 것**과 목적이 다르다는 점을 의미한다. 이것은 단순히 본문을 그것이 쓰인 맥락 속에서 읽는 것의 논리적 확장이다.

일반적으로 두 개의 성경(신약과 구약)에 대해 생각할 때 우리는 그것들을 한 시리즈의 두 책(즉 한 이야기와 그 속편) 또는 아마도 두 권으로 된 단일 작품의 개별 권으로 생각한다. 그러나 이 개념들은 두 부분에 거의 동일한 방식으로 접근해야 한다고 가정한다. 두 성경을 어떻게 보아야 하는지에 대한 더 나은 이해는 두 언어 사전(예를 들어 독일어 → 영어)과 『옥스퍼드 영어 사전』(*Oxford English Dictionary*) 사이의 차이점을 고찰함으로써 발견될 수 있을 것이다. 이 두 권의 책은 모두 사전이고 따라서 둘 다 단어의 의미를 기술하기 위해 존재할지라도, 우리가 그것들을 사용하는 방식은 전혀 다르다. 마찬가지로 신약과 구약은 모두 경전이며, 따라서 둘 다 하나님이 당신의 목적을 계시하시는 수단 역할을 하지만 다른 방식으로 그렇게 한다.

그러므로 구약이 신약과 다르게 읽혀야 한다고 해서 그것이 어떤 식으로든 구약을 열등하거나 쓸모없어진 것으로 만들지 않는다. 그 은유를 계속하기 위해 우리는 영어를 모르지만 (어떤 이유에서든)『옥스퍼드 영어사전』을 읽으려고 하는 독일어 원어민을 상상할 수 있다. 독일어-영어 두 언어 사전은 그에게 옥스퍼드 사전과 동일한 정보를 주지 않는다. 즉 그것은 그에게 단어의 정의를 알려주지 않는다. 하지만 그럼에도 그것 없이는 그는 단어의 정의에 도달할 수 없을 것이다. 이와 유사하게 구약은 우리에게 신약과 동일한 정보를 주지 않는다. 즉 그것은 새로운 언약의 맥락에서 어떻게 우리가 하나님의 목적에 참여할 수 있는지 우리에게 알려주지 않는다. 그럼에도 구약 없이 우리는 그 정보에 도달할 수 없을 것이다. 구약은 옛 언약에 대한 기술을 통해 새 언약의 논리를 이해하기 위해 우리가 사용할 수 있는 개념적 틀을 우리에게 제공한다. 우리는 단지 구약이 무엇을 말하고 있는지 알기 위해 구약을 읽지 않는다. 우리가 구약을 읽는 이유는 신약이 무엇을 말하는지 이해할 수 있기를 원하며 구약이 무엇을 말하는지 알아야 하기 때문이다. 이것이 우리가 구약을 **모형** (template)이라고 말할 때 의미하는 바다.

구약을 모형으로서 읽기

구약 모형의 모든 세부 사항에 대한 논의는 그 자체로 책이 될 것이며, 본 연구의 범위를 벗어난다. 우리가 특히 관심을 갖고 있는 것은 그 모형의 한 가지 특정 구성 요소—정복 기사—의 적용과 그것에서 기인하는 새 언약에 대한 중요성이다. 따라서 우리는 우리가 이미 정복에 대한 올바른 이해에 결정적인 것으로 논의한 요소들—이스라엘 공동체, 땅, 하나님의 현존—을 검토하고, 그것들을 구약을 모형으로서 읽은 것이 어떻게 작용해야 하는가를 보여주는 예로 사용할 것이다.

구약에서 하나님의 목적은 이스라엘 민족을 통해 수행되는데 이스라엘은 하나님이 자신과 동일시하기로 결정하신 특별히 선택된 공동체다. 그러므로 우리는 신약에서 하나님의 목적을 수행하기 위해 세워질 유사한 공동체를 찾아야 한다. 물론 그 공동체는 "에클레시아"(*ekklēsia*, 교회)다. 구약에서 이스라엘 공동체는 거룩하다고 선언된 덕분에 야웨와 동일시된다(명제 10 참조). 마찬가지로 교회는 일반적으로 하나님의 거룩한 백성(*hagios*)으로 불린다. 그러나 모형이 어떻게 작동하는지에 대해 올바로 이해하려면 교회가 이스라엘을 **재현하지만**(recapitulate) 그것의 구체적인 세부 사항의 측면에서는 이스라엘을 **재생산하지**(reproduce) 않는다는 점을 인식하는 것이 중요하다. 따라서 예를 들어 이스라엘은 민족적 정체성 표지에 의해 정의되지만 교회는 그렇지 않다. 마찬가지로 우리는 1세기 로마 시대에 무언가가 "하기오스"(*hagios*)하다는 것이 무엇을 의미하는지 이해하기 위해서 신약을 사용해서는 안 되며 그것이 무엇이었든(그리스 문학에서 *hagios*는 "신들에게 바친"을 의미함) 그것이 시간을 거슬러 읽히고 구약의 이스라엘에 부여되어야 한다고 가정해서도 안 된다.[1] 우리는 또한 그 단어가 신약 공동체의 속성을 정의하기 위해 사용되고 있다고(우연히 그럴 수도 있지만) 가정해서도 안 된다. "하기오스"라는 용어는 교회를 묘사하기 위해 사용되는데 그 이유는 그것이 히브리어 성경이 그리스어로 번역되었을 때 이스라엘을 묘사하기 위해 사용된 단어였기 때문이다.

---

1   Henry George Liddell and Robert Scott, *A Greek-English Lexicon with a Revised Supplement*, 9th ed. (Oxford: Clarendon, 1996), 9.

그리고 이 단어의 목적은 교회를 구약 모형에 있는 이스라엘과 주제상으로 연결하는 것이다. 이 연결은 우리가 교회 공동체가 하나님과 동일시되고 그분의 목적을 수행하는 매개체 역할을 할 것을 기대해야 함을 우리에게 알려준다. 신적 동일시(divine co-identification)의 실제 속성은 "하기오스"라는 그리스어 단어가 아니라 "그리스도 안에서"(예를 들어 롬 8:1)라는 관용구 또는 덜 빈번하게는 "[그리스도의] 이름을 지니다"(벧전 4:16)라는 관용구에 의해 확립된다. 선택된 공동체와의 신적 공동 정체성이 구약 모형에 존재하기 때문에 우리는 이러한 관용구들에 대한 이런 특정한 해석이 옳다는 확신을 가질 수 있다.

이스라엘에서 야웨와 동일시된 것은 각각의 특정한 개인이 아니라 공동체라는 모든 것을 포괄하는 추상 개념이었다. 개인은 공동체의 멤버십을 **통해서** 신적 정체성에 참여했다. 모형으로서 이스라엘의 사용은 기독교 공동체도 이런 식으로 작동한다는 것을 나타낸다. (덧붙여 말하면 이것이 아마도 "교회를 어머니로 삼지 않는 사람은 하나님을 아버지로 삼을 수 없다"[2]는 후대 사상의 의미일 것이다. 그것은 또한 개신교인들이 보편적 교회를 언급할 때 그들이 의미하는 바다.) 이스라엘처럼 공동체에서의 멤버십은 정체성 표지를 채택하는 것을 필요로 한다. 이스라엘에게 그 표지는 할례였다. 기독교 공동체에게 그것은 물과 성령의 세례다. 성령의 은사는 개인을 하나님과 동일시하지 않는다. 은사는 개인을 하나님과 동일시되는 공동체의 일원으로 식별한다. 이 구별은 중요하다. 왜냐하면 그것이 우리가 새 언약을 성전과 그 땅의 재현으로 식별하는 데 도움이 되기 때문이다.

---

2   Cyprian, *On the Unity of the Catholic Church* 6.

고린도전서 6:19("너희 몸은…성령의 전인 줄을")에 있는 바울의 은유 때문에 많은 해석가가 성전이 새 언약에서 개별 그리스도인에 의해 재현된다고 가정한다. 그러나 우리는 구약에서 성전산(Temple Mount)이 가끔 전체 땅에 대한 은유로 사용된다는 것을 상기한다(제사장직이 출 19:6에서 공동체 전체에 대한 은유로 사용되는 것처럼 벧전 2:9에서는 기독교 공동체에 대해 반복된다). 그러나 이것이 그 땅이 문자적으로 성전이라든가 또는 백성 모두가 문자적으로 제사장임을 의미하지 않는다. 명제 14에서 논의된 바와 같이 그 땅은 신의 현존의 장소이기 때문에 그 땅은 은유적 성전이다(그리고 거기에 사는 사람들은 은유적 제사장들이다). 하지만 하나님은 그가 성전에 계시는 것과 같은 방식으로 그 땅에 계시지 않는다. 하나님의 완전히 나타난 현존과 그분의 백성 가운데 거하심의 상징(성전이 나타내는 것)은 개별 그리스도인 안에서 발견되지 않고 그리스도의 인격 안에서 발견된다. 그리스도의 이름 곧 임마누엘은 "하나님이 우리와 함께 계신다"(마 1:23)를 의미하며, 그리스도는 자신을 성전과 동일시한다(요 2:19-22; 참조. 요 1:14). 개별 그리스도인들 안에서 나타나는 하나님의 현존은 명백히 그리스도의 인격 안에서 나타나는 하나님의 현존과 매우 다르다.

구약 모형에 따르면 그 땅은 공동체가 공동체의 일을 하기 위해 위치하는 장소다. 이것에 대한 피상적인 대응물은 교회로 모이는 건물들—집, 바실리카, 대성당—일 것이다. 그러나 그 해석은 재현을 너무 문자 그대로 받아들인다. 유사점은 이스라엘이 그 땅과 맺는 문자적인 관계가 아니라 이스라엘이 그 땅과 맺는 기능적이고 상징적인 관계에서 진정으로 발견된다. 그렇기 때문에 단지 구약의 단어들보다는 구약의 논리, 이미지, 상징을 이해하는 것이 매우 중요하다. 이스라엘은 정치적 실체다. 그러므로 그것의 왕국은 지리적 영역이다. 그러나 교회는 이 세상에 속하지 않은 왕국이다(요 18:36, "내 나라는 이 세상에 속한 것이 아니니라"). 그러므로 그것은 물리적인 장소에 있지 않다. 오히려 "두세 사람이 내 이름으로 모인 곳에는 나도 그들 중에 있느니라"(마 18:20). 교회 공동체의 사역은 그 구성원들이 있는 곳이면 어디서나 이루어진다. 공동체 자체는 추상 개념이다. 집합적으로 공동체를 구성하는 개인의 몸과 인격이 그 땅을 재현한다. 구약에서 그 땅이 은유적으로 성전에 비유될 수 있기 때문에 바울의 비유는 여전히 유효하다. 이러한 이해를 통해 우리는 새 언약에서 "헤렘"의 의미가 정확히 무엇인지 이해할 수 있을 것이다. 이에 대해서는 다음 명제에서 논의할 것이다.

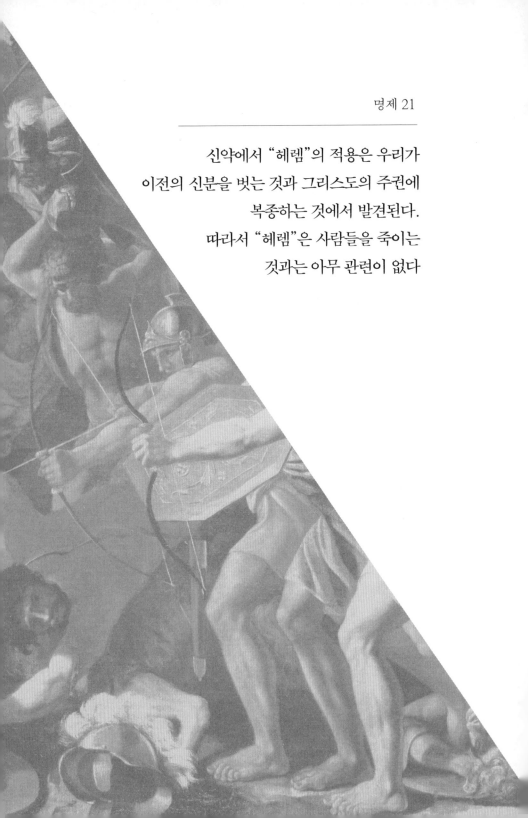

신약에서 "헤렘"의 적용은 우리가
이전의 신분을 벗는 것과 그리스도의 주권에
복종하는 것에서 발견된다.
따라서 "헤렘"은 사람들을 죽이는
것과는 아무 관련이 없다

가나안 사람들을 "헤렘"하라는 여호수아에게 주어진 명령들은 오늘날 어떤 종류이든 어느 누군가에게 주어지는 명령으로 의도된 것이 아니다. 그것들은 순종해야 할 명령이 아니고 따라야 할 모범도 아니다. 그러나 이것은 우리가 단순히 그 구절들을 성경에서 잘라내야 한다는 것을 의미하지 않는다. 명제 16에서 논의된 바와 같이 가나안 정복은 옛 언약이 성취되는 전체 과정의 맥락에서 특정한 무언가를 성취하기 위해 의도되었고 이어서 그 의도는 새 언약의 과정에 관한 우리의 이해에 영향을 끼친다. 우리가 만약 오늘날 정복이 성경 독자들에게 무엇을 의미하는지를 이해하기 원한다면, 정복이 구약 모형 내에서 어떻게 작동하는지 이해해야 한다. 그것이 우리가 이번 명제에서 검토할 내용이다.

명제 15와 명제 16에서 논의된 바와 같이 구약에는 그 땅 자체의 영토, 그 땅 안에 있지만 언약 밖에 있는 공동체들의 정체성, 언약 백성이라는 더 큰 공동체 안에 있는 더 작은 이스라엘 공동체들의 정체성이라는 세 가지 주요 "헤렘" 대상이 있다. 특히 그 땅의 경계 밖에 있는 영토나 공동체들은 "헤렘"의 대상이 아니다. 우리가 "헤렘"이 새 언약에서 어떻게 재현되어야 하는지를 이해하려면 **이스라엘의 땅**과 **공동체**라는 요소들이 새 언약에서 어떻게 재현되는지 기억할 필요가 있고, 또한 "헤렘"이 원래의 맥락에서 구체적으로 무엇을 달성하기 위해 의도된 것인지 기억할 필요가 있다. 그때야 비로소 우리는 마침내 우리가 처음부터 가지고 있었던 질문에 답할 수 있을 것이다. 여호수아서에서 읽은 이야기를 바탕으로 나는 개인적으로 정확히 무엇을 해야 하는가?

영토의 양도로서의 "헤렘"

"헤렘"은 "사용에서 제거하다"를 의미한다. "헤렘"의 대상이 땅이었을 때 금지령을 제정한 목적은 영토를 관리할 권리를 박탈하고 대신에 그 부지를 신이 직접 사용하도록 신에게 양도하는 것이었다. 새 언약에서 땅은 물리적인 영토로 재현되지 않는다. 그럼에도 옛 언약의 땅의 요소에 평행하는 것이 새 언약에 확실히 존재한다. 여호수아에 의한 가나안 도시들의 "헤렘"이 우리에게 말해주는 것은 땅에 상당하는 새 언약의 등가물도 사용에서 제거되어야 하며 하나님이 적절하다고 생각하시는 대로 사용하시도록 하나님께 양도되어야만 한다는 점이다. 새 언약에서 땅의 요소는 믿는 자들 자신에 의해 재현된다. 명제 20에서 설명된 바와 같이 연관성의 공통 기반은 옛 언약에서 땅이 무엇보다도 하나님께서 현존하시는 장소였다는 것이다. 새 언약에서 믿는 자들은 개인적으로나 공동체적으로나 하나님이 현존하시는 장소가 된다. 그리스도인들은 하나님이 사용하실 수 있도록 자기 자신을 하나님께 양도할 때 **자기 자신**을 사용할 권리를 포기해야 한다.

신약 자체의 언어에서 자아의 "헤렘"은 "그리스도와 함께 십자가에 못 박힘"과 같은 문구들에 의해 표현된다. "내가 그리스도와 함께 십자가에 못 박혔나니 그런즉 이제는 내가 사는 것이 아니요 오직 내 안에 그리스도께서 사시는 것이라. 이제 내가 육체 가운데 사는 것은 나를 사랑하사 나를 위하여 자기 자신을 버리신 하나님의 아들을 믿는 믿음 안에서 사는 것이라"(갈 2:20). 로마서 6:3-4, 13의 논증도 마찬가지다. "무릇 그리스도 예수와 합하여 세례를 받은 우리는 그의 죽으심과 합하여 세례를 받은 줄을 알지 못하느냐? 그러므로 우리가 그의 죽으심과 합하여 세례를 받음으로 그와 함께 장사되었나니.…오직 너희 자신을 죽은 자 가운데서 다시 살아난 자 같이 하나님께 드리며 너희 지체를 의의 무기로 하나님께 드리라"(롬 6:3-4, 13) 비슷한 진술이 갈라디아서 5:24("그리스도 예수의 사람들은 육체와 함께 그 정욕과 탐심을 십자가에 못 박았느니라")과 고린도후서 5:15("그가 모든 사람을 대신하여 죽으심은 살아 있는 자들로 하여금 다시는 그들 자신을 위하여 살지 않고 오직 그들을 대신하여 죽었다가 다시 살아나신 이를 위하여 살게 하려 함이라")에서 발견된다. 비슷한 개념이 "값으로 산 것이 되었으니"(고전 6:20; 7:23)라는 문구와 "그리스도의 종"(예. 롬 1:1)이라는 별칭에서 표현된다. 그리스도인들은 자기 자신을 임의로 사용하는 것이 허용되지 않는다. 그들의 인격과 삶은 하나님께 속하고 하나님은 그것들을 가지고 자신이 기뻐하시는 대로 처분하실 것이다.

그러나 만약 그리스도인의 자아가 땅을 재현한다면 무엇이 가나안 사람들을 재현하는가? 땅이 하나님께 드려지려면 무엇이 쫓겨나야 하는가?

로마서 6:6에서 바울은 쫓겨나야 할 그리스도인의 자아를 사용하는 것을 "옛 사람"(NIV "옛 자아"[old self])이라고 부른다. 레위기와 신명기의 가나안 사람들처럼 옛 사람은 수사학적으로 모든 종류의 끔찍한 악덕들과 연관되어 있다. "그러므로 땅에 있는 지체를 죽이라. 곧 음란과 부정과 사욕과 악한 정욕과 탐심이니 탐심은 우상 숭배니라.…분함과 노여움과 악의와 비방과 너희 입의 부끄러운 말이라. 너희가 서로 거짓말을 하지 말라. 옛 사람과 그 행위를 벗어버리고"(골 3:5, 8-9). 마찬가지로 "그들[이방인들]이 감각 없는 자가 되어 자신을 방탕에 방임하여 모든 더러운 것을 욕심으로 행하되…너희가 참으로 그에게서 듣고 또한 그 안에서 가르침을 받았을진대 너희는 유혹의 욕심을 따라 썩어져 가는 구습을 따르는 옛 사람을 벗어버리고…너희는 모든 악독과 노함과 분냄과 떠드는 것과 비방하는 것을 모든 악의와 함께 버리고"(엡 4:19, 22, 31). "육체의 일은 분명하니 곧 음행과 더러운 것과 호색과 우상숭배와 주술과 원수 맺는 것과 분쟁과 시기와 분냄과 당 짓는 것과 분열함과 이단과 투기와 술 취함과 방탕함과 또 그와 같은 것들이라"(갈 5:19-21). 이 신약의 악덕 목록들을 구약의 모형을 통해 읽기 때문에 우리는 그것들이 수사학적인 것이지 거듭나지 않은 인간 상태에 대한 기술적인 설명으로 의도된 것이 아님을 안다. 그것들이 재현하는 가나안 사람들의 악덕 목록이 기소가 아닌 것처럼 그것들은 기소가 아니다. 그것들은 **불신자들**의 실제 상태와 관행을 기술하기 위해 의도된 것이 **확실히 아니다.** 왜냐하면 모형이 가나안 사람들에 대한 수사학적 묘사가 그 땅 밖에 있는 사람들에게까지 확장되지 않았다는 것을 분명히 하기 때문이다(명제 8 참조). 오히려 모형은 그것들이 공동체 밖의 상황에 대한 수사학적 비난으로 현재 공동체 구성원들에게 공동체를 이상화할 목적으로 작성된 것임을 나타낸다(명제 12 참조).

우리는 구약의 모형이 실제 역사적 가나안 사람들의 상태에 지나치게 관심을 두지 않는다고 제안했다. 그것은 확실히 그들의 상태와 그 이후의 운명이 그 땅 밖에 있는 사람들(새 언약에서 비그리스도인들에 의해 재현됨)에게도 추정되어야 한다고 가르치지 않는다. 구약의 모형은 이스라엘이 하나님의 목적에 소용되는 조건들에 관심이 있다. 가나안 사람과 이방 민족들은 수사학적으로 반례(counter example)로 제시된다. 이스라엘은 가나안 사람들을 향해 복수심을 느껴서는 안 되었다. 그들은 스스로를 향해 동기를 부여받은 것으로 느껴야 했다. 신약에 나오는 육신과 옛 자아에 대한 저주들도 마찬가지다. 우리가 우리의 옛 자아를 파괴하는 것은 그것이 죄를 저질렀고 파괴당할 만하기 때문이 아니다. 우리는 그것이 하나님이 당신 자신의 목적을 위해 우리를 사용하시는 것을 방해하기 때문에 파괴한다.

표 4. "헤렘" 모형 비교

	구약의 요소	신약에서의 재현	목적
"헤렘"의 대상인 영토	함락된 가나안 도시들: 파괴된 포로들과 전리품들(고대 근동의 봉헌 의식의 확립된 절차에 따라)	기독교 공동체 구성원들의 개인적 자아들("그리스도와 함께 못박힘"), 세례에 의해 표현됨	하나님의 현존이 있는 곳은 하나님이 적절하다고 생각하시는 대로 사용하시도록 하나님께 양도됨
사용에서 제거하기 위해 영토에서 쫓겨나는 것	가나안 군대들은 패배하고, 사람들은 쫓겨남	"옛 자아", "이전의 본성", "육신"	의도된 신성한 사용을 막거나 방해하는 현재 영토를 사용하고 있는 요소들의 제거
"헤렘"의 대상인 공동체 밖의 정체성	그 땅의 경계 안에 있는 가나안 민족들	교회 또는 교인들(유대인, 그리스인, 종, 자유인, 남자, 여자 등) 안에서 "그리스도인"이 아닌 개인 또는 집단 정체성	혼합주의를 통한 공동체의 정체성 오염으로 이어질 요소들의 제거
"헤렘"의 대상인 공동체 내부의 정체성	언약 질서를 거부하는 이스라엘 내의 개인 또는 공동체(전형적으로 우상숭배자들)	공동체가 스스로 설정한 한계에서 벗어난 자칭 기독교 공동체의 구성원들(이단자들)	이미 발생한 정체성 오염으로부터 공동체의 건강 회복
어떤 종류의 "헤렘"도 적용되지 않는 대상	그 땅 밖의 도시들과 민족들	교회 구성원이 아닌 개인 또는 정체성(불신자들, 다른 종교들)	

정체성 파괴로서의 "헤렘"

가나안 도시들의 "헤렘"은 영토를 이스라엘 사람들과 이전 거주자들에 의한 인간의 사용에서 제거하고 그 영토를 하나님이 사용하실 수 있도록 하나님께 양도하기 위해 계획되었다. 가나안 공동체들의 "헤렘"은 다른 목적에 소용되었다. 그것은 언약 백성의 정체성이 아닌 모든 정체성을 그 땅에서 제거하기 위해 의도되었다. 새 언약에서 언약 백성은 교회 공동체, 즉 "그리스도 안에" 있는 사람들이다. 그 땅은 믿는 자의 자아와 평행을 이룬다. 야웨는 그 땅에 계셨고 지금은 그의 백성 안에 계신다. 따라서 구약의 모형이 우리에게 말해주는 것은 이스라엘 지파들이 그들의 할당된 영토에서 언약 백성 외의 다른 모든 정체성을 제거해야 했던 것처럼(사사기는 그들이 그렇게 하지 않았음을 보여준다) 하나님의 목적에 소용되기 위해 우리는 우리 자신—"땅"에 대한 우리의 개인적인 몫—에게서 "그리스도 안에서"라는 정체성 외의 다른 모든 정체성을 제거해야 한다.

"거기에는 헬라인이나 유대인이나 할례파나 무할례파나 야만인이나 스구디아인이나 종이나 자유인이 차별이 있을 수 없나니 오직 그리스도는 만유시요 만유 안에 계시니라"(골 3:11). 마찬가지로 "너희는 유대인이나 헬라인이나 종이나 자유인이나 남자나 여자나 다 그리스도 예수 안에서 하나이니라"(갈 3:28). 대부분의 현대 해석가들은 일반적으로 이 구절들을 다른 사람(그리스도인들)에게 이러한 꼬리표들(labels)을 적용하지 말라는 지시로 읽지만 모형(그리고 맥락)은 그리스도인들이 이 꼬리표들을 **자신들**에게 적용하지 않는 것이 훨씬 더 큰 관심사임을 나타낸다. 이 인구 통계학적 꼬리표들 각각은 개인이 주장할 수 있는 정체성을 나타낸다. 명제 16에서 논의된 바와 같이 공동체 정체성은 개인적 친밀감과 대리 연대(vicarious solidarity)에서 나타난다. 구약 모형을 통해 읽힐 때 이 구절들은 우리가 기독교 공동체 외의 다른 어떤 것에 대해서도 이러한 감정을 품어서는 안 된다고 가르친다. 나는 우연히 미국인 남성이지만, 만약 내가 (말하자면) 중앙아프리카의 그리스도인보다 어떤 미국인 무신론자와 (우리 둘 다 미국인이기 때문에) 더 큰 친밀감과 연대감을 느끼거나 어떤 여성 그리스도인보다 어떤 남성 무신론자와 (우리 둘 다 남성이기 때문에) 더 큰 친밀감과 연대감을 느낀다면 그것은 내가 잘못하고 있음을 의미한다.

명제 16에서 간략하게 논의한 바와 같이 정체성을 채택하는 것과 우연히 정체성 표지를 소유하는 것 사이에는 차이가 있다. 나는 스스로를 미국인 또는 남성이라고 인식해서는 안 된다(즉, 단순히 우리 둘 다 동일한 인구 통계의 구성원이라는 이유로 그 인구 통계의 다른 구성원들과 대리 연대감을 느껴서는 안 된다). 하지만 그것이 내가 나의 시민권을 포기하고 나 자신을 제거해야 한다는 의미는 아니다. 그것은 또한 내가 이 표지들이 수반하는 의무나 책임을 피할 수 있다는 의미도 아니다(물론 만약 그 의무가 기독교 공동체의 구성원에게 금지된 것을 수반하지 않는 한 말이다). 예를 들어 미국에서 특정 연령의 남성 시민들은 군대 징병을 위해 등록해야 한다. (비록 그것이 나 자신에 대해 생각해야 하는 방식일지라도 말이다.) "나는 미국인 남성이 아니라 그리스도인이다"라는 근거로 이 의무를 회피하는 것은 허용되지 않을 것이다.[1] 반면에 정체성 표지들에 수반되는 **특권**이나 **지위**는 주

---

1   즉 만약 내가 회원 자격이 양심적 병역 거부를 수반하는 교파에 속하지 않는 한 말이다. 내가 그런 교파에 속하는 경우에는 시민으로서의 나의 의무가 공동체를 대변해야 하는 나의 의무와 모순될 것이기 때문이다.

장되어서는 안 된다. 바울은 사도의 신분(identity)을 가지고 있지만 그는 거듭해서 그 신분에 수반되는 권리들을 주장하기를 거부한다(고전 9장; 살전 2:6). 더 좋은 예는 빌립보서 2:7의 그리스도다. "자기 비움"(NIV "made himself nothing"[*ekenōsen*, 또한 *kenosis*라고도 불림])의 행위는 때때로 형이상학적 신성을 벗는 것으로 생각되지만 사실상 신적 **지위**를 벗는 것이다(KJV "made himself of no reputation"). 지위는 정체성의 한 형태다. 물론 신성(신적 본질)의 정체성 표지는 남아 있다. 동시에 여러 경우에 바울의 로마 시민의 정체성 표지가 그랬듯이 정체성 표지가 특정한 구성원에게 있다는 것은 기독교 공동체에 도움이 될 수 있다. 개인 그리스도인들은 공동체에 다양한 자원을 가져온다. 공동체가 공통의 단일 정체성을 가지고 있다고 해서 그것이 모든 구성원이 상호 교체 가능해야 함을 의미하지 않기 때문이다(사실상 이것은 모든 공동체에 적용된다). 이것은 그리스도의 몸에 대한 은유다. "우리가 유대인이나 헬라인이나 종이나 자유인이나 다 한 성령으로 세례를 받아 한 몸이 되었고 또 다 한 성령을 마시게 하셨느니라. 몸은 한 지체뿐만 아니요 여럿이니"(고전 12:13-14). 손은 자신이 실제로 손이라는 것을 깨달아야 한다. 그래야 손은 자기가 코의 일 대신에 손의 일을 해야 한다는 것을 안다. 동시에 손은 자신에 대해 "나는 코가 아니라 손이다"라는 관점에서 자신에 대해 생각해서는 안 된다. "나는 그리스도의 몸의 일부이며, 내가 된 그 부분이 우연히 손이다"라고 생각해야 한다. 정체성을 채택하는 것은 기능을 가정하는 것과 동일하지 않다.

새 언약에서 정체성의 "헤렘"은 (그 땅을 재현하는) 자아로부터 그리스도인 외의 (가나안 민족들을 재현하는) 모든 정체성을 사용에서 제거하는 것을 의미한다. 그것은 기독교 공동체 전체가 그 구성원들에게 그리스도인

(즉 물과 성령의 세례) 외에 다른 정체성 표지를 요구하는 것이 허용되지 않는다는 점을 의미한다. 이 문제는 (특히) 갈라디아서에서 유대주의자들(Judaizers)과 겪는 갈등의 근원이다. 그들이 해결해야 하는 질문은 다음과 같다. 기독교 공동체의 구성원이 되려면(그리고 그렇게 함으로써 공동체를 통하여 하나님과의 공동 정체성과 신적 목적, 즉 구원에 참여하는 능력을 받으려면), **또한 유대인** 공동체의 일원이 되어 유대인의 정체성 표지들인 할례와 토라를 채택해야 하는가? 유대주의자들은 그렇다고 말하고, 바울과 예루살렘 공의회는 아니라고 말했다. 논쟁은 구원의 메커니즘(율법을 지키는 것과 그리스도에 대한 믿음을 고백하는 것)에 관한 것이 아니었다. 그것은 새 언약 아래 있는 언약 백성의 정체성에 관한 것이었다. 제2성전 시대 공동체는 새 언약 백성이 이스라엘의 남은 자라고 추정했다. 그 대신에 이방인들이 유대인이 되지 않고도 언약 공동체에 들어오는 것이 허용되었을 뿐만 아니라 유대인들이 그들 자신의 유대인 정체성을 포기해야 했음이 밝혀졌다(갈 2장에서 베드로가 포기하지 않은 것에 대해 바울이 책망한 것처럼 말이다). 그리스도인이 된다는 것은 그리스도인 외의 다른 어떤 정체성도 보유할 수 없음을 의미한다.

유대인의 정체성(보통 신약 본문에서 "율법"으로 불림, 예를 들어 고전 9:20; 갈 4장; 또는 "할례", 예를 들어 갈 2:12)은 그것이 본질적으로 열등하거나 본질적으로 폐기될 만하기 때문에 폐기되는 것이 아니다. 구약 모형은 그 땅 밖에 있는 사람의 비이스라엘의 정체성을 파괴하려는 시도가 없었음을 나타낸다. 그러므로 새 언약에 그리스도인이 아닌 사람들의 비기독교적 정체성을 파괴하려는 시도가 있어서는 안 된다. 마찬가지로 구약에서 그러한 공동체들에 대한 수사학적 묘사는 실제 사람들의 실제 행동을 고발하거나 심지어 묘사하기 위해 의도된 것이 아니다. 따라서 그 모형에 따라 (갈라디아서, 로마서, 그리고 정도는 덜하지만 히브리서에 나오는) 유대 율법에 대한 다양한 묘사는 제2성전 시대 유대교의 교리나 관행을 기술하거나 고발하기 위해 의도된 것이 아니다. 요점은 구약에서 가나안인이라는 점이 하나님의 목적에 참여하는 데 도움이 되지 않았던 것처럼 새 언약에서 유대인이라는 점이 하나님의 목적에 참여하는 데 도움이 되지 않는다는 것이다. 그러나 기독교 공동체 내에서 율법을 지키는 것(즉 유대인 정체성 표지들을 채택하는 것)은 그 사람이 그렇지 않은 사람보다 더 완전하게 또는 더 철저하게 하나님의 목적에 참여하고 있음을 의미하지 않는다. 그것은 실제로 그 사람이 그것을 잘못 행하고 있음을 의미한다. 기독교 공동체의 구성원이 되어 공동체를 통해 수행되는 하나님의 목적에 참여하는 것은 다른 모든 정체성을 제쳐놓는 것을 의미한다.

공동체의 자체 검열로서의 "헤렘"

구약 모형에서 "헤렘"의 세 번째 사용은 이스라엘 공동체가 그것 자체의 내부로부터 일탈하는 개인 또는 공동체를 제거하는 것이다. 구약에서 공동체를 검열하는 의무는 제사장들에게 주어졌다. 그들은 누가 진영에 들어가도록 허용되는지 허용되지 않는지를 결정했다(예. 레 14장). 제2성전 시대에는 이 의무를 회당장들이 맡았다. 그들은 사람들을 쫓아낼 수 있었다(예. 요 9:22). 기독교 교회에서 이 책임은 (아마도 딤전 5:17을 따라) 결국 교회의 지도부에게로 넘어간다. 대다수 개신교 교회는 교회 헌법에 명시된 절차에 따라 부여되거나 취소될 수 있는 일종의 구성원의 지위가 있다. 여기서 요점은 자체 검열이 누구의 책임인가를 논하는 것이 아니라 그것이 왜 수행되는가를 논하는 것이다.

"헤렘"이라는 히브리어를 번역하기 위해 70인역이 사용한 그리스어 단어는 "아나테마"(*anathema*)다. 이 단어는 문맥상 모형과 관련하여 네 번 나타난다. 이 경우들은 모두 공동체의 구성원들을 대상으로 삼는다. 그것은 아마도 구약에서 이스라엘 우상숭배자들의 "헤렘"을 개념적으로 재현하기 위해 의도되었을 것이다.[2] 지시 대상들은 바울 자신(롬 9:3), 주를 사랑하지 않는 자(고전 16:22), 다른 복음을 전하는 자(갈 1:8-9에서 2회)다. 로마서 9:3에서 바울은 이 단어를 "그리스도에게서 끊어질지라도"라는 문구와 평행을 이루게 하는데 이는 분명히 공동체로부터의 제거를 나타낸다. 비슷한 개념이 고린도전서 5:2, 11-13에 기술되어 있다. "어찌하여 통한히 여기지 아니하고 그 일 행한 자를 너희 중에서 쫓아내지 아니하였느냐?…'그런 자와는 함께 먹지도 말라' 함이라. 밖에 있는 사람들을 판단하는 것이야 내게 무슨 상관이 있으리요마는 교회 안에 있는 사람들이야 너희가 판단하지 아니하랴? 밖에 있는 사람들은 하나님이 심판하시려니와 이 악한 사람은 너희 중에서 내쫓으라!" 고린도전서 5:13의 마지막 행은 신명기 13장을 참조한다. 신명기 13장은 문맥상 이스라엘의 자체 검열에 관한 것이다(명제 16 참조).

---

2   이 단어는 신약에서 총 여섯 번 나온다. 마지막 두 번은 고전 12:3과 행 23:14인데, 아마도 그 단어의 일반적인 의미("저주받은")를 의도했을 것이다. 고전 12:3은 문맥상 그리스도를 대상으로 하며 "예수는 주시다"라는 진술과 평행을 이루는 인용문이다. 행 23:14도 인용문인데 화자들이 대상이다(NIV "[엄숙한 맹세를] 했다", 문자적으로 "저주로[*anathema*] 저주했다"). (맹세한 행동을 수행하지 않은 것에 대해 자신에게) 저주를 내리기를 기원하는 것을 가리키기 위해 같은 장(행 23:12, 21)에서 두 번 사용된 단어와 연결된다.

구약의 모형은 이스라엘 개인과 미시 공동체의 "헤렘"이 세상에서 특정 범죄를 제거하기 위해 의도된 것이 아님을 나타낸다. 그것은 오히려 이스라엘 공동체의 건강과 이스라엘 정체성의 온전함을 확보하기 위한 것이었다. 모든 공동체의 경우와 마찬가지로 공동체의 정체성은 그것의 집단적 참여자들에 의해 규정된다. 고대 이스라엘의 경우 공동체 참여는 타고난 정체성 표지(즉, 민족)를 기반으로 했다. 타고난 정체성 표지를 갖고 있는 개인을 공동체로부터 제거하는 유일한 방법은 그를 죽이는 것이었다. 그러나 기독교 공동체는 타고난 정체성 표지가 없다. 아무도 자동적으로 그리스도인이 되지 않는다. 기독교 공동체의 구성원 자격은 부여되는 것이기 때문에 그것은 취소될 수도 있다. 이러한 취소는 결국 파문(excommunication)으로 알려지게 되었고 교회 공의회의 선언문에는 "아나테마"란 단어로 표시된다.

고대 이스라엘 공동체는 언약적 저주로부터 나머지 구성원들을 보호하기 위해 자신의 구성원을 잘라냈다. 그러나 새 언약에서 공동체는 특별한 축복이나 저주를 받지 않는다. 새 언약 아래에서는 하나님의 목적에 참여하는 것이 그 자체로 상급이고 참여하지 않는 것이 그 자체로 귀결이다. 새 언약의 직접적인 목적(즉 조립 라인의 이 단계에서 만들어지고 있는 특정 부품의 기능; 명제 3 참조)은 성령의 중생을 통한 공동체 구성원들의 변화다(**영화** 또는 **신성화**[*theosis*]라고 불림). 고대 이스라엘이 축복을 받음으로써 정확히 무엇이 성취될 것인지에 대해 전혀 듣지 못한 것처럼 우리는 이 요소가 하나님의 최종 산물에 정확히 어떻게 작용될 것인지에 대해 듣지 못한다. 그러나 이 목적을 달성하기 위해 공동체는 구성원들이 있어야 한다. 이스라엘은 민족적 정체성 표지를 갖고 있었으므로 단순히 생식

함으로써 스스로를 유지할 수 있었다. 반면에 기독교는 본래의 정체성 표지가 없다. 따라서 만약 그리스도인들이 공동체를 유지하기를 원한다면 그들을 모집해야 한다. 이것이 "가서 제자를 삼으라"는 명령의 목적이다. 그러나 제자를 삼기 위해서는 두 가지 요소가 필요하다. 첫째, 사람들이 자발적으로 당신의 공동체에 가입하기를 원해야 한다. 강요는 제자가 아니라 징집병을 만든다. 둘째, 사람들이 개종의 도구로 삼을 무언가가 있어야 한다. 공동체의 자체 검열의 목적은 이 두 가지 요구 사항이 모두 충족되도록 하는 것이다.

이 목적 중 첫 번째는 고린도전서 5장에서 다루고 있다. 중요하게도 기독교 공동체의 구성원이 되는 것(구원)은 도덕적 성과(행위)의 정체성 표지를 수반하지 않는다. 구성원이 되는 길이 죄인들에게 닫혀 있는 교회 공동체는 누구에게도 별로 가치가 없다. 악덕(또는 부도덕)은 그것을 실행하는 사람의 건강에 해롭고 변화의 과정을 방해한다. 그러므로 그것은 이중으로 그것 자체의 귀결이지만 그것이 이 특별한 관심의 근원은 아니다.[3] 고린도전서 5장에서 처리할 필요가 있는 부도덕은 문제다. 왜냐하면 그것은 이방인들조차 묵인하지 않는 종류이기 때문다. 문제는 고린도 교인들이 공동체를 나쁘게 보이게 하고 있다는 것이다. 공동체를 나쁘게 보이게 하는 것은 그 원인이 부도덕이 아닐지라도 피해야 한다. 디도서 2:1-10은 다음과 같은 명백한 이유로 사회적으로 부도덕한 행동을 못하게 막는다. "이는 범사에 우리 구주 하나님의 교훈을 빛나게 하려 함

---

3 만약 개인이 변화와 관련된 혜택을 받을 것을 바라고 평범한 세상 생활의 혜택들을 희생했다면 그 결과는 한층 더 증폭될 것이다. 이 관찰은 본질적으로 고전 15:19에 있는 논증의 요점이다.

이라"(딛 2:10). 이 목적은 공동체의 구성원 자격뿐만 아니라 공동체의 이타주의의 분포에도 적용된다(딤전 5:3-12). 만약 공동체가 웃음거리가 되거나 멸시받으면 공동체는 아무도 모집할 수 없으며 사라질 것이다.

다른 한편으로 만약 공동체가 공동체의 일부가 아닌 사람들에게 단순히 영합한다면, 공동체는 스스로를 그들과 구별할 수 없게 되고 마찬가지로 사라질 것이다. 이것이 갈라디아서 1장에서 기술된 또 다른 목적의 중요성이다. 매력이 있든 없든 공동체는 그것의 정체성의 온전함을 양보해서는 안 된다(다른 복음을 전파해서는 안 된다). 그리스도인들은 단지 우연히 여기저기 떠다니는 어떤 오래된 이데올로기(또는 심지어 우연히 스스로를 기독교라고 자칭하는 어떤 오래된 이데올로기)의 교리가 아니라 진정한 **기독교**의 교리에 따라 그리스도의 제자를 삼도록 부름 받는다. 종교 공동체의 맥락에서, 자신의 참여를 통해 공동체의 정체성을 공동체가 스스로를 위해 채택하기를 원하지 않는 무언가로 변경시키려고 시도하는 사람은 (공동체와 그것의 정체성을 모두 포기하고 싶어 하는 **배교자**[apostate] 또는 공동체 밖에 있고 공동체와 전혀 관계가 없는 **무신론자**[infidel]와 구별되는) **이단자**(heretic)라고 불린다. 정확히 무엇이 기독교 이단(heresy)을 구성하거나 구성하지 않는지 그리고 정확히 누가 그것을 결정하게 되는지는 본 연구와 관련이 없다. 실제로 우리는 모형이 그런 종류의 정보를 우리에게 주리라고 기대하지 않을 것이다. 모형이 우리에게 확실히 알려주는 것은 그것의 목적에 도움이 되기 위해서는 공동체의 정체성의 온전함이 손상되지 않은 채 남아 있어야 한다는 점이다. 공동체는 바람이 어느 방향으로 불든 단순히 그 방향에 순응하는 것만으로써 그 목적에 도움이 될 수 없다. 모든 사람을 만족시킬 것인지(즉 잠재적 개종자들에게 매력적으로 보일지) 아니면 이 세상의 패턴을 따르지 않을지(즉 어떤 대가를 치르더라도 구별되는 것으로 남을지)의 결정은 어느 방향으로든 자동적으로 선택되지 않는다. 특정 장소에서 특정 시간에 어떤 상황에서 어느 것이 더 긴급한지 결정하는 것은 공동체의 지도자와 형성자들에게 위임된 책임의 일부다. 모형은 단지 우리에게 두 가지 요소가 모두 고려되어야 한다고만 알려준다.

그러나 모형이 이단자를 식별함에 있어서 세부 사항을 우리에게 제공하지 않는 것처럼 모형은 그들을 어떻게 처리해야 할지도 명시하지 않는다. 옛 언약의 "헤렘"과 마찬가지로 새 언약의 "아나테마"의 목적은 공동체를 위해 공동체로부터 문제의 대상을 제거하는 것이다. 대상을 벌하거나 대상을 징계하는 것이 목적은 아니다. 이스라엘의 우상숭배자들은 죽임을 당해야 했다. 왜냐하면 그것이 본래의 정체성 표지를 제거하는 유일한 방법이었기 때문이다. 역사적으로 다양한 교구 기관에 의해 이단자들로 분류된 사람들도 다양한 이유로 죽임을 당했다. 그러나 이단자들을 죽이는 것은 모형의 일부가 아니다. 모형은 공동체가 보존될 수 있도록 그들이 추방되어야 한다고만 말한다. 고린도전서 16:22("만일 누구든지 주를 사랑하지 아니하면 저주를 받을지어다[anathema]")에 의해 입증된 바와 같이 추방 형벌은 공동체의 정체성을 올바르게 채택하지 않는 공동체 내에 있는 사람들에게 적용된다. "사랑하다"(philei)로 번역된 단어는 공동체의 연대를 나타낸다. 그리고 공동체의 머리로서 "주[예수 그리스도]"는 "그리스도 안에" 있는 전체 공동체를 가리키는 비유적 표현이다. 이 실패는 아마도 할례를 통해(즉, 갈 5:2) 또는 아마도 "귀신의 식탁에" 참여함으로써(고전 10:21; 명제 8의 추기 참조) 유대인의 정체성을 채택하는 형태를 취할 수 있다. 문제는 행위 자체에 내재된 것이 아니라 상징적 몸짓이 나타내는 정체성 오염이다. 우리는 신명기 7:26과 비교할 수 있다. "너는 가증한 것(tô'ēbâ)을 네 집에 들이지 말라! 너도 그것과 같이 진멸(herem) 당할까 하노라." 명제 13에서 논의된 바와 같이 "토에바"는 공동체에 속하지 않은 것들을 가리킨다. "그리스도 안에" 있지 않은 다른 정체성들은 사실상 새 언약 공동체에 "토에바"다. 만약 공동체의 구성원이 그 정체성들을 "헤렘"(그것들의 사용에서 제거됨)에 두지 않으면, 그 사람 자신이 대신 "헤렘"(공동체에서 잘려나감)이 될 것이다.

이 모든 것은 새 언약에서 "헤렘"의 모든 대상이 기독교 공동체의 구성원들임을 나타낸다. 그리스도인들은 세상에서 배교(apostasy)를 제거하기 위해 무신론자와 불신자를 "헤렘"해서는 안 된다. 그들은 영토를 정복하고 그것으로 하여금 신정 통치를 받게 해서는 안 되며, 부도덕을 이유로 외집단의 개인들에 대해 살인적인 판단을 내려서는 안 된다. 대신 그들은 형벌로서가 아니라 하나님께서 그들의 삶을 통하여 그분의 목적을 수행하실 공간을 마련하기 위해서 기독교 공동체의 온전함을 위해 스스로를 "헤렘"해야 한다. 그것이 가나안 정복이 옛 언약의 맥락과 목적 안에서 한 일이며, 그리스도인들이 새 언약의 맥락과 목적 안에서 해야 할 일이다.

결론

이제 우리는 우리가 시작했던 문제로 돌아간다. 성경이 무엇을 말하는지 이해하려고 할 때 일관성 있게 본문에 접근하는 것이 가장 중요하다. 개별 단락 및 절을 따로 취하여 우리가 그것들이 말하기를 원하는 것이나 그것들이 말해야 한다고 생각하는 것을 말하게 하는 데 필요한 특정한 논리적 과정을 적용할 수는 없다. 우리가 성경을 변호하려고 하는 변증가든 성경을 비방하려고 시도하는 반기독교 비평가든 상관없이 이것은 사실이다. 일관되지 않은 해석은 가치가 없으며 그 결론을 누구도 진지하게 고려해서는 안 된다.

따라서 본 연구의 목적은 우리가 몇 가지 선별된 구절을 적용하여 그것들이 사람들을 죽이는 것을 옹호하지 않는다고 주장할 수 있는 한 줄의 논리를 찾아내는 것이 아니다. 본 연구의 목적은 성경 본문을 그것의 고대 맥락 안에서 고대 문서로서 읽는 것이었다. 밝혀진 바와 같이 문맥 안에서 해당 본문은 현대 성경 비평가들이 우리가 생각했으면 하고 바라는 만큼 사람을 죽이는 것을 강조하지 않는다. 그러나 살인이 발생할 때, 문맥 안에서 해당 본문은 현대의 변증가들이 우리가 생각했으면 하고 바라는 것보다 그 과정에 대해 훨씬 더 적은 반감을 나타내고 우리가 그것에 대해 수용 가능한 정당화라고 생각하는 것을 훨씬 더 적게 제공한다. 하지만 더 중요한 것은 문맥 안에서 본문을 주의 깊게 읽으면 사람을 죽이는 것에 대한 성경의 묘사(또는 그것의 결여)가 우리 중 많은 사람이 생각하는 만큼 중요하지 않다는 점이다. 이것은 우리가 제안한 바와 같이 성경이 무엇을 위한 것인지 오해하는 경향이 있기 때문이다.

정복 기사에 접근할 때 우리는 우리 스스로에게 그것이 왜 여기에 있는지 질문해야 한다. 우리는 그 사건이 좋게 보이도록 어떻게 해석할 할 수 있는지를 질문해서는 안 된다. 비평가와 변증가들은 모두 일반적으로 성경의 목적─하나님의 계시의 이면에 있는 이유─이 이스라엘 사람들을 가르치고 그렇게 함으로써 또한 그 문서를 읽는 미래의 독자들에게 선하게 되는 방법을 가르쳐주는 것이었다고 가정한다. 변증가들은 성경이 선으로 묘사하는 것이 실제로 선한 것이라 주장하려고 한다. 반면에 비평가들은 성경이 선으로 묘사하는 것이 실제로는 끔찍한 것이라고 주장한다. 이 두 주장은 모두 같은 이유로 잘못된 것이다. 하나님의 계시는 이스라엘 사람들에게 선하게 되는 방법을 가르치기 위해 기록되지 않았고 또한 우리에게 선하게 되는 방법을 가르치기 위해 기록된 것도 아니다. 이스라엘 사람들은 선하게 되는 방법을 이미 알고 있었다. 그들의 도덕적 지식은 그들의 주변 문화─우리가 문화의 강 또는 인지 환경이라고 부르는 것─에서 유래되었다. 성경 본문은 이 지식을 가정하고 나름의 용어로 기록하지만 그들의 생각을 교정하려고 시도하지 않는다. 그러나 성경 본문은 선에 대한 고대의 개념들 위에 모든 시대를 위한 신적 권위의 인을 찍기 위해 기록된 것도 아니다. 고대 세계가 선하다고 여겼던 것 중 일부는 우연히 현대 세계에서 우리도 선하다고 여기는 것들과 일치한다. 그 중 일부는 그렇지 않다. 성경의 변증가들은 전자에 초점을 맞추고 비평가들은 후자에 초점을 맞춘다. 그러나 성경은 우리가 좋게든 나쁘게든 고대 이스라엘 문화를 모방하도록 돕기 위해 존재하지 않는다. 고대 문화의 일부 측면들은 우연히 모방할 가치가 있을 수 있지만 그것들 자체의 가치에 따라 판단되어야 한다. 이것은 모든 문학, 철학 또는 경전에도 해당되며 히브리 성경에만 특별한 것이 아니다.

가나안 정복의 잃어버린 세계

본문의 내용이 선을 묘사하거나 선을 설명하는 것은 아니기 때문에 그것이 실제로 선을 묘사하거나 선을 설명하는가라는 질문은 부적절하다. 훨씬 더 유용한 논의는 그 대신에 본문의 내용이 무엇을 묘사하는지 또는 무엇을 설명하는지에 관한 것이다. 구약은 시내산 언약의 맥락에서 이스라엘 민족을 위한 그리고 그들을 통한 하나님의 행동에 대한 기록이다. 그러나 본문은 마치 다큐멘터리를 만들고 있는 것처럼 활동을 단순히 수동적이고 공평하게 기록하지 않는다. 오히려 본문은 그 사건들에 대한 해석을 제공하고 그렇게 함으로써 언약이 존재했다는 것을 기록할 뿐만 아니라 언약이 무엇이며 무엇을 위한 것이었는지를 기술하도록 고안되었다. 고대 이스라엘 사람들에게 있어서 옛 언약의 목적과 의의는 우리에게 있어서의 그것과는 다르다. 왜냐하면 그들은 그 목적과 의의에 종속되었지만 우리는 그렇지 않기 때문이다. 그럼에도 구약은 새 언약 아래 있는 사람들에게도 쓸모없거나 무의미하지 않기 때문에 우리가 그 목적과 의의가 무엇이었는지 이해하는 것은 중요하다. 이스라엘을 통한 하나님의 행동에 대한 기록은 언약이 무엇이었는지 그리고 언약이 그것 자체의 고대의 맥락에서 하나님의 목적을 수행하는 데 어떻게 도움이 되었는지를 기술한다. 이 지식은 새 언약이 무엇인지 그리고 그것이 신약의 그리스-로마의 맥락에서 하나님의 목적을 수행하는 데 어떻게 도움이 되었는지 이해하기 위해 우리가 사용해야 하는 모형을 우리에게 제공한다. 그것은 이어서 오늘날 우리 자신의 현대적 맥락에서 그 목적에 참여하기 위해 우리가 무엇을 해야 하는지 알 수 있게 한다.

구약은 언약이 무엇인지 그리고 언약이 어떻게 작용하는지 보여주기 위해 언약을 기술하지만 고대의 인지 환경의 맥락에서 의미가 있었던 언어, 논리 및 이미지를 사용하여 그렇게 한다. 그러나 그 인지 환경이 우리에게 낯설기 때문에 그 언어, 논리 및 의미는 필연적으로 다소 불명료할 것이다. 결과적으로 본문의 가르침에 접근하려면 그 언어, 논리 및 이미지가 해석되어야 한다. 우리는 기술된 사건들이 원래 이스라엘 청중에게 무엇을 의미했을지 이해해야 한다. 단어들만 번역하고 그 (영어) 단어들이 우리 자신의 문화적 맥락에서 우리에게 의미하는 것에 근거하여 그 사건이 무엇이었는지 추측하는 것으로는 적절한 해석에 도달할 수 없다.

경전으로서 성경이 권위 있는 하나님의 말씀이라면 성경이 묘사하는 사건들에 대한 성경의 해석은 그 권위를 지닌다. 따라서 만약 우리가 그 권위를 존중하고 싶다면 우리는 본문 자체의 해석을 우리 자신의 것으로 받아들여야 한다. 성경의 사건 기술에 우리 자신의 해석을 부여할 수 없다. 만약 적절하게 번역된 논리와 이미지가 사건을 잔학 행위로 묘사하지 않는다면, 우리는 그것이 잔학 행위였다고 주장할 수 없다. 그러나 마찬가지로 만약 논리와 이미지가 사건을 신의 심판이나 범죄에 대한 형벌, 혹은 언약의 혜택을 그 땅의 주민에게 확장하는 신의 자비로 묘사하지 않는다면 우리도 이러한 일들이 일어나고 있다고 주장할 수 없다. 우리는 본문이 말해야 한다고 우리가 생각하는 것을 말하기 위해 본문을 해석할 수 없다. 우리는 단지 본문 자체가 제공하는 해석을 이해하려고 노력할 수 있을 뿐이다.

문맥 안에서 본 본문은 제대로 번역될 때 정복을 가나안 사람들의 죄에 대한 심판으로 묘사하지 않는다. 범죄나 형벌을 나타내는 일반적인 히브리어 단어 중 어느 것도 가나안 사람들이나 그들의 행동을 묘사하기 위해 사용되지 않는다. 레위기 18장과 신명기 9장에 나오는 가나안 민족들에 대한 묘사는 문맥상 신들에 의해 파괴되기 전 신들의 종들에게 문제를 일으키기 위해 신들이 임명한 무적의 야만인 무리에 대한 잘 정립된 고대 근동 문학의 수사적 표현을 상기시킨다. 수사적 표현은 일반적으로 기록 문서의 후원자가 무찌를 수 없거나 싸우고 싶지 않은 적을 묘사하기 위해 사용되기 때문에 수사적 표현의 목적은 야만인들을 공격하고 멸절시키는 것을 정당화하는 것이 아니다. 레위기와 신명기에서 그 수사적 표현은 역사적인 가나안 백성의 실제 특성을 기술하기 위해 의도된 것이 아니다. 오히려 그 이미지는 성경의 창조 이야기를 재현하여 하나님이 혼돈의 세력을 몰아내시는 것으로서 정복 사건을 묘사하기 위해 사용된다. 이것은 정복 사건을 새로운 창조 질서의 확립으로 해석하고 언약을 그 질서의 표현으로 해석하도록 고안된 것이다. 마지막으로 창세기 15:16은 가나안 사람들이 그들의 멸망을 보증하기에 충분한 죄의 잔고를 쌓을 수 있도록 정복이 지연되었다고 말하지 않는다. 그것은 아브라함이나 그의 아모리 동맹자들이 살아 있는 동안 폭력과 소란이 일어나지 않도록 정복이 지연되었다고 말한다.

여호수아와 그의 군대의 행동은 모방하도록 의도된 것이 아니라 이해되도록 의도된 것이다. 이해하기 위해 우리는 히브리어 단어들뿐만 아니라 그 단어들에 의미를 부여하는 고대 문화의 이미지와 논리를 번역할 때도 조심해야 한다. 그 사건을 거룩한 전쟁 또는 지하드(jihad) 또는 집단학살 혹은 심지어 정복으로 번역할 때, 우리는 그 사건을 제대로 번역하고 있는 것이 아니다. 왜냐하면 그 단어와 개념들이 정복을 기술하기 위해 사용된 논리와 이미지가 그것들의 함축적 의미나 목적의 관점에서 원래 청중에게 의미했던 것과 동일한 것을 우리에게 의미하지 않기 때문이다. **집단 학살**과 같은 단어들을 들을 때 우리는 그것들을 "결코 행해져서는 안 되는 일"로 해석한다. 그러나 본문은 결코 행해져서는 안 되는 일의 관점에서 정복 사건을 묘사하지 않는다. 질서는 고대 세계에서 높이 평가되었으며 우리가 인권, 자유 또는 민주주의와 같은 것에 부여하는 가치에 필적한다. 그것은 본문이 우리에게도 질서를 소중히 여기라고 요구한다는 의미가 아니다. 요점은 차용이 아니라 번역이다. 그것이 정말로 의미하는 것은 사건을 번역할 때 우리가 비방하는 이유들 때문에 싸운 전쟁들(예를 들어 십자군 전쟁)의 관점이 아니라 우리가 고귀하다거나 귀중하다고 생각하는 목표를 위해 싸운 전쟁들(예를 들어 미국의 독립 전쟁, 미국의 남북전쟁 또는 제2차 세계대전)의 관점에서 번역해야 한다는 점이다. 또한 그것은 우리가 그 전쟁들의 목적을 정복에 돌려야 한다는 의미도 아니다 (예를 들어 그것을 혁명의 관점에서 묘사하는 사람들이 하는 것처럼 말이다). 정복은 편협한 신앙과 도살에 대한 이야기가 아니다. 그것은 자비와 은혜의 이야기도 아니다. 정복은 우리에게 우리가 귀중히 여기는 것과 동일한 것들을 이스라엘 사람들이 귀중히 여겼다고 말하지 않으며 이스라엘 사람들이 귀중히 여겼던 것과 동일한 것들을 우리가 귀중히 여겨야 한다고도 말하지 않는다. 정복은 하나님이 오늘날 하고 계신는 일을 우리가 이해할 수 있도록 하나님이 하셨던 일을 우리에게 이야기해주는 것이지, 그 당시 하나님이 하셨던 것과 같은 일을 우리가 할 수 있도록 또는 그 당시 하나님이 하셨던 일이 우리가 오늘날 하나님이 하고 계신다고 생각하는(또는 그러시기를 선호하는) 것과 같은 일이었다고 주장할 수 있도록 이야기해주는 것이 아니다.

성경을 있는 그대로 이해하고 성경이 실제로 말하는 대로 이해한다고 해서 우리의 모든 문제가 해결되는 것은 아니다. 그것은 우리가 윤리 철학이나 전쟁 철학을 이해하거나 하나님과 성경에서 묘사된 하나님의 사업을 어떻게든 옹호하도록 도와주지 않는다. 충실한 해석가가 되려면 주의 깊은 읽기가 필요하다. 우리가 오늘날 전쟁을 어떻게 생각해야 하는가에 관한 질문들이 남아 있지만 우리는 본문에 그 답을 강요할 수 없다. 우리는 이 책이 독자들이 그러한 충실한 해석에의 길을 여는 정보를 얻는 데 도움이 되었기를 소망한다. 무엇보다도 우리는 우리가 본문과 고대 세계에 관하여 제공한 정보가 오늘날 그리스도인들이 본문을 더 잘 이해하고 또 그렇게 함으로써 여호수아서와 우리가 섬기는 하나님에 대해 덜 염려하도록 도움을 줄 수 있기를 소망한다.

가나안 정복의 잃어버린 세계

언약과 응보 그리고 가나안 족속의 운명

Copyright ⓒ 새물결플러스 2023

1쇄 발행 2023년 6월 30일

지은이	존 H. 월튼·J. 하비 월튼
옮긴이	안영미
펴낸이	김요한
펴낸곳	새물결플러스

편 집	왕희광 정인철 노재현 이형일 나유영 노동래
디자인	황진주 김은경
마케팅	박성민 이원혁
총 무	김명화 이성순
영 상	최정호 곽상원
아카데미	차상희

홈페이지	www.holywaveplus.com
이메일	hwpbooks@hwpbooks.com
출판등록	2008년 8월 21일 제2008-24호
주 소	(우) 04114 서울시 마포구 신촌로28가길 29
전 화	02) 2652-3161
팩 스	02) 2652-3191

ISBN 979-11-6129-258-8 93230

책값은 뒤표지에 있습니다.